Peter Pelinka

Österreichs Kanzler

Von Leopold Figl
bis Wolfgang Schüssel

Mit einem Vorwort
von Hugo Portisch

Ueberreuter

Die Deutsche Bibliothek – CIP-Einheitsaufnahme

Pelinka, Peter:
Österreichs Kanzler : von Leopold Figl bis Wolfgang Schüssel / Peter Pelinka. -
Wien : Ueberreuter, 2000
ISBN 3-8000-3758-0

AU 0514/2
Alle Urheberrechte, insbesondere das Recht der Vervielfältigung,
Verbreitung und öffentlichen Wiedergabe in jeder Form,
einschließlich einer Verwertung in elektronischen Medien,
der reprografischen Vervielfältigung, einer digitalen Verbreitung
und der Aufnahme in Datenbanken, ausdrücklich vorbehalten.
Coverabbildungen: Leopold Figl, Julius Raab, Alfons Gorbach, Josef Klaus,
Bruno Kreisky, Fred Sinowatz, Franz Vranitzky (Votava),
Viktor Klima (Paul Schirnhofer/NEWS Syndicate),
Wolfgang Schüssel (Tesarek/NEWS Syndicate)
Copyright © 2000 by Verlag Carl Ueberreuter, Wien
Printed in Austria
7 6 5 4 3 2

Ueberreuter im Internet: www.ueberreuter.de

Inhalt

Eine Geschichtsbetrachtung besonderer Art   7
Vorwort von Hugo Portisch

Neun Kanzler, vier Phasen   9
Versuch einer Periodisierung der Zweiten Republik

Leopold Figl, Kanzler des Aufbaus   17
Die Politik des Weinglases

Julius Raab, Kanzler des Staatsvertrags   39
Vom Saulus zum Paulus

Alfons Gorbach, Kanzler des Übergangs   63
Der Letzte aus der KZ-Generation

Josef Klaus, der konservative Reformer   85
Die Politik der »neuen Sachlichkeit«

Bruno Kreisky, der sozialdemokratische Reformer   113
Anfang und Ende des »österreichischen Wegs«

Fred Sinowatz oder Die Mühen der Ebene   151
Verwalter eines schweren Erbes

Franz Vranitzky: mehr Therapeut als Visionär   175
Ein Staatsmann in heiklen Zeiten

Viktor Klima oder Das Ende sozialdemokratischer Seligkeit   201
Siechtum und Sterben der großen Koalition

Wolfgang Schüssel: ein Hasardeur als Dompteur   233
Der Mann, der Jörg Haider entzaubern will

Anhang   **263**
Literaturverzeichnis   263
Register   266
Bildnachweis   272

Eine Geschichtsbetrachtung besonderer Art

Das hat vor Peter Pelinka noch keiner versucht: Die Geschichte der
Zweiten Republik, von 1945 bis heute, anhand der Persönlichkeiten
ihrer Bundeskanzler darzustellen. Ich habe mich mit dieser Geschichte recht intensiv auseinander gesetzt, in Fernsehsendungen
und Büchern. Ich habe auch alle Bundeskanzler der Zweiten Republik gut gekannt, hatte als Journalist viel mit ihnen zu tun. Aber erst
Peter Pelinka brachte mir mit diesem Buch zu Bewusstsein, wie sehr
jeder dieser Kanzler die Geschicke unseres Landes auf seine ganz
persönliche Art gelenkt und gestaltet hat. Galten doch für die Einschätzung dieser wechselvollen und aufregenden Geschichte vorwie-
gend andere Kriterien, eine Einteilung nach übergreifenden Zeiträu-
men wie Befreiung, Besetzung und Aufteilung in vier Zonen, provi-
sorische Regierung und Ringen um deren Anerkennung, Entnazifizierung und das Werben um die Nazi-Stimmen, deutsches Eigen-
tum, USIA-Imperium und die Marshallplan-Ära, Warten auf den
Staatsvertrag, die Sozialpartnerschaft, der Proporz, die lange Periode
der großen Koalitionen von ÖVP und SPÖ, die ersten monocoloren
Regierungen unter Klaus und Kreisky usw. Ineinander greifende
Entwicklungen, gewiss auch verbunden mit den Namen der jeweils
maßgeblichen Politiker (und da gab es in jedem dieser Zeitabschnitte
deren mehrere).
Peter Pelinka aber arbeitet einen ganz besonderen Aspekt heraus:
Inwieweit haben sich Herkunft, Erziehung, Werdegang, politische
Sozialisierung, Charakter und Lebensstil jedes der bisher neun Bundeskanzler der Zweiten Republik auf die Entwicklung des Landes
ausgewirkt? Natürlich gibt es sie, die Biografien und Autobiografien
dieser Bundeskanzler, jede für sich versucht der Persönlichkeit und
dem Wirken ihres jeweiligen Objekts gerecht zu werden. Aber keine
stellt ihren Kanzler mit seinen Charakteristika in Bezug zu seinem
Vorgänger und Nachfolger. Pelinka tut das und kommt damit zu einer sehr aufschlussreichen Erkenntnis: Jeder Abschnitt der Geschichte der Zweiten Republik hatte seine Entsprechung in der Persönlichkeit des jeweiligen Bundeskanzlers. Darauf und darauf allein
konzentriert sich Pelinka: Wer waren beziehungsweise sind diese
Männer und wie haben sie agiert, welche waren ihre Motive und was

haben sie bewirkt. Alle anderen Mitwirkenden bei der Gestaltung der Geschicke unseres Landes nimmt Pelinka nur in deren Beziehung zu seinen Hauptakteuren im Kanzleramt zur Kenntnis. Eine geschichtliche Perspektive, die in anderen politischen Systemen durchaus üblich ist – die Geschichte der USA etwa wird fast immer anhand der Persönlichkeit und des Wirkens ihrer einzelnen Präsidenten dargestellt. Man könnte meinen, ein solcher Vergleich mit Österreich sei nicht zulässig, amerikanische Präsidenten wären vom System her etwas anderes als österreichische Bundeskanzler. Aber wieso denn? Pelinka beweist uns: Die österreichischen Bundeskanzler haben gemessen an der Größe des Landes und im Vergleich zu so manchem US-Präsidenten keine geringeren Probleme zu bewältigen gehabt und dabei keine geringeren Leistungen vollbracht.

Wer also waren sie, unsere Bundeskanzler? Welche Weichen haben sie in der Geschichte der Zweiten Republik gestellt? Peter Pelinka ladet uns ein zu einer Geschichtsbetrachtung besonderer Art.

Hugo Portisch

NEUN KANZLER,

vier Phasen

Versuch einer Periodisierung der Zweiten Republik

Freitag, 21. Jänner 2000, 3.15 Uhr früh. Die Nachkriegsära scheint endgültig zu Ende, jedenfalls ihre dritte Phase, die geprägt war von der Neuauflage der einstmals großen Koalition. Bundeskanzler Viktor Klima verkündet den wartenden Journalisten in der SPÖ-Zentrale in der Wiener Löwelstraße das Aus: Die überwältigende Mehrheit des SPÖ-Parteipräsidiums war dagegen, jenen zwei Forderungen nachzugeben, die ÖVP-Obmann Wolfgang Schüssel nach Annahme eines neuen Regierungsprogramms durch die Spitzengremien beider Parteien im letzten Moment noch nachgeschoben hatte. Erstens: Ein parteiunabhängiger Finanzminister solle den Sozialdemokraten Rudolf Edlinger ersetzen. Und: Auch der Vorsitzende der SPÖ-Gewerkschaftsfraktion, Rudolf Nürnberger, solle wie alle anderen Verhandler das Abkommen unterschreiben, obwohl der ÖGB und damit auch dessen Mehrheitsfraktion Punkte davon (vor allem eine Anhebung der Altersgrenze für Frühpensionierungen) ablehnte. Klima – nach der mitternächtlichen Sitzung und wohl auch nach dem mehrmonatigen Verhandlungsmarathon seit der Nationalratswahl vom 3. Oktober 1999 – wirkt trotz der Müdigkeit auch fast erleichtert: Es habe sich in der SPÖ die Erkenntnis durchgesetzt, dass die ÖVP nur zum Schein verhandle, in Wirklichkeit eine Koalition mit der FPÖ anstrebe.

Freitag, 28. Jänner 2000, 17 Uhr. Ich sitze Wolfgang Schüssel gegenüber. Noch im Außenministerium, nur wenige Gänge entfernt von seinem künftigen Arbeitsplatz, jenem des Bundeskanzlers. Er wirkt wie stets seit dem ersten längeren Interview, das ich vor knapp zehn Jahren während des Nationalratswahlkampfes 1990 mit ihm geführt hatte: Wieder saß er vor dem Gemälde seines Lieblingsmalers Max Weiler, wieder war sein Büro modern designt, wieder sprach er eloquent, fast druckreif formulierend, diszipliniert; er sprach als einer, der zuhören kann, aber von vornherein genau weiß, welche Botschaft er unterbringen will. Diesmal: Nein, er habe nicht seit Monaten an einer Koalition mit den Freiheitlichen gearbeitet, ja, er sei trotz aller Probleme zur Fortsetzung der »großen«, nach dem 3. Oktober nicht mehr ganz so großen Koalition mit den Sozialdemokraten bereit gewesen. Schon weil er wisse, dass auch viele seiner Wähler eine Zusammenarbeit mit Jörg Haiders Partei nicht gerne sehen. Und eine solche sicher auch auf internationale Sorgen stoßen könne, aber die gelte es eben durch gute Arbeit für das Land auszuräumen. Mein Eindruck: Dieser Mann gewinnt seine Kraft nicht nur durch den ihm bald winkenden, beachtlich großen Erfolg – immerhin könnte erstmals in der Zweiten Republik der Vertreter einer Partei Bundeskanzler werden, die nicht die stärkste im Parlament ist; mehr noch: Schüssel führt die derzeit nur drittstärkste Fraktion an die Spitze und das, obwohl er für einen solchen Fall im Wahlkampf den Gang in die Opposition angedroht hatte. Die wahre (Selbst-)Sicherheit gewinnt Wolfgang Schüssel aus einer selbstgestellten Aufgabe, die er als staatspolitisch wesentlich, wohl sogar entscheidend für das Land versteht: Er will Jörg Haider, den – wertfrei und rein parteipolitisch betrachtet – seit Bruno Kreisky erfolgreichsten Politiker dieser Zweiten Republik, in die staatspolitische Verantwortung einbinden und dadurch zähmen. Er, der deswegen in diesen Tagen oft als erfolgreicher politischer Schach- oder (etwas weniger freundlich) Pokerspieler bezeichnet wird, will Jörg Haider zivilisieren. Im allgemeinen Interesse und wohl auch in seinem, Schüssels, eigenen Interesse. Ein Hasardeur als Dompteur.

Montag, 31. Jänner 2000, 17 Uhr: Noch sitzt Viktor Klima im riesigen Arbeitszimmer des Bundeskanzlers. Er gibt mir noch einmal ein

Interview, das letzte in dieser Funktion, während auf der anderen Seite des Ballhausplatzes Bundespräsident Thomas Klestil neuerlich mit Schüssel konferiert (seine »Kopfwäsche« für Haider anlässlich seiner mehrfachen Ausfälle gegen ausländische Spitzenpolitiker ist eben zu Ende gegangen). Klima reflektiert den nicht nur für ihn, sondern für die gesamte österreichische Öffentlichkeit quälenden Verlauf der vergangenen Wochen (»Gemeinsam mit dem Bundespräsidenten habe ich versucht, der ÖVP aus ihrem selbstgewählten Oppositionseck zu helfen«), er will sich für seine eigene Zukunft noch alle Optionen offen lassen (»Alle meine Parteifreunde haben mich gebeten, die SPÖ jetzt nicht im Stich zu lassen«) und er fühlt sich – zwei Tage nach seiner Teilnahme an einer internationalen Holocaust-Konferenz in Stockholm – bestätigt in seinen Warnungen vor einer Regierungsbeteiligung der FPÖ. Wie sehr, wird noch während unseres Gesprächs deutlich: Klimas Pressesprecher Josef Kalina stürzt mit einer Meldung der Austria Presseagentur herein. Die Erklärung des portugiesischen EU-Vorsitzes, ausdrücklich abgestimmt mit allen 14 Mitgliedsstaaten der Europäischen Union (außer Österreich), klingt dramatisch: Österreich wird für den Fall einer schwarz-blauen Regierungsübernahme eine weitgehende diplomatische und politische Isolierung angedroht. Der Noch-Kanzler zeigt sich über das Ausmaß – nicht die Tatsache – der EU-Stellungnahme bestürzt: »Bei allen Treffen seit Oktober muss Schüssel ebenso wie ich bemerkt haben, dass es quer durch alle Parteien international starke Vorbehalte gegen eine neue Regierung gibt, in der die FPÖ sitzt. Wenn Schüssel diese nun massiv gewordenen Vorbehalte in Kauf nimmt, um mit Haiders Partei eine Regierung zu bilden, fällt das ausschließlich in seine Verantwortung.«

Freitag, 4. Februar 2000, 11 Uhr: Wolfgang Schüssel wird als neunter Bundeskanzler dieser Zweiten Republik vom Bundespräsidenten angelobt. Thomas Klestil macht gar keinen Versuch, seinen Unwillen über dieses neue Regierungsbündnis zu verbergen. Seit Wochen hat der erfahrene Diplomat nicht zuletzt wegen des zu erwartenden internationalen Echos gegen jede Koalition mit Jörg Haiders Partei gearbeitet, hinter und vor den Kulissen. Mit steinerner Miene vereidigt er nun die neue Regierung, deren Mitglieder durch einen unterirdischen Korridor in seine Residenz gekommen sind. Davor demonstrieren Tausende, protestieren mit Transparenten und Sprechchören, erinnern vor allem an Haiders frühere Verharmlosungen des NS-Regimes, die immer wieder in seinem Milieu hochkommenden ausländerfeindlichen und antieuropäischen Haltungen. Diesen beiden Punkten hat Klestil Rechnung zu tragen versucht: Er hat zwei besonders umstrittene Ministerkandidaten, von Haider nominiert und von Schüssel auf seine Liste genommen, gestrichen: Thomas Prinzhorn, der in einem Interview gemeint hatte, Ausländer würden gratis Hormonpräparate zur Steigerung ihrer Fortpflanzungsfähigkeit erhalten, wird nun nicht Finanzminister. Und Hilmar Kabas, als Chef der Wiener FPÖ für deren Antiausländerwahlkampf im Vorjahr verantwortlich, nicht Verteidigungsminister. Klestil hat Schüssel und Haider auch zur Unterzeichnung einer Präambel zu ihrem Koalitionsvertrag gezwungen, die eigentlich demokratische Selbstverständlichkeiten enthält: Bekenntnisse zum europäischen Wertekatalog von Menschen- und Bürgerrechten, zum historischen Erbe Österreichs inklusive jenem der NS-Epoche, auch eine Zustimmung zur Erweiterung und Vertiefung der Europäischen Union, zum Euro und zur Osterweiterung. Mehrere Interviews von Jörg Haider scheinen bald zu beweisen, dass die Bedenken Klestils mehr als berechtigt waren. Sie scheinen aber auch die Unterschrift des FPÖ-Obmanns unter die Präambel in ihrer Bedeutung zu relativieren: Haider, der vorerst als Landeshauptmann in Kärnten bleibt, lenkt auch von dort aus die Geschicke zumindest eines Teils der neuen Regierung. Und anhaltende Demonstrationen – die größte am 19. Februar mit 200 000 Teilnehmern belegen, wie tief derzeit das Land, seine Politik, seine gesamte Gesellschaft gespalten ist.

Eine ungewohnte Situation für diese Zweite Republik. Schließlich war die in den 55 Jahren bis zum Jahr 2000 – wenn auch mit abnehmender Tendenz – durch das Gegenteil gekennzeichnet: durch ein hohes Maß an Konsens, eine Mixtur aus historischen Lernprozessen und äußerem Druck. Aus dem »Staat, den keiner wollte« von 1918 und der Demokratie, die 1933 eingeschränkt und 1934 beseitigt worden war, entstand das Desaster von 1938: Der Staat Österreich wurde beseitigt und aus dem autoritären Regime ein totalitäres, das seine Gegner nicht einzusperren, sondern auszurotten versuchte. Dass viele Österreicher dabei nicht nur zu Opfern wurden, sondern auch zu Tätern, dass viele mitgemacht haben – als Mitglieder und Mitläufer, auch als Exekutoren –, wurde von den nach 1945 Regierenden lange Zeit – auch wegen des von den Alliierten mitgetragenen Opfermythos des Landes – verdrängt. Erklär-, wenn auch nicht entschuldbar: Die Nachkommen der Christlichsozialen und Sozialdemokraten waren vorrangig mit dem Wiederaufbau des Landes beschäftigt und mit dem Bemühen, seine volle Souveränität von den alliierten Befreiern/Besetzern zu erreichen. Dazu bedurfte es eines starken inneren Zusammenhalts der beiden großen Lager, fundiert durch den »Geist der Lagerstraße«, welcher die KZ-Generation aneinander band. Und dazu schien den meisten von ihnen eine tiefergehende, über die Verweigerung des Wahlrechts 1945 hinausgehende Auseinandersetzung mit den Wurzeln des Nazismus zu schwierig, gar schädlich – eine solche Auseinandersetzung hätte nämlich auch auf das von Friedrich Heer oder Brigitte Hamann beschriebene konservativ-katholische Klima eingehen müssen, das Wien (samt dem Postkartenmaler Adolf Hitler) schon in den ersten Jahrzehnten des 20. Jahrhunderts geprägt hat. Die Folgen der verweigerten Auseinandersetzung spürt die Republik bis heute: Sie reichen vom Wettlauf beider Großparteien um die Stimmen ehemaliger oder fortwährender Nazis in den ersten Wahlen und ihrem permanenten Schielen auf die dritte, als deren Sammelbecken gegründete Partei bis zu den Waldheim-Debatten der achtziger und den Haider-Debatten der neunziger Jahre – und ein Ende der letzteren ist vorerst nicht abzusehen.

ÖVP wie SPÖ arbeiteten in der ersten, von 1945 bis 1966 anzusetzenden Phase der Zweiten Republik lange Zeit höchst erfolgreich an der ökonomischen und sozialen Erfolgsstory der Zweiten Republik – getragen von einer bisweilen absolutistisch anmutenden Absicherung ihrer Einflusssphären, von vielen »Herrn Karls« (so der von Helmut Qualtinger gezeichnete austriakische Idealtypus des ewigen Opportunisten) und einem höchst stabilen politischen System. Die sozialpartnerschaftliche Nebenregierung hielt das System auch in Balance, als nach der ersten großen Legitimationskrise der großen Koalition 1966 das Land in der zweiten Phase der Zweiten Republik mittels dreier unterschiedlicher Formen regiert wurde: die ÖVP-Alleinregierung bis 1970, die SPÖ-Alleinregierung bis 1983 sowie die erstmalige kleine Koalition von SPÖ und FPÖ, die nicht zuletzt wegen der langen Schatten der Ära Kreisky nur kurz Bestand hatte. Jörg Haider, der 1986 die Krise der SP/FP-Koalition ausgelöst hatte, engte dann entscheidend auch die Wirkungsweise der neuen großen Koalitionen in der dritten Phase der Zweiten Republik zwischen 1986 und 2000 ein: Das demokratiepolitisch fraglich gewordene Bündnis zwischen SPÖ und ÖVP wurde immer mehr nur durch den Kitt eines radikalen Außenseiters zusammengehalten, der lange Zeit einen Wechsel als zu riskant und schädlich erscheinen ließ, nicht nur für seine Konkurrenten, sondern für das ganze Land.

Diese dritte Phase ging im Jahr 2000 zu Ende. Wie lang die vierte – jene unter ÖVP-FPÖ-Führung – dauern wird, ist nicht einmal in Ansätzen abzuschätzen. Auch nicht, ob sie letztlich doch ein Ende der Zweiten und den Start der von Jörg Haider lange Zeit angekündigten und derzeit wieder in den Hintergrund gestellten »Dritten Republik« bedeuten wird. Sehr wohl dagegen sind die Begleiterscheinungen der jetzigen Wende spürbar, die in ihren Konsequenzen mindestens mit jener der Jahre 1955 (Staatsvertrag), 1966 (Ende der ersten Nachkriegsära), 1970 (Beginn der Ära Kreisky), 1986 (Waldheim-Krise, Beginn der zweiten Phase der großen Koalition) und 1995 (EU-Beitritt) vergleichbar scheint: Österreichs offizielle Politik steht international weitgehend isoliert da, die Gesellschaft ist in zwei größere Blöcke gespalten. Was Hoffnung macht, ist eine tiefergehende Politisierung seiner Einwohner, nicht im Sinne einer altbackenen und gefährlichen Ideologisierung, sondern eines aktiven Eingreifens in Richtung einer Zivilgesellschaft (west)europäischen Formats. Ob dieser Prozess in einer bloßen Frontstellung verharrt, sich gar zu einem gefährlichen »Stellungskrieg« verhärtet, oder ob er in einen produktiven, die neuen Lager durchsetzenden »Bewegungskrieg« mündet, liegt an der demokratischen Reife aller Beteiligten, der Regierung, der Opposition und der wachsenden Schar jener, die sich von keinem der »Lager«, ob Alt oder Jung, vereinnahmen lassen will.

Jede Phase der Geschichte bringt die ihr entsprechenden Führungspersönlichkeiten hervor. So auch die Zweite Republik, deren Eliten lange Jahre in einem durchaus auch positiven, stabilisierenden Sinn stärker von Bewahrern als von Veränderern geprägt waren. Gerade das republikanisch lange Zeit unterentwickelte und dementsprechend obrigkeitshörige Österreich tendiert aber auch dazu, die Wirkungsmöglichkeiten der Politik und der Politiker zu überschätzen –

in Zeiten der Europäischen Union und der Globalisierung eine besondere Fehleinschätzung. Umgekehrt: Politische Führungspersönlichkeiten sind nicht nur Symbole gesellschaftlicher Entwicklung, sie sind auch Akteure. Sie haben einen – wenn auch immer kleiner werdenden – Gestaltungsspielraum. Ihre Persönlichkeit und ihr Verhalten tragen Wesentliches zur Einschätzung der Periode ihrer Regentschaft bei.

Und mit ihren Namen verknüpfen sich bei mir wie bei jedem meines Alters zwangsläufig persönliche Erinnerungen an die Wendepunkte der Zweiten Republik: An die berührende erste Weihnachtsrede Leopold Figls vom Heiligen Abend 1945, oftmals im Elternhaus als Art Zeitgeschichteunterricht vorgespielt (erst bei Recherchen zu diesem Buch kam ich zu der etwas enttäuschenden Erkenntnis, dass sie Figl für diese Schallplatte kurz vor seinem Tod »nachgehalten« hat, das Original war nicht aufgezeichnet worden). Oder an die Jubelszene vom 15. Mai 1955, als derselbe Figl (mit dem eigentlichen Staatsvertragskanzler Julius Raab am Rande) als Außenminister am Balkon des Belvedere jubelnden Massen den Staatsvertrag präsentierte (diese Szene war in meiner Schulzeit als Zentralelement jeder Wochenschau- oder TV Dokumentation über die Zweite Republik zu sehen). Oder an den Morgen des 6. März 1966, als mein Vater freudestrahlend und bedeutungsschwanger der familiären Frühstücksrunde mitteilte, dass er schwarz sehe (diese Episode hat den Grund für dieses »Schwarzsehen«, den bald 90-jährigen Josef Klaus, bei meinem ersten Besuch besonders amüsiert). Die weiteren Kanzler habe ich dann von anderen Gesichtspunkten aus erlebt, nicht mehr im Zuge der »schwarzen« Sozialisation meines ersten bisherigen Lebensdrittels, sondern im Zuge der »roten« meines zweiten Drittels als speziell von Bruno Kreisky »bekehrter« Juso. Vranitzky, Klima und Schüssel schließlich begegnete ich als Journalist, der sich vermutlich gerade wegen dieser biografisch wie politisch unterschiedlich verlaufenen Phasen um möglichst objektive Beobachtungen und Analysen bemüht.

Vor diesem Hintergrund also entstand dieses Buch, basierend auf historisch objektiven und journalistisch subjektiven Zugängen. Am Beispiel von Leben und Wirken der nunmehr neun Bundeskanzler dieser Zweiten Republik soll deren Entwicklung dargestellt werden:

- Leopold Figl, authentische und identitätsstiftende Idealfigur des österreichischen Wiederaufbaus
- Julius Raab, patriarchalischer Baumeister der Sozialpartnerschaft und Architekt des nationstiftenden Staatsvertrags
- Alfons Gorbach, letzter Kanzler aus der KZ-Generation, erster von drei Übergangskanzlern
- Josef Klaus, erster Erbe der sich gewordenen großen Koalition, der konservative Reformkanzler
- Bruno Kreisky, Schöpfer des »österreichischen Wegs«, der sozialdemokratische und liberale Reformkanzler
- Fred Sinowatz, unglücklicher Erbe der einzigen Regentschaft der Zweiten Republik, die das Prädikat »Ära« verdient hat
- Franz Vranitzky, Pragmatiker, der seine Partei mit Wunden modernisierte und das Land in die EU führte
- Viktor Klima, ein Technokrat, der an den nicht mehr technokratisch heilbaren Widersprüchen der Koalition scheiterte
- Wolfgang Schüssel, der zähe Taktiker, der sich ein fast unerreichbares Ziel gesetzt hat: den radikalsten Oppositionsführer der Zweiten Republik in Regierungsverantwortung zu zähmen.

Zu danken ist den zahlreichen Zeitzeugen, die sich mir in den vergangenen Monaten für einschlägige Gespräche zur Verfügung gestellt haben, insbesondere Josef Klaus, der sich sogar die Mühe gemacht hat, die ersten vier Kapitel des Buches kritisch gegenzulesen. Zu danken ist Hugo Portisch, dem Meister journalistischer Geschichtsaufbereitung, für seine spontane Bereitschaft, ein Vorwort zu verfassen. Und zu danken ist meiner Familie und meinen Arbeitskollegen, ohne deren Verständnis dieses Buch nicht – zumindest nicht in der durch die Rasanz der jüngsten Ereignisse geforderten Aktualität – zu Stande gekommen wäre.

Peter Pelinka
Ostern 2000

Leopold Figl,

Kanzler des Aufbaus

Die Politik des Weinglases

Leopold Figl war nicht der erste Kanzler der Zweiten Republik – als solcher amtierte Karl Renner, der bereits in der Ersten Republik als Staatskanzler und Außenminister, als Abgeordneter und Nationalratspräsident tätig gewesen war. Der im Verlauf seiner langen Karriere stets anpassungsfähige »Realpolitiker« Renner war von den Sowjets nicht zuletzt wegen dieser Eigenschaft als 75-Jähriger zum Regierungschef gekürt worden: Als Vertreter des rechten sozialdemokratischen Parteiflügels hatte er bis 1934 eine mögliche Versöhnung mit den Christlichsozialen betrieben, war den danach illegal tätigen »Revolutionären Sozialisten« demonstrativ fern gestanden und hatte 1938 in einer öffentlichen Erklärung vor der von den nationalsozialistischen Herren kontrollierten Volksbefragung für den »Anschluss« Österreichs an Deutschland Stellung genommen, sich während des Zweiten Weltkriegs aber von der »deutschen« Identität des Landes innerlich endgültig verabschiedet.
Unter dem Schutz der Roten Armee zog der zuletzt in Gloggnitz wohnende Karl Renner am 20. April 1945 in Wien ein, wo er bald erfolgreich seine Rolle als Geburtshelfer des neuen Österreich zu spielen begann: Am 23. April hatte Karl Renner sein Kabinett mit Vertretern der drei Gründungsparteien der Zweiten Republik zu-

sammen, der »Sozialdemokraten und Revolutionären Sozialisten«
(SPÖ), der »Österreichischen Volkspartei« (ÖVP) als Nachfolgerin
der Christlichsozialen und der »Kommunistischen Partei Österreichs« (KPÖ). Vier Tage später verabschiedeten die Vorstände dieser drei Parteien eine Erklärung zur Unabhängigkeit Österreichs, die
von der Provisorischen Staatsregierung unter Führung Karl Renners
zum Beschluss erhoben wurde. Darin wurde Österreich mit der Ver-
fassung aus dem Jahre 1920 neuerlich aus der Taufe gehoben und der
gewaltsame Anschluss an das Hitler-Deutschland von 1938 für null
und nichtig erklärt.
Auch die drei westlichen Alliierten der Sowjets erklärten sich am 30.
April 1945 damit einverstanden – was noch wenig an ihren, auch
von westösterreichischen Politikern geteilten Bedenken gegen Karl
Renner und die von ihm geführte Regierung änderte. Tatsächlich
taktierte Renner den Sowjets gegenüber sehr geschickt: So dankte er
etwa in einem inzwischen berühmt gewordenen Brief dem »Hoch-
verehrten Herrn Marschall« und »Werten Herrn Genossen Stalin«
am 26. Mai für Nahrungshilfen aus der Sowjetunion und brachte
sich auch als früherer austromarxistischer Theoretiker in Erinnerung; gleichzeitig wurde er aber von den einheimischen Verbündeten
der Sowjets, der KPÖ, mit Misstrauen betrachtet, deren geistiger
Führer Ernst Fischer nicht unberechtigt die starke Position Renners
in der neuen Regierung als »Präsidialdiktatur« bezeichnete. Diese
starke Stellung nutzte der auch in seiner eigenen Partei umstrittene
und auch daher bald als Staatsmann über den Parteien stehende Renner dazu, der neuen österreichischen Regierung rasch zu parlamentarischer Legitimation zu verhelfen. Voraussetzung dafür war die
Überwindung westlicher Widerstände, im eigenen Land ebenso wie
bei den Alliierten. Ein sichtbares Signal dazu erfolgte Ende September: Der ursprünglich mit einer eigenen Partei amtierende Tiroler
Landeshauptmann Karl Gruber, einst Sozialdemokrat, dann eigen-
williger Konservativer, wurde in die Regierung aufgenommen, die
fortan aus 13 Mitgliedern der ÖVP, 12 Sozialdemokraten, 10 Kommunisten und 4 Parteilosen bestand.
Im Wahlkampf für den ersten Urnengang der Zweiten Republik am
25. November 1945 agierte Renner streng überparteilich, die SPÖ
warb mit ihm und ihrem ebenso greisen Parteivorsitzenden nur
mehr indirekt: »Seitz und Renner wählen SPÖ.« Es war von vorn-

herein klar: Karl Renner würde nicht der erste gewählte Kanzler dieser Zweiten Republik sein. Dieses Amt sollte der Kandidat der stärksten jener drei schon bisher in der Regierung vertretenen Parteien einnehmen, welche auch weiter eine Konzentrationsregierung bilden sollten. Karl Renner, der auch oder gerade wegen seiner zuweilen opportunistisch gefärbten Anpassungsfähigkeit seine amtskonforme Rolle als Integrator in der Zweiten Republik wesentlich besser spielen konnte als in der Ersten, wurde dann folgerichtig von ihren Vertretern in der Bundesversammlung (National- und Bundesrat) einstimmig zum ersten Bundespräsidenten der Zweiten Republik gewählt.

Erster demokratisch bestätigter Bundeskanzler wurde am 20. Dezember 1945 mit Leopold Figl ein wesentlich jüngerer Politiker der anderen, »schwarzen« Reichshälfte. Dem in dieser Eindeutigkeit überraschenden Wahlergebnis des 25. November entsprechend – die ÖVP erhielt damals 85 Mandate, die SPÖ 76, die KPÖ 4 –, wurde Leopold Figl, seit 23. September 1945 offizieller Spitzenmann der ÖVP, mit der Regierungsbildung betraut. Eine logische Wahl: Der Bauernbund, dem Figl 1945 vorstand, war schon zur Jahrhundertwende von Karl Lueger die »schwere Reiterei« der Christlichsozialen genannt worden. Und der Bauernbund war auch nach 1945 die erste funktionierende Teilorganisation der neuen konservativen Sammlungsbewegung ÖVP. Der KZ-Häftling Leopold Figl, zum Unterschied von vielen seiner Parteikollegen auch weitgehend gegen die autoritären Versuchungen der Zwischenkriegszeit immun, eignete sich wie kein anderer ÖVP-Politiker als Symbolfigur der neuen Regierung. Ihm konnte niemand eine enge Verbundenheit mit dem ehemaligen austrofaschistischen Regime nachsagen.

Leopold Figl wurde am 2. Oktober 1902 als drittes von neun Kindern einer lang verwurzelten Bauernfamilie dort geboren, wo Österreich auch heute noch besonders »schwarz« ist, bäuerlich, katholisch, konservativ: in Rust. Nicht im burgenländischen Rust, sondern im niederösterreichischen; mitten im Tullnerfeld gelegen, hatte dieser Ort eine »breit gefächerte Milieukoalition aus konservativem Adel, kirchlicher Hierarchie, erheblichen Teilen des Klein- und Mittelbürgertums, des Großteils der Bauernschaft sowie der christlichen Arbeiterschaft« (Robert Kriechbaumer). Im Verlauf seiner Karriere wurde er zum »Figl von Österreich« (so auch der Titel der bekanntesten Figl-Biografie von Ernst Trost), zum »Prototyp des Österreichers« (Hermann Withalm), zum Symbol des in der neuen ÖVP dominierenden antinazistischen, patriotischen, glaubwürdig demokratisch geläuterten Österreich: Einfach, volksverbunden, im wahrsten Sinne des Wortes bauernschlau, provinziell (Figl sprach auch als Außenminister keine Fremdsprache), aber nicht engstirnig. Maximal konnten ihm Spötter vorwerfen, er sei »liebenswert, aber nicht ganz ernst zu nehmen« gewesen (Fritz Molden, Ex-Sekretär von Karl Gruber).

1945 musste man Leopold Figl aber sehr wohl ernst nehmen. Er hatte es nicht nötig, sich erst im Nazi-KZ mit Sozialdemokraten zu versöhnen, er war nie ideologisch überzeugter Vertreter jenes »vaterländisch«-autoritären Kurses gewesen, der zuerst Österreichs Demokratie beseitigt und damit auch seine Unabhängigkeit gefährdet hatte. Darin unterschied sich Figl von seinem fast väterlichen Mentor Julius Raab, mit dem ihm zeit seines Lebens ein politisch wie persönlich enges, komplexes und kompliziertes Verhältnis verband. Figl war nach dem frühen Tod seines Vaters (er verlor ihn, als er elf Jahre war) vom bäuerlichen Milieu des Tullnerfelds durch den Besuch des Gymnasiums in St. Pölten ins städtische, freilich nach wie vor konservative Milieu gewechselt. Dort erlebte der 16-jährige Schüler erstmals den knapp elf Jahre älteren Oberleutnant Julius Raab, der eine Soldatenkompanie relativ wohlbehalten von der italienischen Front nach St. Pölten zurückgeführt hatte.

Mit Julius Raab gründete Leopold Figl im Mai 1919 die katholische Mittelschülerverbindung »Nibelungia«, Vorfeldorganisation des Cartellverbands (CV), dessen Verbindung »Norica« Figl dann während seines Studiums an der Wiener Universität für Bodenkultur beitrat. Auch bei der »Norica«: Julius Raab, der wie dann auch Figl in einem Studentenheim in der Habsburgergasse im Zentrum Wiens gewohnt hatte. Der CV spielte in der Ersten wie lange in der Zweiten Republik eine entscheidende Rolle im christlichsozialen Milieu: Bis in die siebziger Jahre, bis Karl Schleinzer, stammten alle Obmänner der ÖVP aus diesem »farbentragenden« katholischen Studentenverband. In einem von der »Norica« veranstalteten Tanzkurs kam Figl in Wien neuerlich mit der ihm schon aus St. Pöltner Zeiten bekannten Hilde Hemala zusammen, der Tochter des christlichsozialen Funktionärs Franz Hemala, enger Vertrauter des legendären

Der offizielle Gründungsakt der ÖVP fand am 17. 4. 1945 im Wiener Schottenstift statt. Nur 10 Tage zuvor hatte Leopold Figl seine Zelle im Wiener Landesgericht verlassen.

Österreichs Neuanfang im Bild: Außenminister Leopold Figl zeigt vom Balkon des Belvederes in Wien am 15. 5. 1955 den jubelnden Österreichern den eben unterschriebenen Staatsvertrag.

Leopold Figl, volksverbunden: Anton Karas, der Komponist der legendären Filmmusik zum »Dritten Mann«, zeigt ihm, wie man Zither spielt.

christlichen Gewerkschaftsführers Leopold Kunschak. Die beiden heirateten 1930.

Politisch kehrte Figl schon während des dann 1930 abgeschlossenen Studiums ins Kernland zurück: Ab 1927 fungierte er als Sekretär des niederösterreichischen Bauernbunds, avancierte 1931 zu dessen stellvertretenden Direktor, zwei Jahre später zu dessen Direktor. Unter dem Obmann Josef Reither, später Landeshauptmann, fungierte der niederösterreichische Bauernbund bis zur Ausschaltung der Demokratie 1933 und auch noch danach als Ansprechpartner für Teile der zerschlagenen sozialdemokratischen Arbeiterbewegung. Insbesondere in Niederösterreich, wo sich um Josef Schneidmadl und dem ehemaligen Reither-Stellvertreter Oskar Helmer ein starker rechter Flügel in der Sozialdemokratischen Partei gesammelt hatte. Reither und Figl hatten dorthin auch nach 1934 noch Kontakte, obwohl der ehemalige Direktor der Landwirtschaftskammer in Niederösterreich, der einst am »linken« Flügel der Christlichsozialen groß gewordene Engelbert Dollfuß, inzwischen zum Bürgerkriegskanzler geworden war.

Figl, der zu Beginn seiner Laufbahn die Protektion von Dollfuß genoss, streifte zum Unterschied von Raab nie an der prinzipiell antidemokratisch ausgerichteten Heimwehr-Bewegung an. Ab 1932 war er freilich an der Organisierung der »Niederösterreichischen Sturmscharen« beteiligt, einer mit den Heimwehren konkurrierenden »Bewegung zur radikalen Erneuerung des politischen, sozialen und wirtschaftlichen Lebens im Sinne der Grundsätze der katholischen Religion und des deutschen Volkstums«. Dennoch blieb Figl auf relativ gemäßigtem Kurs – und machte dennoch auch nach der Ermordung von Dollfuß durch die Nazis in der Ära des Dollfuß-Nachfolgers Kurt Schuschnigg Karriere: 1937 wurde er Reichsbauernbunddirektor im Ständestaat.

Figls Arbeit richtete sich immer stärker gegen die Nationalsozialisten, die ehemalige Großdeutsche, den Landbund und Teile der Heimwehren aufsaugten und so immer stärker zur unmittelbaren Konkurrenz der »Vaterländischen« im bäuerlichen Raum wurden. Am 2. Februar 1934, knapp vor der gewaltsamen Auseinandersetzung mit den Sozialdemokraten, organisierte Figl einen Marsch von 110 000 niederösterreichischen Bauern – *für* Dollfuß, aber auch *gegen* die starke neue braune Gefahr. Und nur wenige Tage vor dem deutschen Einmarsch rief er im März 1938 bei einer Bauernversammlung in Loosdorf zum Kampf gegen den Nationalsozialismus auf: »Den Nationalsozialisten geht es nicht um eure blauen Augen und eure blonden Haare. Es geht ihnen um unsere Wälder, denn sie brauchen Holz, es geht ihnen um unseren Erzberg, denn sie brauchen Eisen. Es geht ihnen um unser Gold und um unsere Devisenschätze. Wenn ihr dem Nationalsozialismus huldigt, dann seid ihr nächstes Jahr im Krieg. Und wer von euch noch heimkommt, das weiß ich nicht« (zitiert nach der Figl-Biografie von Susanne Seltenreich).

Von Leopold Figl selbst stammt auch diese Schilderung der letzten Tage des eigenständigen Österreich: »Ich werde den Tag niemals vergessen, als wir am 10. März 1938 Landesbauernräte, unsere Funktionäre und Mandatare im Landhaus zusammenriefen, um ihnen zu sagen: es geht um Sein oder Nichtsein Österreichs. Und ich werde auch den darauf folgenden Tag nie vergessen, als wir das Fest der 40-jährigen Wiederkehr der Errichtung der ersten Genossenschaft in Österreich feierten und tausend und abertausend Bauern nach Wien gekommen waren, um der Welt zu dokumentieren, dass Österreichs Bauern zu ihrer Heimat stehen. Viele hatten keinen Platz und blieben auf der Straße. Wir warteten noch auf Bundespräsident Miklas. Da werde ich zum Telefon gerufen und Schuschnigg sagt mir: Figl, der Bundespräsident kann nicht kommen. Und ich kann auch nicht kommen. Aber komm mit Reither sofort zu mir. ... Auf dem Weg hab ich zu Reither gesagt: Es wird zum Krachen kommen ... Ich habe am Ballhausplatz auch noch Telefongespräche führen müssen und Schuschnigg und seinen Sekretären geholfen. ... Aber die Ereignisse haben sich so überstürzt. Und zum Schluss musste geschwind ein Mikrofon her und Schuschnigg hat die Abschiedsrede gehalten. Wir waren einsam und verlassen. Ich werde das nie vergessen. Und ich habe nach 1945 als Kanzler des Öfteren den Großmächten gesagt: das, was ihr damals versäumt habt, müsst ihr jetzt gutmachen« (Figl in Rundfunkinterviews, nach Trost).

Leopold Figl zählte zu den ersten politischen Häftlingen der neuen nationalsozialistischen Herren nach der Annexion Österreichs. Er wurde noch am 12. März 1938 verhaftet und in das Polizeigefängnis an der Rossauer Lände gebracht. Ein Augenzeuge, Fritz Eckert, schilderte den Vorgang in der damaligen Wohnung Figls in der Kundmanngasse im dritten Wiener Bezirk so: »Gegen Mittag rief der sechsjährige Hansl, der beim Fenster stand: Sie kommen. Gleich darauf wurde heftig an der Tür geklopft. Mehrere Zivilisten mit den unvermeidlichen Hakenkreuzbinden am Arm drängten herein: Sind Sie der Herr Reichsbauernbunddirektor, Bundeswirtschaftsrat, Landesführer Ingenieur Leopold Figl? Figl antwortete nur mit Ja. Der Anführer des Kommandos wies den Haftbefehl vor und sofort stürzten sich die anderen in die Zimmer, um eine Hausdurchsuchung vorzunehmen. Sie gingen dabei ziemlich rüde vor, stachen in Matratzen und rissen Bilder aus dem Rahmen. Figl war völlig ruhig und gefasst, nur etwas blass. Er küsste die beiden Kinder. Hansl wusste, was los war. Die zweijährige Liesl schaute dem Treiben ahnungslos zu. ... Dann nahm Figl von seiner Frau Abschied. ... Als das Auto anfuhr, begriff die Familie erst, was geschehen war. In tiefer Niedergeschlagenheit blieb sie zurück« (zitiert nach Trost).

Am 1. April wurde Figl vom Westbahnhof mit 150 anderen Gegnern des NS-Regimes – »ständestaatlichen« wie sozialdemokratischen und kommunistischen, unter ihnen Josef Reither, der spätere Innenminister Franz Olah und der spätere Bundeskanzler Alfons Gorbach – ins KZ Dachau nahe München transportiert. Dort bekam er die Häftlingsnummer 13.897 – und musste als erster österreichischer Häftling auf den »Bock«, ein Holzgestell, auf dem das Opfer gefesselt und mit Ochsenziemer geschlagen wurde. Anlass: Figl hatte in einem Gespräch mit einem Mithäftling das verpönte Wort »Österreich« erwähnt. Figl, der bald auch eine sechsmonatige Straf- und Isolierungshaft und zwischenzeitlich eine Verlegung ins KZ Flossenbürg über sich ergehen lassen musste, erkrankte in Dachau an Typhus. Seine spätere schwere Nierenkrankheit, an der er letztlich auch starb, war Folge der Schläge.

Sein damaliger Häftlingskollege Rudolf Kalmar berichtete nach dem Tode Figls in einem Nachruf im »Neuen Österreich«: »Unser Figl lag, lebensgefährlich erkrankt, in einer der Typhusbaracken ganz hinten im Lager, von den Arbeitskommandos streng isoliert. Es dauerte gar nicht lange, bis seine Freunde, die ihn zu suchen begannen – es hieß bereits, dass er gestorben sei –, feststellten, wo er war. Der Zutritt in die Baracke Figls war wegen der drastischen Absperrmaßnahmen nicht möglich, aber durch ein Seitenfenster konnte man, wenn's keiner merkte, Kontakt mit ihm finden. Die Freunde steckten ihm Äpfel und Brot aus der Heimat zu, gestohlene Frischeier aus der Hühnerfarm der SS, Fleischbrocken, die vom Futter im Zwinger der Bluthunde abgezweigt wurden, französischen Kognak aus der SS-Kantine und Margarinewürfel aus dem gewöhnlich nur Uniformierten zugänglichen Küchendepot. Der Figl-Poldi hatte die Krise bereits überstanden, als die Kameraden ihn mit rührendem Eifer aufzupäppeln begannen. Eines Tages, als Figl bereits wieder herumkriechen konnte, kam er ans Fenster. Ein unvorstellbar gespenstiger Anblick hinter dem schmutzigen, mit alten Brettern und Stacheldraht doppelt verschlagenen Glas. Bleich und verfallen. Das schmale, von rötlichen Bartstoppeln bis zur Unkenntlichkeit struppig umrahmte Gesicht gehörte kaum noch zu ihm. Nur seine Augen, die lebhaften Augen, brannten wie glühende Kohlen im langsam ausklingenden Fieber. Er presste die grauen, blutleeren Lippen fest an das Glas und versuchte sich auf diese Weise verständlich zu machen: Servus, Kinder! Wir winkten zurück. Servus, Poldi, wie geht's dir? Dank euch schön, gut. Und dann lachte er, lachte seit Wochen zum ersten Mal wieder und kniff beide Augen zusammen. Machts euch nichts draus: es dauert nicht mehr lang!«

Überlebt hat Leopold Figl wohl nur, weil Freunde erfolgreich der Wachmannschaft eine Verlegung des »Ingenieurs« (freilich der Agrar- und nicht der Bauwirtschaft) in die Bauabteilung vorschlugen. 1946 erinnerte der Rektor der Wiener Technischen Hochschule, Wolf, anlässlich der Verleihung des Ehrendoktorats an den Bundeskanzler an diese bizarre Periode, »wo Sie zuerst als Hilfsarbeiter, Maurer und Dachdecker beschäftigt wurden. Ein Jahr später kamen Sie als Ingenieur zur Bauleitung, um Vermessungsarbeiten durchzuführen; ein Fachgebiet, das Sie schon seit Ihrer Hochschulzeit mit großem Interesse erfüllte. ... hatten Sie dabei Gelegenheit, im Sinne der Widerstandsbewegung zu wirken, der SS nützliche Bauarbeiten zu sabotieren und eine größere Gruppe von Technikern, Studenten aus Prag, vor der SS zu schützen.« Tatsächlich konnte sich Figl in dieser Zeit auch einige »artfremde« Ingenieurskenntnisse aneignen. So soll er an Plänen für den Bau der SS-Kaserne am Wiener Küniglberg mitgearbeitet haben, deren Überreste in den Neubau des ORF-Zentrums integriert wurden. Überlebt hat Figl aber wohl auch deshalb, weil seine Gattin Hilde letztlich erfolgreich bei Bekannten ihres Mannes intervenierte, etwa bei Anton Reinthaller, nationalsozialistischer Gaubundführer und später erster Obmann der Freiheitlichen Partei Österreichs (FPÖ). Am 8. Mai 1943 kam Figl nach 2000 Tagen KZ-Haft frei. Als seine Tochter Liesl den abgemagerten, kahlköpfigen Mann wieder sah, den sie zuletzt als Zweijährige erlebt hatte, fragte sie ihre Mutter verstört: »Ist das mein Papi?«

Leopold Figl ging aber nicht als Funktionär zur Gaubauernschaft, wie von Reinthaller vorgeschlagen, sondern auf Vermittlung von Julius Raab als Straßenbauingenieur zu einer Firma, für die auch der Jugendfreund tätig war. Auch politische Kontakte waren rasch neu geknüpft: Figls Leidenskamerad in Dachau, Felix Hurdes, informierte ihn bald nach seiner Haftentlassung über die geplante Neugründung einer bürgerlichen Sammlungspartei, der nach der Befreiung Österreichs auch die ehemals christlichsozialen Bauern und Arbeiter angehören sollten. Orte dieser und folgender Besprechungen, an der auch der spätere Wiener ÖVP-Obmann Lois Weinberger teilnahm: der Weinkeller Josef Reithers und die Wohnung Leopold Figls. Die Gestapo bekam Wind von den Treffen, Figl wurde wie Reither und Weinberger im Oktober 1944 ein zweites Mal von den Nazis verhaftet, kam zu Verhören ins KZ Mauthausen und von dort mit dem Vermerk »VG« (Volksgerichtshof) in seinen Akten ins Wiener Landesgericht zurück. Nur der Vormarsch der Roten Armee bewahrte ihn vor der unter solchen Begleitumständen sicher scheinenden Exekution.

Leopold Figl eilte quer durch die Stadt zurück zur alten Wohnung und wurde von den Sowjets aus dem Keller geholt, wo er Schutz vor den letzten Kampfhandlungen gesucht hatte: »Ich werde nie vergessen, wie mich am 12. April russische Offiziere aus dem Keller in die Stadt holten und mir sagten, ich solle sofort den Bauernbund aufbauen. ... Wir sind in die Schenkenstraße gezogen und haben dort als Erste in Wien die rotweißrote Fahne Österreichs und die grüne Fahne des Bauernbunds aufgezogen. Das Bauernbundhaus war in den ersten Tagen und Wochen im April 1945 überhaupt die Zentrale von Wien. Wir errichteten das Österreichische Amt für Landwirtschaft und Ernährung, denn ein Ministerium gab es noch nicht, wir hatten keine Regierung, die Gemeinde Wien noch keine Verwaltung, einzig und allein der Bauernbund in der Schenkenstraße funktionierte« (zitiert nach Therese Kraus). Mehr noch: Marschall Tolbuchin, der russische Oberbefehlshaber in Österreich, übertrug dem schon vor dem Krieg bekannten und erfolgreichen Bauernorganisator die Organisierung der Lebensmittelbeschaffung für die Not leidende Bevölkerung Wiens.

Fünf Tage später, am 17. April 1945, wurde im Wiener Schottenstift die Österreichische Volkspartei gegründet. Als erster Obmann wurde der greise Leopold Kunschak gewählt (als geschäftsführender Obmann wurde ihm für kurze Zeit der gesundheitlich ebenfalls angeschlagene ehemalige Unterrichtsminister Hans Pertner beigegeben), als seine Stellvertreter die Obleute der drei neuen Bünde, Leopold Figl für den Bauernbund, Julius Raab für den Wirtschaftsbund und Lois Weinberger für den Arbeiter- und Angestelltenbund. Felix Hurdes wurde zum Generalsekretär bestellt. Am gleichen Tag übernahm Figl mit dem Sozialdemokraten Oskar Helmer provisorisch auch die Verwaltung des Landes Niederösterreich, zehn Tage später wurde er von Karl Renner als Staatssekretär ohne Portefeuille, de facto als sein Stellvertreter, in die Regierung geholt. Leopold Figl war mit einem Schlag zum mächtigsten Mann des neuen Österreich, jedenfalls der Österreichischen Volkspartei geworden: »Sein« Bauernbund war die stärkste Gliederung der von Beginn an bündisch aufgebauten Gruppierung, dort bildete wiederum »sein« niederösterreichischer Bauernbund, der bereits in den ersten Monaten des Neubeginns mehr als 170 000 Mitglieder zählte, die Kerntruppe. Dementsprechend wurde Figl dann auch am 23. September 1945 offiziell zum Parteiobmann der ÖVP und zu deren Spitzenkandidaten für die ersten Nationalratswahlen gekürt und nach dem Sieg der Volkspartei erster gewählter Bundeskanzler der Zweiten Republik.

Leopold Figl war der ideale Mann für diese ersten Monate und Jahre: Ein erprobter Organisator, ein erfahrener Improvisator, ein zäher Verhandler, ein Mann des innenpolitischen Ausgleichs mit einer starken Hausmacht und ein Mann, der in hohem Ausmaß das Vertrauen der Sowjets besaß und das ihrer westlichen Alliierten bald gewann. Figl, nie ein großer, aber meist ein durch seine Authentizität berührender Rhetoriker, war vor allem als patriotischer Hoffnungsträger für das neue Staatsvolk erfolgreich. Legendär seine Rundfunkrede zu Weihnachten 1945, auch nachfolgenden Generationen durch zahlreiche Tondokumentationen ein zeitgeschichtlicher Begriff (da sie im Original noch nicht aufgezeichnet worden war, hat sie Figl knapp vor seinem Tod noch einmal auf Tonband gespro-

chen): »Ich kann euch zu Weihnachten nichts geben. Ich kann euch
für den Christbaum, wenn ihr überhaupt einen habt, keine Kerzen
geben. Ich kann euch keine Gaben für Weihnachten geben. Kein
Stück Brot, keine Kohle zum Heizen, kein Glas zum Einschneiden.
Wir haben nichts. Ich kann euch nur bitten: Glaubt an dieses
Österreich!«

Die erste Zeit seiner Kanzlerschaft blieb Figl unbestritten, als Parteiobmann ebenso wie als Bundeskanzler. Mit einer Ausnahme:
Außenminister Karl Gruber, dessen Tiroler Gruppierung Figl mühsam in die ÖVP integriert hatte, informierte im Februar 1946 den
österreichischen Vertreter in Washington vertraulich davon, der
Sturz des Kanzlers stünde wegen Problemen mit der Lebensmittel-
versorgung unmittelbar bevor. Gruber war auch an der Aufregung
um die so genannte »Figl-Fischerei« nicht unbeteiligt: In der Wohnung des ÖVP-Abgeordneten Kristofics-Binder war Figl am 5. Juni
1947 – wie schon Raab vor ihm – unter anderem mit dem KPÖ-
Chefideologen und kurzzeitigen Unterrichtsminister Ernst Fischer
zusammengetroffen, um über innen- und außenpolitische Probleme
wohl auch in Richtung der Sowjets zu beraten. Sozialdemokraten,
vor allem aber Gruber, der von dem später wegen Korruption verurteilten und 1950 aus der ÖVP ausgeschlossenen Wirtschaftsminister
Peter Krauland informiert worden war, witterten eine Ver-
schwörung hinter dem Rücken des Koalitionspartners und der westlichen Alliierten und machten eine Staatsaffäre daraus. Nach der
freilich ebenfalls mit Vorsicht zu genießenden Darstellung Fischers
ging es dabei auch um eine Neubesetzung des Kanzlerpostens: Figl
sei fast schon bereit gewesen, sein Amt an den unabhängigen, den
Kommunisten später nahe stehenden Universitätsprofessor Josef
Dobretsberger abzugeben.

In seinen knapp sieben Jahren als Bundeskanzler war Leopold Figl
mit drei Hauptaufgaben konfrontiert: Innenpolitisch den Zusammenhalt der Regierung unter Führung seiner Volkspartei trotz des Aus-
tritts der Kommunisten aus der Konzentrationsregierung zu Beginn
des Kalten Kriegs 1947 und trotz der Gründung einer neuen Partei
als Sammelbecken ehemaliger Nationalsozialisten, des VdU 1949 –
das ist ihm zumindest bis 1951 gut gelungen; außenpolitisch die Erringung der völligen Unabhängigkeit Österreichs trotz wachsender
Spannungen zwischen den Befreiungs- und Besatzungsmächten –

das gelang ihm erst als Außenminister in der Ära seines Nachfolgers Raab durch den Staatsvertragsabschluss 1955; wirtschaftlich und sozial der Wiederaufbau eines einheitlichen Landes trotz der Probleme, die es durch die bestehenden Zonengrenzen und die Reparationsforderungen gab – in dieser Hinsicht war die von Figl geführte Regierung weitgehend erfolgreich.

Sie entschied sich 1947 als einzige in einem von den Sowjets besetzten Land zur Teilnahme am amerikanischen Marshallplan, nachdem die Sowjets in ihrer Zone mit der Beschlagnahmung des ehemaligen deutschen Eigentums das Wirksamwerden der zwei Verstaatlichtengesetze teilweise unterlaufen hatten; Ähnliches gilt für die Gründung der unter ihrer Kontrolle stehenden USIA-Betriebe. Durch die Verstaatlichungen wurden Österreich immerhin die drei größten Banken, die wichtigsten Bergwerke und Betriebe der Grundstoff-, Elektro- und Verkehrsindustrie erhalten. Es lag auch an den stets guten Beziehungen Figls zu den Sowjets, dass der sich daraus ergebende Konflikt mit Moskau keine existenzbedrohende Krise für das neue Österreich wurde. Sein internationales Wirken war vom Bemühen um den Erhalt eines einheitlichen Staatsgebiets geprägt, wie Figl kurz vor seinem Tod in einem Interview mit der deutschen »Neuen Revue« ausführte: »Ihr habt halt zuerst mit den drei Westmächten eine Republik gemacht. Das habe ich abgelehnt. Ich habe gesagt: Entweder mit allen vieren oder mit keinem. Das kann ich meinem Volk nicht antun – diese Zweiteilung. Und das ist wohl einer der wesentlichsten Faktoren gewesen.«

Dem Kanzler gelang dies auch durch die von ihm besonders vertrauensvoll praktizierte Zusammenarbeit mit der SPÖ – und seiner anfangs völlig unbestrittenen Position in der eigenen Partei. Die Österreichische Volkspartei, deren Name schon bei den geheimen Treffen zwischen ihren ersten führenden Exponenten im Beisein Figls 1943 und 1944 gefunden worden war, wurde insbesondere in den ersten Nachkriegsjahren ein erfolgreiches Beispiel für die »Verbindung von Kontinuität und Neuorientierung« (Erhard Busek, einer der späteren Nachfolger Leopold Figls als Parteiobmann): Eine österreichisch-patriotische, deklariert christliche, föderalistische Partei der Mitte (1945 bezeichnete sie sich sogar, etwas übertrieben, auf einem Wahlplakat als »Österreichs Labour Party«) mit einem durch Bündeaufbau und Parteinamen ausgedrückten sozialen Integrationsanspruch, weniger konservativ, weniger militant-katholisch, vor allem eindeutig demokratischer ausgerichtet als die christlichsoziale Vorgängerpartei, gestützt aber auf die gleichen sozialen Schichten: Bauern, Kleingewerbetreibende und Mittelstand, Beamte, christliche Angestellte und Arbeiter.

Unter Leopold Figls Führung hatte die ÖVP als überraschend deutlich stärkste Partei nach der ersten Wahl die »einzig richtige Entscheidung getroffen, als sie eine Konzentrationsregierung mit den Linksparteien bildete und am 20. Dezember in der Bundesversammlung die einstimmige Wahl Renners zum Bundespräsidenten ermöglichte. Die innenpolitische Atmosphäre war durch diese konziliante Haltung der Wahlsieger für die nächsten Jahre weitgehend entladen und die Regierung Figl konnte umso freier und unbehinderter an ihre vielfältigen schweren Aufgaben gehen« (der Historiker Rudolf Neck). Dies entsprach nicht nur der historischen Situation des Landes und der politischen Vernunft der Regierung, sondern auch dem Wesen und der Erfahrung des Bundeskanzlers: Figl, ein wirklicher Konsenspolitiker, war bis zu seinem Lebensende ein unbeirrbarer Anhänger einer Zusammenarbeit zwischen Volkspartei und Sozialdemokratie. Im November 1961 schrieb er in einem Artikel für die Zeitschrift »Österreich in Geschichte und Literatur« gegen die wachsende Kritik an der großen Koalition an: »Trotz aller Kritik an der Koalition lebt in den Massen unbewusst auch eine dumpfe Angst vor ihrer Auflösung. ... Es ist die Angst vor dem Sprung in eine ungewisse Zukunft, hier an der Grenzscheide zweier Welten, unmittelbar vor dem Eisernen Vorhang. Es ist die Angst vor dem Experimentieren. ... Es ist eben so, dass die Koalition staatserhaltend war und ist und dass Zusammenarbeit mit all ihren Bindungen im staats- und volkspolitischen Interesse liegt.«

Leopold Figl blieb ein unbeirrbarer Gegner des Nationalsozialismus, später auch ein Skeptiker gegenüber einem taktischen, erstmals von seinem Nachfolger Raab praktizierten Liebäugeln seiner Partei mit dem VdU (Verband der Unabhängigen; er kandidierte dann als WdU, als Wahlverband der Unabhängigen). Anlässlich der Beratung einschlägiger Gesetze trat Figl im April 1945 dafür ein, nicht nur alle ehemaligen Mitglieder der NSDAP, der SS und der SA registrieren zu lassen (es waren 536 000, 440 000 davon »minderbelastet«), sondern auch alle Mitglieder der NS-Wehrverbände, die Förderer der und die Anwärter zur NSDAP. Und in seiner ersten Regierungserklärung 1945 forderte Figl: »Nazis müssen aus der Verwaltung entfernt werden. Nazistischer Geist muss rücksichtslos entfernt werden. Dabei kommt es uns nicht auf die kleinen einfachen Mitglieder an … sondern auf jene Kreise, die oft nicht einmal der NSDAP angehörten, aber viel schlimmer und gefährlicher den imperialistischen-nazistischen Geist, den autoritären Geist einer Sonderklasse vertreten haben.« Wie nötig solche Feststellungen waren, musste Figl ein Jahr später dokumentieren: Nachdem es an der Wiener Universität zu nazistischen Kundgebungen gekommen war – unter anderem schrieb eine »deutsch-arische Studentenvereinigung« an den Rektor Adamovich einen antisemitischen Brief –, drohte Figl im Mai 1946 öffentlich: »Ich verwarne die zuständigen Institutionen und Behörden zum letzten Mal, hier rücksichtslos durchzugreifen, sonst werde ich mich, wenn es sein muss, nicht scheuen, manche Hochschulen schließen zu lassen.«

Dennoch bewegte sich der Bundeskanzler natürlich im Rahmen der offiziellen, auch von den Alliierten seit der Moskauer Deklaration von 1943 anerkannten Opferthese: Österreich sei trotz der tätigen (und gemessen an der Einwohnerzahl überproportionalen) Mitwirkung zahlreicher Einwohner an NS-Verbrechen ausschließlich Opfer der nationalsozialistischen Aggression gewesen – wobei Figl, dem ehemaligen KZ-Häftling, diese von vielen als genereller Freispruch missbrauchte These persönlich durchaus verständlich erscheinen konnte. Die zynische Feststellung: »Ich bin dafür, die Sache in die Länge zu ziehen« – gemeint waren die Entschädigungsforderungen jüdischer NS-Opfer – stammt auch nicht von ihm, sondern vom sozialistischen Innenminister Oskar Helmer: Der wählte diese Worte ausgerechnet bei einer Regierungssitzung am Vormittag des 9. November 1948, dem zehnten Jahrestag der so genannten Reichskristallnacht; abends verneigte sich dann Figl in einer Rede vor Hunderten, meist jüdischen Zuhörern in »tiefster Trauer in Erinnerung an die Leiden Tausender Ihrer Glaubensgenossen«. Desungeachtet unterblieb eine offizielle Einladung zur Rückkehr an jene 130 000 jüdischen Österreicher, die den Holocaust meist nur überlebt hatten, weil sie rechtzeitig ins Exil flüchten konnten.

Bis 1951 dominierte Figl offiziell die ÖVP. Erst die Niederlage »seines« Kandidaten bei den ersten direkten Bundespräsidentschaftswahlen am 27. Mai 1951 – die erste Niederlage der ÖVP bei einer bundesweiten Wahl: Oberösterreichs Landeshauptmann Heinrich Gleißner unterlag Wiens sozialdemokratischem Bürgermeister Theodor Körner – läutete den Übergang von der Ära Figl zur Ära Raab ein. Zwei Wochen später wurde Raab zum »geschäftsführenden Stellvertreter« des Parteiobmannes Figl bestellt. Biograf Trost urteilt: »Leopold Figl hatte an diesem 14. Juni 1951 den Höhepunkt seiner machtpolitischen Laufbahn überschritten. Er sollte noch viele erhebende Augenblicke erleben, für die Bevölkerung blieb der Figl der Figl, der Poldl der Poldl, aber sein Sturz als Bundeskanzler war nur noch eine Frage der Zeit … Selbst Raabs engste Freunde leugnen nicht, dass der starke Mann der ÖVP bei der politischen Kreuzigung Figls zumindest den verantwortlichen Part eines Pilatus zu übernehmen hatte.« Einen noch weiter reichenden Part spielte der neue Generalsekretär Alfred Maleta, der im Sommer 1951 im ÖVP-Organ »Österreichische Monatshefte« programmatisch gegen seinen Dachau-Leidensgefährten Figl festhielt: »Die echten und beachtenswerten Reformwünsche zielen lediglich auf eine stärkere Einheit der Partei, eine größere Standfestigkeit in der Auseinandersetzung mit den Sozialisten … Deshalb verlangte man die Trennung von Regierungs- und Parteifunktionen. Es war sicher ein Fehler der Vergangenheit, dass die gegenseitigen Beziehungen belastet waren von NS- und KZ-Komplexen, das alles aber kann nur in einer korruptionsfreien Atmosphäre verwirklicht werden. Die neue Parteiführung will auf diesem Gebiet Ordnung schaffen.«

Das alles war auch Folge einer parteiinternen und gesellschaftlichen Umstrukturierung: »Dass der Einfluss Figls Schritt für Schritt zurückging, erklärt sich mit den Machtverschiebungen innerhalb des Bauernbunds, wo gegenüber dem agrarischen Beamten vom Typ Figls die bäuerlichen Funktionen mit angestammtem Grundbesitz immer stärker vordrangen. In Regierung und Partei wurde Figl immer abhängiger vom Votum des Klubobmannes und Wirtschaftsbundpräsidenten Raab, er war bei den nationalen und liberalen Wählern wegen der NS-Gesetzgebung der Nachkriegszeit unbeliebt und fungierte schließlich nur mehr als ausführendes Organ der von anderen Personen und Institutionen gefassten Beschlüsse« (Alexander Vodopivec, ein über ÖVP-Interna besonders gut informierter Journalist).

Zu innerparteilichen Machtverschiebungen kamen innenpolitische: Am 9. Oktober 1949, als auch die bei den ersten Wahlen ausgeschlossenen ehemaligen österreichischen Nationalsozialisten ihre Stimme abgeben konnten, dazu auch noch ein Großteil jener 500 000 Österreicher, die 1945 noch in Kriegsgefangenschaft gewesen waren, wurde der VdU/WdU auf Anhieb drittstärkste Partei vor den Kommunisten, die 1947 aus der Regierung ausgeschieden waren. Seine Kandidatur war vom sozialdemokratischen Innenminister Oskar Helmer gefördert worden, um das »bürgerliche« Lager zu spalten. Vertreter der ÖVP hatten ein halbes Jahr zuvor direkteren Kontakt gesucht: Im oberösterreichischen Oberweis kam Julius Raab mit Ex-Nazis zusammen, der amerikanische Geheimdienst OSS legte darüber ein Dossier an: Die potenziellen VdU-Leute hatten als Gegenleistung für einen möglichen Verzicht auf eine eigene Kandidatur und eine offizielle Unterstützung der ÖVP die Einstellung aller Stafen für Nationalsozialisten, Abgeordnetensitze auf der ÖVP-Liste, den Posten des Unterrichtsministers und einen ihm genehmen Kandidaten für die nächste Bundespräsidentenwahl verlangt; das Bekanntwerden der Verhandlungen, in die Figl nicht eingebunden war, löste eine Koalitionkrise, aber keinen Koalitionsbruch aus.

Der VdU blieb im Parlament mit seinen 16 Mandaten zwar in Opposition, war aber weder politisch noch gesellschaftlich zu unterschätzen: Er war in einigen Großbetrieben Oberösterreichs und der Steiermark verankert und seine Betriebsräte unterstützten dort jene Streikbewegungen gegen das 5. Preis-Lohn-Abkommen im Oktober 1950, die großteils von Kommunisten geführt waren. Diesen Streiks ist aber nicht der Charakter eines »kommunistischen Putschversuchs« zuzuschreiben, wie einige Jahrzehnte – gegen den heutigen Wissensstand der Geschichtswissenschaft – behauptet wurde; vor allem dank des insgesamt abwartenden Verhaltens der sowjetischen Besatzungsmacht, deren Politik »darauf abzielte, den status quo in Österreich zu erhalten« (Manfried Rauchensteiner).

Auch Josef Holaubek, von 1947 bis 1972 Wiens Polizeipräsident und alles andere als ein Sympathisant der KPÖ, teilte im ORF-Gespräch mit Johannes Kunz in der Serie »Erinnerungen« diese Einschätzung: »Von einem Putsch kann ich nicht sprechen. Aber die Kommunisten haben alles darangesetzt, den Generalstreik durchzubringen.«

Nicht nur daran sind sie gescheitert. Nach 1950 spielten sie kaum mehr eine relevante innenpolitische Rolle, vor allem nicht nach der russischen Intervention gegen Ungarn 1956, auf Grund derer sie endgültig aus dem Nationalrat gewählt wurden.

Die andere Oppositionspartei war da schon erfolgreicher: 1953, rund um die nächsten Nationalratswahlen, wurde der VdU, die Vorläuferpartei der FPÖ, noch einmal ins koalitionäre Spiel gebracht, diesmal offen gegen den parteiintern ohnehin schon geschwächten Figl. Raab, der ihn nach der für die ÖVP misslungenen Präsidentschaftswahl 1951 als Parteiobmann abgelöst hatte, ließ ihn nach der vorgezogenen Nationalratswahl am 22. Februar 1953 in langen Koalitionsverhandlungen »dunsten«. (Diese Wahl war nötig geworden, weil der von Raab in die Regierung gebrachte Finanzminister Reinhard Kamitz, ein harter Marktwirtschaftler, zu keinem Budgetkompromiss bereit gewesen war; erstmals wurden die Sozialisten dabei zur stimmenstärksten Partei, die ÖVP sicherte sich nur durch das Wahlrecht den knappen Vorsprung von einem Mandat vor der SPÖ.) Auch Lois Weinberger, wie Figl ein Mann der ersten ÖVP-Stunde, warnte öffentlich davor, ihn noch einmal als Bundeskanzler zu präsentieren.

Zuerst wurde Figl parteiintern zu Verhandlungen mit dem VdU zwecks Bildung einer Dreiparteienregierung gezwungen, eine Sache, die »ihm von der Seele zuwider war« (Bruno Kreisky in seinen Memoiren). Dann, nachdem Figl als Ergebnis der Gespräche mit der VdU zwecks Druck auf die SPÖ ein auch heute aktuell klingendes Zwölf-Punkte-Programm präsentiert hatte (unter anderem: »Entpolitisierung und wirtschaftliche Führung der verstaatlichten Betriebe durch Aufhebung der öffentlichen Verwaltung«, »Schutz der Arbeitnehmer vor Gesinnungszwang«, »ausgeglichenes Budget«, »Vereinfachung der Gesetze und Verwaltung«), scheiterte das Vorhaben am Veto von Bundespräsident Körner – auch das ein zu aktuellen Assoziationen reizender Vorgang.

Um das innenpolitische Patt zu überwinden, wurde Figl nun die seidene Schnur überreicht. Gruber, sicher ein höchst subjektiver Zeuge, schildert den Vorgang so: »Ich mahnte Figl jeden Tag, im Parteipräsidium die Vertrauensfrage zu stellen, in jenem Parteipräsidium, das vom Wirtschaftsbund beherrscht wurde. Aber er hatte ein geradezu kindliches Vertrauen in seinen Bundesbruder und Leibburschen Julius Raab und wollte nicht glauben, dass man ihm im Parteipräsidium lossein wollte. Eines Tages war es dann so weit. Figl bat mich dringend zu sich und sagte mir ziemlich betroffen, dass Abgesandte seiner Partei auf dem Wege seien, um mit ihm eine grundsätzliche Aussprache zu führen. Ich wusste sofort, wie viel es geschlagen hatte, aber Bundeskanzler Figl wollte noch immer nicht die harte Wirklichkeit wahrhaben. Du musst jetzt wählen, sagte ich ihm mit Nachdruck, entweder nimm den Hut und oder stell dich zum Kampf! Diese so genannten Abgeordneten haben keine Vollmachten und ich werde sie persönlich zur Tür hinausbefördern, wenn du bereit bist zu kämpfen. Während Figl schwankte, kam das Exekutionskomitee zur Tür herein und Julius Raab selbst ergriff das Wort: Man sagt halt, ein Wechsel wäre angebracht. Und Figl ging – ohne Zögern. Aber etwas war zerbrochen. Die berühmte Lebensfreundschaft hatte nicht gehalten.«

Zumindest sah es zunächst so aus. Doch der neue Bundeskanzler Julius Raab holte Figl bereits ein halbes Jahr später als Außenminister wieder in die Regierung. Erste Ironie der Geschichte: Figl folgte ausgerechnet jenem Karl Gruber, der wegen seines »Enthüllungen« über die »Figl-Fischerei« beinhaltenden Buchs »Zwischen Befreiung und Freiheit« zur Belastung für die Regierung geworden war. Zweite Ironie: Neben, eigentlich unter Raab erlebte Figl den fotografisch festgehaltenen Höhepunkt seiner Karriere: Als Außenminister hielt er am 15. Mai 1955 vom Balkon des Belvedere den jubelnden Massen die Mappe mit dem eben unterschriebenen Staatsvertrag entgegen.

Figl war schon durch die spezielle Situation Österreichs nach 1945 auch als Bundeskanzler stets als Außenpolitiker tätig, wenn auch alles andere als ein klassischer Diplomat, wie die Figl sonst relativ gewogene sozialistische Konkurrenz in ihrem Zentralorgan »Arbeiter-Zeitung« anmerkte: »Wir haben Figls Leistung als Bundeskanzler eher williger anerkannt, als seine eigene Partei dies tat, die ihn eines schönen Tages fallen ließ. Gerade deshalb dürfen wir sagen, dass Figl als Nachfolger Grubers nicht nur wegen seiner nun einmal bestehenden Beziehung zur Figl-Fischerei fehl am Platz ist, sondern weil ihm für dieses schwierige Ressort wohl manche oder alle Fachkenntnisse fehlen.« Diese Fundamentalkritik strafte Figl insofern Lügen, als er zum wirksamen Bestandteil jenes außenpolitischen Quartetts wurde, das für Österreich erfolgreich den Staatsvertrag verhandelte:

mit Bundeskanzler Raab, Vizekanzler Adolf Schärf sowie dem an der Seite von Außenminister Figl seit 1953 tätigen neuen Staatssekretär Bruno Kreisky. Selbst Kreisky, der mit »seinem« Minister gar nicht gut auskam – Figl fühlte sich Kreisky intellektuell unterlegen, Kreisky von Figl stets zu wenig informiert – bezeichnete Figl im ersten Band seiner Memoiren dann auch als »gute Wahl, weil er während seiner siebenjährigen Kanzlerschaft zu allen vier Alliierten vertrauensvolle Beziehungen hatte anknüpfen können«.

Im zweiten Band seiner Eigenbiografie nannte Kreisky, der 1959 als Konsequenz des Wahlergebnisses Figl als Außenminister ablösen sollte, auch ein ÖVP-internes außenpolitisches Motiv für den Amtswechsel: »Außenminister Gruber war Tiroler und musste sich demgemäß in der Südtirolfrage deutlich engagiert zeigen; die Tiroler setzten allmählich einen eigenen Staatssekretär für Südtirolfragen durch, Universitätsprofessor Franz Gschnitzer, aber da Figl selbst keine Initiative entfaltete, trat die Tiroler Volkspartei in Opposition zu ihm und das hat letzten Endes seinen Sturz als Außenminister herbeigeführt.« Tatsächlich wäre Figl bereits im Frühjahr 1956 fast über die Südtirolfrage gestürzt: Nachdem er bei einem Empfang in Rom festgestellt hatte, in Relation zum großen Europagedanken sei das Trennende zwischen Österreich und Italien »unendlich geringfügig«, brach nicht nur in Tirol ein Sturm der Entrüstung los.

Leopold Figls außenpolitische Spezialität war die Kenntnis der russischen Mentalität, nicht nur deren Trinkgewohnheiten: »Kanzler Figl hatte ebenfalls eine reiche Praxis auf diesem Gebiet. Damals rühmte man noch seine Trinkfestigkeit. Aber manchmal war es auch ihm zu viel. Vor allem, wenn ihm die Sowjets schon am späteren Vormittag mit ihrem Nationalgetränk traktierten. ›Was glauben denn die, die sind wahnsinnig, die manan, i kann den Wodka obisaufen wie sie – und des um zwölf Uhr Mittag, des halt der stärkste Mann net aus‹, stöhnte Figl einmal« (eine Schilderung von Figls ehemaligem Sekretär Dorrek). Festgehalten ist die politisch wirksame Trinkfestigkeit Figls in einer inzwischen legendären Karikatur des deutschen Zeichners H. E. Köhler: Dort flüstert der Außenminister während der entscheidenden Verhandlungen über den Staatsvertrag angesichts der vor Rührung zerfließenden Kremlgewaltigen seinem Zither spielenden Bundeskanzler zu : »Und jetzt, Raab – jetzt noch d'Reblaus, dann san s' wach.«

Wohl noch wesentlicher für die guten Beziehungen zu den Russen war Figls bäuerliche Herkunft. Diese Herkunft bewog ihn 1960 in seiner dritten hohen innenpolitischen Funktion als Nationalratspräsident – im Gefolge der Nationalratswahl 1959 hatte die ÖVP das Außenministerium dem Kandidaten der neuerlich stimmenstärkeren SPÖ, Bruno Kreisky, überlassen – zu einer ungewöhnlichen Wette mit dem sowjetischen Staats- und Parteichef Nikita Chruschtschow: Als der Figls elterlichen Bauernhof besuchte, den Leopolds Bruder Josef bewirtschaftete, wollte er ihm die Überlegenheit sowjetischen Maises beweisen und schickte ihm entsprechendes Saatgut, das angeblich das Zehnfache des im Tullnerfeld üblichen Ertrags bringen sollte – was dann aber nicht der Fall war. Figl verzichtete dennoch auf die Übersendung des ursprünglich ausgemachten Wettpreises, eines armen, zur Schlachtung bestimmten russischen Schweins.

Als Nationalratspräsident war Figl trotz allem eine Fehlbesetzung: Ihm lag das diplomatische Repräsentieren wenig, er war mehr ein Mann des herzlichen Volkskontakts. So nahm er im Februar 1962 die Möglichkeit gerne wahr, nach dem überraschenden Tod des niederösterreichischen Landeshauptmannes Johann Steinböck als dessen Nachfolger in seine engere Heimat zu übersiedeln. Dort nahm man ihm die sinkende Trinkfestigkeit nicht krumm, auch nicht seinen mitunter peinlich wirkender Hang zum Schwadronieren, ebenso wenig seine zunehmende Distanzlosigkeit, die ihm jeden Gesprächspartner gleich zum Du-Freund werden ließ. Nicht nur in Niederösterreich blieb er bis zu seinem Tod im Mai 1965 – 16 Monate nach dem Tod seines politischen Lebensmenschen Julius Raab und drei Monate nach dem Tod eines weiteren Politikers der ersten Stunde, Adolf Schärf – unbestritten der beliebteste Politiker des Landes. Figl wusste das – und rechnete sich, zum Unterschied von seinen Parteifreunden uninformiert über seine tödliche Krankheit, noch Chancen aus, als Präsidentschaftskandidat seiner Partei für die Bundespräsidentenwahl im April 1965 nominiert zu werden. Trotz seiner persönlichen Enttäuschung unterstützte er dann bei seinen letzten parteipolitischen Auftritten ÖVP-Ex-Kanzler Gorbach gegen Wiens SPÖ-Bürgermeister Franz Jonas.

Die Popularität Figls wurde über alle Parteigrenzen hinweg anerkannt: Selbst sein außenpolitischer Konkurrent Bruno Kreisky, der mit Figl weit weniger harmonierte als mit Raab, würdigte in einer berührenden Rede anlässlich einer Feier zum zehnten Jahrestag der triumphalen Rückkehr der österreichischen Staatsvertragsdelegation am 25. April 1965 die Lebensleistung Figls für Österreich, seinen unerschütterlichen Optimismus und österreichischen Patriotismus. Der Schwerkranke schüttelte Kreisky mit Tränen in den Augen die Hand: »Schön haben S' das gsagt.« »Angepatzt« wurde Figl nur von der Propaganda deutschnationaler Kreise, die Friedrich Heer so charakterisierte: »Die Giftmischerei funktioniert vorzüglich: da wurde der Welt zuerst ein Weinbeißer vorgestellt, ein ganz ungebildeter Bauernschädel, dazu ein Deutschfeind und ein Analphabet.«

Leopold Figl starb am 9. Mai 1965 in seiner Wiener Wohnung in der Peter-Jordan-Straße, die er 1950 ihrem früheren jüdischen Eigentümer, der in Südamerika bleiben wollte, abgekauft hatte (der zwischenzeitliche Ariseur hatte sich abgesetzt). Mit seinem Tod kurz vor dem zehnten Jahrestag der Unterzeichnung des Staatsvertrags (und mit jenem Raabs im Jänner des Vorjahrs) trat in der Volkspartei jene »Politik der Gefühle« in den Hintergrund, die stark von den Erlebnissen der Zwischenkriegszeit und der Nazi-Diktatur geprägt war. Die sich daraus ergebende große Koalition von Christ- und Sozialdemokraten stand bereits in heftiger Kritik. Der damals schon amtierende Bundeskanzler Josef Klaus – er war 1963 auch gegen den Willen Figls als »Reformer« zum Parteiobmann der ÖVP gewählt worden und löste 1964 mit dem »Übergangskanzler« Alfons Gorbach ebenfalls einen KZ-Häftling und einen unbedingten Anhänger der Zusammenarbeit von ÖVP und SPÖ ab – nannte unter Anspielung auf die erste Führungsgarnitur der Zweiten Republik diesen auch durch Figl repräsentierten Stil eher abschätzig die »Politik beim Weinglas und durch das Weinglas«.

Diese Politik entsprach jedenfalls in der allerersten Phase des Wiederbeginns der Republik dem Harmoniebedürfnis der Österreicher: Hunderttausende säumten am 14. Mai 1965 die Straßen, als der Leichnam Figls vom Stephansdom zum Heldenplatz und dann zum Zentralfriedhof geführt wurde – in ein Grab, das gleich neben dem seines lebenslangen Freundes, Verbündeten und Konkurrenten Julius Raab liegt.

Julius Raab,
Kanzler des Staatsvertrags

Vom Saulus zum Paulus

Was für Leopold Figl das Weinglas war, war für Julius Raab seine »Beamtenforelle« (die Knackwurst, die er als spartanisches Mittagsmahl einzunehmen pflegte) und seine Virginia (eine altösterreichische dünne Zigarre): Symbole, die das Wesen dieser beiden ersten Bundeskanzler der Zweiten Republik erklären sollten, bodenständige Gemütlichkeit im Falle des »Poldl«, traditionsbewusste Disziplin im Falle des »Julius«. Es gibt kein österreichisches Politikerduo, dessen Lebenswege sich so oft gekreuzt haben wie die der beiden starken Männer der ÖVP nach 1945 – und die bei allen biografischen Parallelen, bei allen persönlichen und politischen Sympathien und bei allen gemeinsamen Anliegen und Zielen doch auch höchst unterschiedlich waren in Wesen und Stil, was zumindest einmal auch in einen heftigen, wenn auch nicht in letzter Konsequenz ausgetragenen Konflikt mündete. Figl war eher charmant, harmoniebedürftig und allerorten um Ausgleich bedacht, ein zeit seines Lebens ein – gemessen an den gesellschaftlichen Rahmenbedingungen – untadeliger Demokrat. Raab war eher spröde, machtbewusst und autoritär, ein Mann, der kaum Widersprüche und Widerstände aushielt und erst in der Zeit zwischen 1938 und 1945 zum Demokraten ohne Wenn und Aber geworden ist. Das freilich mit überzeugender

Wirkung, auch in die Reihen der Konkurrenz hinein: »Bei allem, was man als Zeitgenosse gegen sie einwenden konnte, waren sie doch im Bewusstsein Österreichs Große, jeder auf seine Art: Figl … weil er während der Nazizeit ein heroisches Leben und viel hat erdulden müssen, Raab, weil er sich, obwohl er als junger Politiker ein eindeutiger Klerikofaschist gewesen war und den so genannten Korneuburger Eid geschworen hatte, später bekehrte; aus einem Saulus war ein Paulus geworden, der mit seinen schlichten, etwas grobschlächtigen Bemerkungen sehr oft den Nagel auf den Kopf traf« (Bruno Kreisky im zweiten Teil seiner Memoiren).

Raab stammte wie Figl aus einem »schwarzen« Kernbereich Niederösterreichs, freilich nicht aus dem bäuerlichen, sondern aus dem (klein)bürgerlich-gewerblichen. Er wurde am 29. November 1891 in St. Pölten als Sohn eines aus Schlesien zugewanderten Baumeisters geboren, der Onkel seiner ebenfalls aus einer Baumeisterfamilie stammenden Mutter, Johann Wohlmeyer, war einer der Gründer der Christlichsozialen Partei, Reichstagsabgeordneter und ein Anhänger Karl Luegers. Der älteste von drei Brüdern (»Die drei Raaben«) besuchte das von den Benediktinern betriebene Stiftsgymnasium Seitenstetten, so wie später mit Alois Mock ein weiterer Obmann der Volkspartei. Dort erhielt er - wohl nicht zufällig – von seinen Mitschülern den Spitznamen »Julius Cäsar«. Diese Symbolisierung seiner frühen Führungsqualitäten übernahm Raab als Kneip- oder Coleurnamen in die CV-Verbindung »Norica«, der er während seines 1911 begonnenen Hochbaustudiums an der Wiener Technischen Hochschule beitrat und deren weiß-blau-goldenes Band er bis zu seinem Lebensende stolz trug. Biografien berichten von leichten Abweichungen vom familiär vorgezeichneten Weg seiner Jugend: Die Mutter konnte ihn gerade noch davon abbringen, nach dem ersten Studienjahr ins Medizinerfach zu wechseln, über die bis heute vergleichsweise liberale »Norica« kam er - so wie Leopold Kunschak und der spätere Schwiegervater Figls, Hemala – in Kontakt mit katholischen Sozialreformern um Monsignore Schaurhofer.

Der Ausbruch des Ersten Weltkriegs brachte Raab wieder ins streng konservative Fahrwasser: Mit Begeisterung stürzte sich der 1913 bereits als Einjährig-Freiwilliger tätige Sappeur (Pionier) während der gesamten Kriegsdauer ins Soldatenhandwerk, zuerst an der östlichen Front, dann an der italienischen, wo Raab zehn Isonzoschlachten mitmachte. Am Ende dieses Lebensabschnittes beeindruckte Raab erstmals Figl: Der erlebte im November 1918 in St. Pölten die Rückkehr des Oberleutnants an der Spitze von 200 Untergebenen. Der Kompaniekommandant Raab hatte die Soldaten von der Piavefront drei Wochen lang in Formation heimwärts marschieren und sie dann am heimischen Bauernhof mit Verpflegung, Fahrgeld und Zivilkleidung abrüsten lassen.

Das Militär war ein weiterer entscheidender Bestandteil seiner und nicht nur seiner Generation, wie der Politologe Peter Gerlich analysiert: »Es fällt auf, dass, wie bei vielen Vertretern seines Milieus und seiner Generation, das männerbündische Element, das für eine derartige Haltung fördernd sein dürfte, sehr stark ist. Knabeninternat, Militär und CV-Studentenverbindung waren exklusiv männliche Einflussfaktoren für die Entwicklung einer politischen Persönlichkeit.« Das autoritär-militärische Element blieb Raab sein Leben lang, wie sein letzter Unterrichtsminister Heinrich Drimmel in seinen Erinnerungen festhielt: »Dabei sah mich Julius Raab an wie ein Kompaniekommandant seine Rekruten ... Julius Raab war für mich, was für meinen Vater sein Hauptmann gewesen ist.« Die soldatische Tradition wirkte auch später noch über Parteigrenzen hinweg: Der frisch gebackene Bundeskanzler Raab meldete sich militärisch bei seinem ehemaligen Vorgesetzten an der italienischen Front, dem aus der Sozialdemokratie kommenden Bundespräsidenten Theodor Körner – und selbstverständlich verband sie automatisch das offiziersadäquate Du-Wort.

Noch vor Beendigung des Studiums kehrte Julius Raab 1922 nach St. Pölten zurück, trat in die Firma seines Vaters ein und heiratete die Kaufmannstochter Hermine Haumer (die Ehe blieb kinderlos). Dann drängte es ihn in die Politik, er wurde christlichsozialer Bezirksparteisekretär in St. Pölten, zwischen 1927 und 1933 dort Gemeinderat, gleichzeitig auch noch – damals jüngster – Abgeordneter zum Nationalrat mit dem Ziel, eine eigene Organisation der Gewerbetreibenden zu schaffen. Der damals starke Mann der Christlichsozialen, Ignaz Seipel – der »Prälat ohne Milde«, wie ihn die Sozialdemokraten wegen seiner unversöhnlichen Haltung nach dem Justizpalastbrand am 15. Juli 1927 nannten –, wurde auf den jungen Multifunktionär aufmerksam: Er entsandte ihn als persönlichen Vertrauensmann in die niederösterreichische Heimwehr, in der es schon damals drei Gruppen gab: Eine klerikal-christlichsoziale im südlichen Niederösterreich; eine deutschnationale, bald nationalsozialistische im Waldviertel und im Raum Krems; und zur steirischen Grenze hin eine austrofaschistische, die sich stark am steirischen Heimatschutz orientierte und sich mehr als antiparlamentarischer Stoßtrupp gegen den »Parteienstaat« und das »Rote Wien« gerierte denn als militärische »Selbstschutzorganisation« gegen den sozialdemokratischen »Republikanischen Schutzbund«, wie sich die Heimwehr offiziell verstand. Raab orientierte sich an der ersten Gruppe, versuchte die militaristischen Gruppen doch noch der Christlichsozialen Partei unterzuordnen und hielt es mit Leopold Kunschak, der 1928 besorgt feststellte: »Die Heimwehrbewegung nimmt eine Entwicklung, die sie als Gefahr für das parlamentarische System erscheinen lässt.«

Dennoch bekannte sich Raab – am 15. September 1928 gegen den Widerstand der »Völkischen« zum niederösterreichischen Landesführer der Heimwehren gewählt und dann vom kollektiv der Heimwehr beitretenden niederösterreichischen Bauernbund gestärkt – zum berühmt-berüchtigten Korneuburger Eid. Bei einer Tagung in dieser niederösterreichischen Kleinstadt verkündete die Bundesführung der Heimwehr ein eindeutig antidemokratisches Zwölf-Punkte-Programm: Verwerfung des »westlichen demokratischen Parlamentarismus«, Orientierung auf die außerparlamentarische Machtergreifung und Errichtung eines autoritären Ständestaates. Auch Raab leistete den Eid auf dieses, vom radikalen Heimwehrführer Steidle verkündete Programm. Dieser Makel haftete lange an ihm – daran änderte auch die Tatsache nichts, dass er 1930 mit der niederösterreichischen Heimwehr aus dem Bundesverband austrat. Zuvor war dieser als »Heimatblock« bei der Nationalratswahl angetreten, auch gegen die Christlichsoziale Partei, für die Raab neuerlich kandidierte. Und daran änderte auch die taktische Begründung wenig, von der Ex-Schutzbundführer Julius Deutsch in seinen Memoiren berichtet: Raab habe damals versucht, ihm klar zu machen, er habe nur deshalb den Korneuburger Eid unterstützt, um die Heimwehr nicht ganz den radikalen Führern zu überlassen. Deutsch dazu nach 1945 versöhnlich: »Wie sich im Verlaufe der weiteren Entwicklung zeigte, waren Raab und die ihm Gleichgesinnten im christlichsozialen Lager zu schwach, sich gegen die immer weitere Kreise erfassende faschistische Ideologie dieser Epoche durchzusetzen.« 1932 vereinigte

Zweimal zwei langjährige politische Partner und Konkurrenten: Julius Raab und Leopold Figl, Julius Raab und Adolf Schärf.

Der »kleine Kapitalist« mit seiner großen Liebe: Julius Raab mit Virginia.

sich die niederösterreichische Heimwehr wieder mit der Bundes-
heimwehr, nachdem sich dort der austrofaschistische Flügel unter
Fürst Ernst Rüdiger von Starhemberg gegen die mit den Nationalsozialisten fraternisierende Gruppe durchgesetzt hatte. Julius Raab
hatte aber genug von den Kämpfen in und mit der Heimwehr. Die
nächsten Jahre widmete er sich nur mehr der Parteiarbeit und dem
Aufbau eines »Österreichischen Gewerbebundes«. Nachdem die
Ausschaltung der Demokratie 1933 auch Raab um sein parlamenta-
risches Wirkungsfeld gebracht hatte – im Ständestaat kam noch die
Auflösung der Christlichsozialen Partei dazu, die in der austrofaschistischen »Vaterländischen Front« aufgehen sollte –, widmete er
sich entsprechend der Ideologie des Ständestaats ganz der ständischen Arbeit. Er hatte einen so gewichtigen Anteil am Zustande-
kommen des Handelskammergesetzes 1937, dass ihn Kanzler Kurt
Schuschnigg als Minister für Handel und Verkehr in seine letzte Regierung berief, freilich nur mehr für einige Tage bis zum Einmarsch
der Hitler-Truppen. Am 6. März 1938 schrieb Julius Raab nach einem abendlichen Treffen ins Gästebuch seines Bauernbund-Freun-
des Leopold Figl: »Am Anfang des März / da geht es um Österreich
/ Wir bleiben die Alten fürs Heimatreich / Mögen viele sich drehen /
mögen manche sich neigen / mag alles vergehen / Österreich muss
bleiben / rot-weiß-rot bis in den Tod / ist nicht nur ein schales Wort
/ ist unser Sinn, ist unser Hort / Ist Österreich nun, für das wir stehen / ist die Heimat, für die wir leben. Iden des März 1938«
Unter der nationalsozialistischen Herrschaft blieb Julius Raab von
Verhaftung und Verfolgung verschont, ganz zum Unterschied von
seinen Brüdern: Der Gymnasialprofessor Heinrich, der mittlere der
drei, im Ständestaat Bürgermeister von St. Pölten, konnte gerade
noch in die Schweiz flüchten, der jüngste, Josef, der die Baufirma
vom Vater übernommen hatte, saß für kurze Zeit. Julius, der promi-
nenteste, wurde nur mit einem Aufenthaltsverbot für seinen Heimatbezirk belegt, eine für einen Minister der »Systemzeit« ungewöhnlich milde Strafe. Karl-Heinz Ritschel, einer seiner Biografen,
nennt zwei mögliche Motive dafür: Das Ansehen Raabs als hochde-
korierter Offizier des Ersten Weltkriegs und die enge Bekanntschaft
mit dem ersten nationalsozialistischen Gauleiter in Niederösterreich,
dem St. Pöltner Primarius und Lungenfacharzt Jury, ehemals Haus-
arzt der Familie Raab. Es gibt keinen Beleg für eine organisierte Wi-

derstandsarbeit Raabs gegen die Nationalsozialisten, auch keinerlei Hinweise auf ein Arrangement mit ihnen. Eine Passage in einem bis Anfang der neunziger Jahre von der FPÖ vertriebenen Videofilm mit dem Titel »So herrschen sie« stellt eine glatte Manipulation dar: Dort war eine Person zu sehen, die mehrfach die Hand zum Hitlergruß erhebt. Im dazugehörigen Kommentar wird behauptet, Julius Raab habe den Einmarsch der Hitler-Truppen und den »Anschluss« Österreichs begrüßt. Der in einem ORF-Interview dazu befragte Historiker Lothar Höbelt, einer der »Ratgeber« des Propagandafilms, versuchte anfangs diese Lüge zu relativieren: Es würde dadurch niemand behaupten, Raab habe das Ende der österreichischen Unabhängigkeit »herbeigewünscht«. Erst auf Nachfragen des Interviewers bekannte Höbelt ein: »Ich würde sagen, das ist ein Gag, wenn Sie so wollen, ist es eine Manipulation auch, aber wichtig ist, was man daraus macht. Ich würde das also eher als einen filmischen Gag bezeichnen.«

Nach dem Ende eines unabhängigen Österreich wollte Raab sich anfänglich von einem in Istanbul arbeitenden Freund, dem damals schon bekannten Architekten Clemens Holzmeister, als Baumeister in die Türkei vermitteln lassen. Nachdem er aber nicht verfolgt, sondern bloß für »wehrunwürdig« erklärt wurde, blieb er im Lande. Und war dann während des Kriegs leitender Angestellter bei der Wiener Baufirma Kohlmayer, zuständig für den Straßenbau. In dieser Funktion konnte er auch Leopold Figl nach dessen Entlassung aus dem KZ in der Firma als Bauleiter im Zistersdorfer Ölgebiet unterbringen. Mit ihm führte Raab auch politische Gespräche, wie ein von Figl am Dachboden seines elterlichen Bauernhofes im Tullnerfeld verstecktes Blatt aus seinem Gästebuch vom 29. Jänner 1944 belegt: »Bald wird wieder das Freiheitsjahr sein / dann gehört wieder die Freiheit mein / dann baun wir sie auf zu neuem Leben / mag es auch viel Arbeit und Mühe geben / Sie alle konnten uns nicht brechen, noch beugen / Die Welt wird es einmal müssen bezeugen / Österreich ist, wird sein, wird bestehen / und aller Dreck wird untergehen. Julius Raab, der Chef.«

Der für kurze Zeit berufliche »Chef« Figls wurde zu Beginn der Zweiten Republik sein politischer »Untergebener«. Nur formell und auch das nicht ganz freiwillig: Raab gehörte als Präsident des dem Gewerbebund folgenden Wirtschaftsbundes jenem kleinen Kreis an, der am 17. April 1945 im Schottenstift die ÖVP aus der Taufe hob und die Symbolfigur Leopold Kunschak zum Obmann bestellte. In dieser Funktion ordnete er sich dem ab September amtierenden neuen Parteiobmann Figl, der dem wesentlich stärkeren Bauernbund vorstand, unter. Wohl auch deshalb, weil die Russen bald klarmachten, dass sie ein Mitglied der letzten Regierung Schuschnigg nicht in der Regierung duldeten. Julius Raab, der im provisorischen Kabinett Renner die Funktion eines Staatssekretärs für öffentliche Bauten, Übergangswirtschaft und Wiederaufbau bekleidete, wurde als designierter Handelsminister der »echten« Regierung Figl von der Besatzungsmacht abgelehnt.

Letztlich nicht zu seinem Nachteil: In seiner Funktion als Klubobmann der Volkspartei im Nationalrat spielte Raab eine noch einflussreichere Rolle, als er sie im Kabinett Figl hätte spielen können. Der Historiker Manfried Rauchensteiner zitiert eine geheime amerikanische Quelle, in der es bereits 1947 hieß, Raab wäre der starke Mann im Hintergrund und der wichtigste Berater Figls.

Aus dem längst überzeugten Demokraten wurde auch ein geschickter Parlamentarier: »Sein Verhalten nach 1945 zeigt, dass er im Stande war, aus politischen Erfahrungen zu lernen. Stärker noch als in der Ersten Republik suchte er trotz allen Beharrens auf dem eigenen Interessenstandpunkt die Verständigung und den Ausgleich mit dem politischen Gegner. Er akzeptierte nun auch trotz seines eher autoritären Führungsstils die parlamentarische Demokratie voll als Grundlage und Rahmen der Politik« (Gerlich). Auch im Parlament wurde Raab freilich nicht zum guten Redner, seine Sache war eher das Taktieren und Verhandeln. Ihm soll es als Klubobmann bisweilen Spaß gemacht haben, mit seinem sozialdemokratischen Pendant Bruno Pittermann die Regierungsspitze Figl/Schärf ausrutschen zu lassen, ganz nach der typisch österreichischen Mentalität »a bissl Liab – und a bissl Falschheit« (Bruno Kreisky im ersten Band seiner Memoiren).

Dieses ambivalente Verhältnis zu Figl prägte auch Raabs Verhalten anlässlich des Wechsels an der Partei-, später an der Regierungsspitze. Am 14. Juni 1951, knapp nach der Niederlage Gleißners gegen Körner bei der Bundespräsidentenwahl, wurden die Regierungsmitglieder Figl und Hurdes in ihren Parteifunktionen als Obmann und Generalsekretär durch die »Geschäftsführer« Julius Raab und Alfred

Maleta ersetzt. Auch Raab hatte die Niederlage Gleißners nicht verhindern können, obwohl er für die Zeit des Wahlkampfes seine soldatische Kameraderie mit Körner vergaß, der von der ÖVP-Propaganda nicht als Offizier der Kaiser-, sondern der Schutzbund- und Bürgerkriegsarmee von 1934 dargestellt wurde. Julius Raab, der schon vor seiner formellen »Machtergreifung« alle Fäden in der Volkspartei zog – Trost zitiert nach Angaben von Josef Klaus einen Witz aus der Zeit: »Wenn jemand den Julius fragt, wie es ihm geht, dann sagt er: Gut, denn ich bin der einzige Österreicher, der den Raab nicht fragen gehen muss« –, Raab ließ also 1951 in der Agitation gegen Körner sogar die alte, fast vergessen scheinende Frontstellung von 1934, auch seine eigene historische Verwicklung darin, anklingen: »Sozialisten und Kommunisten reichen einander in der Entscheidungsstunde die Hände, um ihr gemeinsames Ziel, die Errichtung der roten Diktatur, auch gemeinsam zu erkämpfen« (»Kleines Volksblatt«, 19. Mai 1951). Wohlgemerkt: Diese Töne erklangen nur ein halbes Jahr nach den Oktoberstreiks, nach der tiefsten Polarisierung zwischen den beiden Regierungsparteien und der KPÖ. Sie sollten freilich ein in dieser Schärfe einzigartiger Rückfall Raabs in die Propaganda der Zwischenkriegszeit bleiben, bald danach mutierte er endgültig zum ausgleichenden Staatsmann.

Dazu musste freilich erst Leopold Figl von der Regierungsspitze geholt werden. Ihm wurde vor allem mangelnde Standfestigkeit gegenüber dem Koalitionspartner vorgeworfen, seine Kompromissbereitschaft, die plötzlich als »Packelei« diffamiert wurde, dazu noch seine, die ÖVP taktisch einengende Ausgrenzungspolitik gegenüber dem VdU. Raab hatte diesbezüglich bereits andere Akzente gesetzt, hatte sich bereits im Mai 1949 ohne Wissen Figls im Hause von Alfred Maleta mit Vertretern des »nationalen Lagers« (auch mit dem später als Universitätsprofessor wegen antisemitischer Aussprüche zu fragwürdiger Bekanntheit gelangten Taras Borodajkewycz) zu den bereits geschilderten »Oberweiser Gesprächen« getroffen, war im Parlament als Klubobmann ein härterer Verhandler als Figl in der Regierung.

Freilich: In einer frühen Form der Sozialpartnerschaft hatte er als Präsident der Wirtschaftskammer eine persönliche Freundschaft mit dem Obmann des Österreichischen Gewerkschaftsbundes (ÖGB), Johann Böhm, entwickelt, mit dem er fünf Lohn- und Preisabkommen abschloss, ganz gemäß seinem, von Kreisky rapportierten Motto: »I hab die Roten lieber in der Regierung als auf der Stroßn.« Bezeichnend für seine pragmatische, fast ausschließlich an Machtgewinn und -erhalt geprägte Einstellung: Raab war an ideologischen Fragen nie sehr interessiert, war nie Fundamentalist, eher nüchtern formulierender Realist. Auch in religiösen Fragen, wie eine Rede bei der Einweihung eines Kreuzes im Parlamentsklub der ÖVP 1950 bewies: »Da lobe ich mir den alten Dorfpfarrer, der Jahrzehnte lang in seiner Gemeinde die Seelen betreut und behütet. Nackt kommen sie zur Welt und ohne Hab und Gut. Mit Ausnahme der sittlichen Werte, die sie geschaffen, werden sie zurückgegeben an die Mutter Erde.« Raab war kein Pointenschleuderer, auch kein schmunzelnder Charmeur wie Figl, er liebte mehr den trockenen kleinen Schmäh, dokumentiert etwa in einem »sozialpartnerschaftlichen« Dialog mit Johann Böhm anlässlich der geheimen Abstimmung im Nationalrat über die Abschaffung der Todesstrafe: Als Raab den Gewerkschaftspräsidenten fragte: »Na, wie hast denn du g'wählt heute«?«, antwortete Böhm: »Sicher hat der Polier g'wählt wie da Masta.«

Als De-facto-Parteiobmann baute der »Masta« Julius Raab rasch und systematisch seinen Einfluss aus, immer mehr »Reformer« – unter anderem der Salzburger Landeshauptmann Josef Klaus und Steiermarks Landeshauptmann Josef Krainer – sahen in ihm auch den geeigneten neuen Bundeskanzler: »Um Sauberkeit, Managertum, Wissenschaftlichkeit und methodischeres Denken in die Politik zu tragen, brauchten die Reformer jedoch einen Mann alten Stils: den antiintellektuellen, groß gewordenen Kleinbürger Julius Raab« (Ernst Trost). Im Jänner 1952 schickte er einen seiner engsten Vertrauten, Reinhard Kamitz, ins Finanzministerium, der mit seinem restriktiven Sparkurs und seiner unnachgiebigen Haltung gegenüber dem Koalitionspartner jene Budgetkrise auslöste, die zu den vorgezogenen Neuwahlen am 22. Februar 1953 führte. Das schwache Ergebnis für die ÖVP (erstmals wurden die Sozialisten stimmenstärkste Partei) und die Krise bei den folgenden Koalitionsverhandlungen brachten für Raab den endgültgen Durchbruch – er löste Figl auch als Bundeskanzler ab. Davor hatte er dem Noch-Kanzler mehr oder weniger bewusst eine Falle gestellt: Raab machte mit dem Führer des VdU, dem aus Sachsen stammenden Oberst Stendebach, in einer detaillierten Absprache eine Drei-Parteien-Koalition aus, der Bundespräsident Körner schon aus Rücksicht auf die Alliierten, aber auch aus eigener Überzeugung, nie die Zustimmung geben konnte. Figl, der mit den »Nationalen« gegen seine eigene Überzeugung verhandelt hatte, befand sich im Aus.

Adolf Schärf schildert das Finale der Ablöse in seinen Erinnerungen: »Am Donnerstag, dem 19. März, wurde auf Wunsch Ingenieur Figls eine Aussprache der beiderseitigen Verhandlungskomitees für Freitag im Bundeskanzleramt vereinbart. Um 9.45 Uhr rief mich Ing. Figl an und begehrte die Verhandlungen auf 11 Uhr zu verlegen. Einige Minuten vor 11 Uhr kamen Ing. Raab und Dr. Gruber und ersuchten, die Besprechung auf die nächste Woche zu verschieben. Zur Begründung wurde angeführt, die Volkspartei schlage nunmehr nicht Ing. Figl, sondern Ing. Raab zum Bundeskanzler vor, zu diesem Zwecke müsste aber noch eine höhere Parteikörperschaft befragt werden. Was war vorgegangen? Die Mitglieder des Verhandlungskomitees der Volkspartei hätten vor der Beratung mit uns zu einer Vorbesprechung mit Ing. Figl zusammenkommen sollen. Sie trafen sich, jedoch ohne Figl, und einigten sich darauf, nicht ihn, sondern Ing. Raab zum Bundeskanzler vorzuschlagen. Die Mitteilung kam für Figl ganz überraschend.«

Raab versuchte sich nach einem von Trost zitierten Bericht des Figl-Intimus Fritz Eckert bei seinem alten Freund zu entschuldigen: »Ich habe mich ja nicht gedrängt. Die maßgeblichen Parteisprecher haben mich gebeten, diese Funktion zu übernehmen. Es würde mich sehr schmerzen, wenn unsere jahrzehntelange Freundschaft dadurch irgendeinen Bruch erleiden würde. Du kannst dich auch weiterhin auf mich verlassen. Und ich lege auf deine weitere Mitarbeit auf Regierungsebene größten Wert und werde dich bei der ersten sich bietenden Gelegenheit wieder berufen.« Die kam sieben Monate später: Nachdem die Memoiren von Außenminister Karl Gruber in der »Presse« vorabgedruckt worden waren – darunter seine polemische Wertung der »Figl-Fischerei« – nahm Raab die große Empörung in der ÖVP über einen solchen Vertrauensbruch zum Anlass, Figl statt Gruber ins Außenministerium zu holen. Der ausgebootete Gruber, der dann als österreichischer Botschafter nach Washington wechselte, sah sich in seinen Memoiren dementsprechend als Opfer des komplizierten Verhältnisses des Duos: »Der langjährige Bundeskanzler Leopold Figl war damals auf sehr unschöne Art aus seinem

Amt gedrängt worden. Nach einer Parlamentswahl ließ man Figl noch wochenlang über die Regierungsbildung verhandeln, wobei die VP-Führung alle seine Vorschläge ablehnte. ... Raab wurde in der Folge Regierungschef, aber sein Gewissen ließ ihn unablässig einen Weg suchen, um seinen alten Freund Leopold Figl wenigstens etwas wieder zu versöhnen. Unter diesen Umständen kam Raab die künstliche Aufregung um mein Buch wie gerufen.«

Zweifellos war die Berufung Figls ins Außenamt der erste Schritt zur Versöhnung zwischen ihm und Raab. Der Wechsel im Kanzleramt war aus parteipolitischer Sicht verständlich gewesen, sein Ablauf aber menschlich letztklassig: »Figl hatte alle politischen Überlegungen gegen sich: Die Partei war schon lange nicht mehr fest in seiner Hand, die Sozialisten glaubten, mit einem Figl leichter umspringen zu können als mit einem Raab. Er hatte sich als Kanzler verbraucht. Der Entschluss, Raab mit der Regierungsbildung zu betrauen, war richtig, das hat die künftige Entwicklung bestätigt. Was bleibt, ist die menschliche Tragödie: die Erkenntnis der Undankbarkeit dieses Geschäftes, Gefühle des Verrats, Zweifel an der Freundschaft, Verlassenheit und Einsamkeit« (Ernst Trost). Zu diesen in allen Parteien und Ländern zu beobachtenden fragwürdigen Mechanismen der Politik kommt noch ein ÖVP-spezifischer: Bis in die jüngste Gegenwart hat die in unterschiedlichste Bünde- und Länderinteressen aufgesplitterte Volkspartei – etwa im Vergleich zur zentralistischeren und daher einheitlicheren SPÖ – eine besondere »Vorliebe« bewiesen, führende Vertreter oft qualvoll und unwürdig, bisweilen über mehrere Jahre hindurch abzumontieren. Das musste später auch Julius Raab zur Kenntnis nehmen, freilich in milderer Form als Leopold Figl.

Raab trieb bei der Wahl seines neuen Außenministers aber nicht nur schlechtes Gewissen: Figl hatte sich während seiner Kanzlerschaft insbesondere bei den Russen einen guten Ruf erworben. Raab brauchte ihn, um die gerade dort bestehende Skepsis gegenüber seiner eigenen Person abzubauen, die Ablöse des extrem US-freundlichen Gruber kam ihm da zusätzlich zur Hilfe. Nicht nur das: Ohne Zustimmung der Sowjets kein Staatsvertrag für Österreich, ohne Staatsvertrag keine völlige Unabhängigkeit, darin waren sich Raab und Figl einig. Deshalb verzichtete insbesondere der neue Kanzler darauf, bei aller Abgrenzung gegenüber den österreichischen Kommunisten den »russischen Bären« zu reizen, wie etwa seine Rundfunkrede am 12. Juni 1953 dokumentierte: »Es wäre viel zweckmäßiger, dass sich die Öffentlichkeit und die österreichische Presse einmütig darum bemühen, überflüssige Spitzen zu vermeiden, wobei grundsätzlich immer wieder betont werden muss, dass das österreichische Volk endlich einmal als Kulturvolk geachtet und gewertet werden will, dass der heutige unwürdige Zustand ein Ende finden und ihm seine Freiheit zurückgegeben werden muss.«

Dafür waren Raab und Figl auch bereit, Österreichs immer währende Neutralität zu garantieren und damit einen zeitweiligen Konflikt mit den westlichen Alliierten einzugehen. Entscheidend begünstigt wurde ihr Wirken durch den Tod des insbesondere in seinen letzten Lebensjahren paranoiden Stalin, die Staatsvertragsverhandlungen kamen danach, vor allem nach dem Sturz des kurzfristigen Stalin-Nachfolgers Malenko durch Chruschtschow, wieder in Fluss. Bald kristallisierte sich die Frage einer möglichen Bündnisfreiheit des Landes als entscheidend heraus: Die neue sowjetische Führung wollte am Beispiel Österreichs – im Unterschied zum viel heikleren Problem Deutschland – ihre flexiblere Haltung demonstrieren, wollte aber eine Integration des unabhängigen Landes in den Westblock nicht hinnehmen. Die Westmächte ihrerseits befürchteten einen kompletten, auch ideologischen »Neutralismus« Österreichs. Entsprechende Vorbilder wären Indien (tatsächlich hatte schon ausgerechnet der amerikanische Vertrauensmann Karl Gruber als Außenminister Indiens Premier Nehru gebeten, für Österreich in Moskau vorstellig zu werden, Raab bestritt freilich gegen Lebensende einen ihm von Adolf Schärf zugeschriebenen Auftrag für diese Initiative), Finnland (Raab lud den finnischen Staatspräsidenten Kekkonen nach Wien ein und befragte ihn über die Bündnistreue der Russen) oder Jugoslawien (das eben in heftigem Konflikt mit der Sowjetunion aus dem Ostblock ausgeschert war) gewesen. Die Position Wiens dazu: Eine Neutralität nach Schweizer Vorbild (von der Julius Raab durch regelmäßige Besuche bei seinem in der Schweiz lebenden Bruder Heinrich genaue Kenntnis hatte) könne nur von Österreich freiwillig erklärt und nur dann angeboten werden, wenn im Gegenzug alle vier Alliierten die territoriale Integrität des Landes garantierten, ohne militärische Stützpunkte zu beanspruchen. Am 25. März 1955 war es dann so weit: Der russische Außenminister Molotow lud

Bundeskanzler Raab und »andere Vertreter Österreichs, deren Entsendung nach Moskau die österreichische Regierung für wünschenswert hält« zu möglicherweise finalen Verhandlungen ein.

Am Ostermontag, den 11. April 1955, flog Julius Raab mit Vizekanzler Schärf, Außenminister Figl, Staatssekretär Bruno Kreisky, seinem Sekretär Ludwig Steiner sowie einigen anderen Beamten nach Moskau. Steiner berichtet, Raab habe schon während der Autofahrt zum Flughafen äußerst optimistisch gewirkt: »Ehe der Hahn dreimal kräht, werden wir die Neutralität erklärt haben.« Ganz so rasch ging es dann doch nicht: Mit den Sowjets wurde länger über offene wirtschaftliche Fragen und den Zeitpunkt eines möglichen Truppenabzugs verhandelt, in der eigenen Delegation über die Definition der künftigen Neutralität. Insbesondere Schärf musste erst davon überzeugt werden, diesen Begriff offiziell zu verankern, die Sozialisten hätten lieber den unverbindlicheren Begriff der »Bündnisfreiheit« in den Staatsvertrag geschrieben. Das entsprach einer länger dauernden Skepsis: Die SPÖ übte sich – wohl auch als »ideologischere« Partei – bis 1955 meist in härterem Antikommunismus als die Volkspartei, zumindest als deren pragmatischem Führungsduo Raab und Figl. Vereinzelt gab es aber auch in der ÖVP Kritik an Raabs »Entspannungskurs« in der Ostpolitik, wie Rauchensteiner einen internen amerikanischen Bericht zusammenfasst: »Zu dieser Gruppe gehörten vor allem Staatssekretär Graf sowie die Herausgeber der katholischen Wochenzeitung ›Die Furche‹, die Abgeordneten Berthold Stürgkh und Dr. Franz Gschnitzer. Sie wollten wie auch etliche prominente Sozialisten – man denke nur an Pittermann – eine sofortige Zuwendung zum Westen und erst danach wieder Verhandlungen mit den Sowjets.«

Julius Raab verlas noch in Moskau eine Zusammenfassung der österreichischen Position: »Im Sinne der von Österreich bereits auf der Konferenz von Berlin im Jahre 1954 abgegebenen Erklärung, keinen militärischen Bündnissen beizutreten und militärische Stützpunkte auf seinem Gebiet nicht zuzulassen, wird die österreichische Bundesregierung eine Deklaration in einer Form abgeben, die Österreich international dazu verpflichtet, immer während eine Neutralität der Art zu üben, wie sie von der Schweiz gehandhabt wird.« Am Nachmittag des 15. April landete die Maschine mit der österreichischen Delegation am Flughafen Bad Vöslau. Der Empfang fiel triumphal aus, Tausende Menschen säumten die Straßen bis zum Ballhausplatz. Raab formulierte sichtlich ergriffen in seiner oft pathetischen Art: »Wir werden frei sein. Vor allem möchte ich dem Herrgott meinen Dank sagen, dass wir diese Stunde für Österreich erleben konnten, und ich begrüße Sie alle, die Österreicher auf den Bergen, in den Tälern, in den Städten und am Lande.«

Einen Monat später war das Ziel endgültig erreicht: Am Sonntag, den 15. Mai 1955, wurde im Schloss Belvedere der österreichische Staatsvertrag unterzeichnet. Außenminister Figl signiert ihn mit seinen Amtskollegen Dulles (USA), Molotow (UdSSR), Macmillan (Großbritannien) und Pinay (Frankreich), dann zeigen sich die fünf mit Raab und Schärf den Zehntausenden Jubelnden auf dem Balkon. Raabs Sekretär Steiner drückt dem Außenminister die schwere Mappe in die Hand – wohl auch ein Zeichen der Wiedergutmachung, so wie Raab überhaupt diesen Feiertag hauptsächlich Figl überlässt. Der ruft immer wieder: »Wir haben ihn, wir haben ihn.« Und: »Österreich ist frei!«

Am Abend erinnerte Raab im Rundfunk daran, dass Österreich 1938 »das erste Glied in einer Kette war, die unentrinnbar die Menschheit in ein gigantisches Völkermorden hineinzog. Österreich war damals das erste Opfer in der Reihe der versklavten Staaten geworden, möge es nun ein Symbol sein, dass Österreich nach zehn Jahren wieder befreit ist. Möge diese Befreiung das erste Glied einer anderen Kette sein, die uns hinausführt aus den Wirrnissen und Missverständnissen des Kalten Kriegs!«

Mit der Erringung des Staatsvertrags stand Julius Raab endgültig am Zenit seiner Popularität. Er und seine Regierung hatten geschickt die erste Entspannung im Kalten Krieg genutzt, dazu kamen noch seine persönlichen Tugenden und seine innenpolitischen Erfolge. Raab erschien vielen Österreichern als Verkörperung »bürgerlicher« Tugenden wie Fleiß, Sparsamkeit, Verlässlichkeit, persönliche Bescheidenheit und Anspruchslosigkeit, seine autoritäre, oft griesgrämige Art erregte nur selten Missfallen. Dazu kamen seine weithin akzeptierten innenpolitischen Orientierungen: Raab war erstens kein Liberaler; er war für staatliche Interventionen, Subventionen, Marktordnungen – moderner formuliert: Regulierer, nicht Deregulierer. Das Regulieren galt übrigens auch innerparteilich, so Josef Taus unter Hinweis auf die von Raab zementierte Bündestruktur: »Raab war von seiner Herkunft her nie etwas anderes als ein christlicher Gewerbepolitiker. Bei aller Größe, die er erreichte, blieben seine Wurzeln die christlichen Gewerbetreibenden, nicht die Industrie. ... Um diesen innerparteiliches Gewicht zu geben, initiierte er das bündische System, an dem die Partei heute noch leidet.« Dennoch war zweitens Raab auch ein Anhänger klarer Grenzen staatlichen Einflusses, merkbar in dem nach ihm und seinem Finanzminister benannten Raab-Kamitz-Kurs: Er trat für die Liberalisierung des Außenhandels, für eine ausgeglichene Budgetpolitik, für Steuersenkungen und Wettbewerbspolitik ein. Drittens aber war er – fast so energisch wie Figl zuvor – ein Mann der Koalition mit den Sozialisten, des Erhalts und des Ausbaus der Sozialgesetzgebung und der Sozialpartnerschaft. Auch der ausverhandelten und »durchgezogenen« Machtaufteilung zwischen Schwarz und Rot – auch wenn der langjährige ÖVP-Sprecher Karl Pisa von einem fast selbstkritischen Bonmot Raabs unter Hinweis auf den ORF berichtet: »Proporz ist, Herr Redakteur, wenn Sie in die Argentinierstraße kommen und einem verantwortlichen Mann des Rundfunks die Hand hinstrecken und sich dann wundern müssen, dass sie plötzlich zwei Hände drücken.«

Mit Julius Raab an der Spitze errang die ÖVP bei der Nationalratswahl am 13. Mai 1956 großteils auf Kosten der erstmals als FPÖ antretenden »nationalen« Partei einen glänzenden Sieg: Mehr als zwei Millionen Stimmen, 82 Mandate, die absolute Mehrheit wurde nur um einen Sitz verfehlt. Ein halbes Jahr später, während der Ungarnkrise, bewährte sich Raab auch als Staatsmann nach außen hin: Raab fand für ihn ungewohnt harte Worte gegen die Sowjetunion, Österreich nahm ohne Zögern Tausende Flüchtlinge auf. Das änderte nichts am guten persönlichen Verhältnis zu Chruschtschow, illustriert durch eine von Ritschel überlieferte Anekdote anlässlich des zweiten Raab-Besuchs in Moskau 1958: Der KPdSU-Chef schaute Raab, der seine Virginia in der Hand hatte, prüfend an und sagte: »Sie sind ein Kapitalist.« Raab zog genüsslich an der Zigarre und meinte: »Nur ein kleiner Kapitalist, dafür sind Sie ein großer Kommunist.«

Wieder war es eine Bundespräsidentenwahl, die den Abstieg eines ÖVP-Obmannes einleitete: Nachdem Theodor Körner Ende Jänner 1957 gestorben war, setzte Raab die Nominierung des überparteili-

chen, aber die Unterstützung von ÖVP und FPÖ besitzenden Chirurgen Wolfgang Denk durch. Er selbst lehnte das Ansinnen einer eigenen Kandidatur – dem er dann unter ganz anderen Umständen sechs Jahre später folgte – als Plan, ihn nach »Pensionopolis« zu senden, ab. Die Wahl brachte eine Überraschung: Entgegen allen Prognosen und der politischen Arithmetik siegte der SPÖ-Vorsitzende Adolf Schärf mit 51,1 Prozent der abgegebenen Stimmen. Er verdankte seinen Sieg drei Umständen: Schärf war der wesentlich politischere und erfahrenere Kandidat, ihm half das Gleichgewichtsempfinden der Wähler – roter Bundespräsident bei schwarzem Bundeskanzler – und der Probelauf für Schwarz-Blau führte auch nicht zum Erfolg. Denks Nominierung wurde bald als Raabs »Denk-Fehler« bezeichnet, Rauchsteiner bilanziert: »Den Freiheitlichen war Denk zu katholisch und der Volkspartei zu national.«
Dazu nahm Raab im gleichen Jahr noch gesundheitlichen Schaden: Am 31. August 1957 erlitt er bei der Eröffnung der Rieder Messe einen Schlaganfall. Äußerlich erholte er sich – mit Ausnahme einer deutlichen Gewichtsabnahme – relativ rasch, innerlich nicht: Von da an kamen seine persönlichen und politischen Mängel stärker zum Vorschein, einerseits seine konservative Starrheit gegenüber gesellschaftlichen Veränderungen, andererseits seine autoritäre Unduldsamkeit gegenuber jeder Form von Kritik und Unabhängigkeit. Während sich etwa die ÖVP unter Raab im Rahmen der üblichen Proporzaufteilung auf die Kontrolle des Rundfunks beschränkte, überließ sie das aufstrebende und politisch tendenziell gewichtigere Fernsehen den Sozialisten. Von Raab sind in diesem Zusammenhang zwei, nicht gerade weitblickende Aussprüche überliefert: »Wozu brauch ma des Bildg'spül?« und »Ob zweitausend in des Narrenkast'l schauen, kann uns wurscht sein.«
Für traditionelle Medien hatte Raab dagegen sehr wohl einen Blick, freilich in einem sehr eingeschränkten Sinn: Sein diesbezügliches, von Raabs kritischem Beobachter Fritz Molden überliefertes Motto »Was a Politiker ist, braucht a Sprachrohr« verwirklichte er in Gestalt der von Freunden Raabs aus dem Wirtschaftsbund finanzierten »Neuen Österreichischen Tageszeitung«, die »fast schon an Zeitungen des ständischen Österreichs von 1933 bis 1938 erinnerte« (Molden). Sie ging – wie später auch das populärere ÖVP-Organ »Kleines Volksblatt« – den Weg aller »Sprachrohre«: jenen in den Bank-

rott. Mit unabhängigen Journalisten, speziell solchen aus dem »bürgerlichen Lager«, hatte Raab seine Probleme, wie Molden schildert, der als Herausgeber der »Presse« beim Kanzler in Ungnade gefallen war, nachdem er – von Raab persönlich um eine Einschätzung gebeten – Denk weder privat für einen guten Kandidaten gehalten noch ihn danach eindeutig publizistisch unterstützt hatte. 1958 habe ihn ein CV-Freund Raabs, der CA-Generaldirektor Joham, anlässlich des Wiener »Zeitungskriegs« gewarnt: »Lieber Herr Molden, Sie befinden sich in großer Gefahr. Der Herr Bundeskanzler hat mir ausdrücklich gesagt: Wenn der Molden jetzt nicht nachgibt, zerdruck ich ihn wie eine Wanz'n.«

In einer Einschätzung seiner Erinnerungen hat Molden unabhängig von seinen sonst spürbaren Emotionen gegen Raab jedenfalls Recht: »Nach seiner schweren Erkrankung im Jahr 1957 verlor Raab sein bis dahin fast untrügliches ›Gspür‹ für die jeweils richtige politische Entscheidung und begann auch schwere taktische Fehler zu machen.« So versuchte Raab den in einen Finanzskandal verwickelten Wiener ÖVP-Obmann Fritz Polcar trotz erbitterter Kritik der einflussreicher werdenden unabhängigen Presse möglichst lange zu halten und widerspenstige Journalisten unter Druck zu setzen. Und nach der auf Initiative der ÖVP wegen einiger »Gesetzeshänger« (insbesondere über die von Raab propagierte Ausgabe von »Volksaktien«) vorverlegten Nationalratswahl vom 10. Mai 1959 befand sich Raab in einer ähnlichen Lage wie sein Vorgänger Figl – die SPÖ war wieder stimmenstärkste Partei geworden, die Volkspartei behielt wieder nur auf Grund des Wahlrechts einen knappen Mandatsvorsprung. Eine paradoxe Wiederholung der Geschichte: Ein Kanzler hatte sich im Amt und in einer zunehmend problematisierten Koalition verbraucht.

Raab hatte zwar noch keinen ähnlich starken Konkurrenten hinter sich wie Figl 1953, und die sich formierende interne Opposition – vor allem aus Salzburg und der Steiermark mit den Landeshauptleuten Klaus und Krainer an der Spitze – hatte noch keinen so starken Alternativkandidaten. Immerhin musste Raab aber während der harten Koalitionsverhandlungen seine erste innerparteiliche Niederlage hinnehmen: Die ÖVP überließ den Sozialisten nicht das Finanzministerium – Raab war bereit gewesen, seine Nummer zwei in der Regierung, Kamitz, zu opfern und das Amt Staatssekretär Bruno

Kreisky anzutragen –, sondern das Außenministerium. Nicht Kamitz, sondern Raabs Freund Figl musste für den aufstrebenden Kreisky Platz machen, da Kamitz in der ÖVP extrem beliebt gewesen war.

Immerhin konnte Raab im Wahlkampf ein wohl koalitionssprengendes Propagandamittel der ÖVP im letzten Moment noch verhindern, wie Franz Olah schildert: Nachdem vor Jahren bei einer – später ermordeten – »äußerst lebenslustig geltenden Linzerin« (Olah) der Taschenkalender Bruno Pittermanns gefunden worden war, plante die Wiener ÖVP aus diesem Vorfall ein Flugblatt gegen den nunmehrigen SPÖ-Vorsitzenden zu basteln. Nach Angaben Olahs, der Raab im Auftrag Kreiskys besucht haben will, habe der Bundeskanzler diese Schmutzkampagne eingestellt.

Die Kritiker Raabs formierten sich nach der Wahl in der »Neuen Österreichischen Gesellschaft«, der alte Raab-Gegner Gruber erinnert sich: »Alle meine politischen Freunde waren in der letzten Zeit von einer tiefen Beunruhigung ergriffen gewesen. Ununterbrochen erreichten mich in Washington Briefe, die voll waren von Klagen darüber, dass die Österreichische Volkspartei unter dem alternden Julius Raab, der nach den verlorenen Bundespräsidentenwahlen einen Schlaganfall erlitten hatte, allmählich in kleinlichem Cliquenwesen zu ersticken drohte: Mein langjähriger Freund, der steirische Landeshauptmann Josef Krainer, einer der wenigen Vollblutpolitiker Österreichs, war auch voll der Sorge. ... Schließlich fand sich unter dem Vorsitz von Josef Krainer eine Anzahl von angesehenen Persönlichkeiten zusammen, deren Stimme bald öffentliche Bedeutung erlangte. Während der Koalitionsjahre hatte sich die Österreichische Volkspartei zu einem sterilen Seniorenpartner der Sozialistischen Partei Österreichs entwickelt. ... Den Erfolgsmann Kamitz hatte man in der dümmsten Art ausgebootet, die überhaupt denkbar war.« Gruber wurde Generalsekretär der Erneuerungsgruppe, die in ein inhaltliches Vakuum stieß: »Das Wirtschaftsprogramm der ›Neuen Österreichischen Gesellschaft‹ stellten wir selbstverständlich auch den Regierungsmitgliedern zu. Ich erinnere mich, dass Raab damals sagte: Ja, das kann ich eigentlich alles übernehmen. Einen Satz aus unserem Reformprogramm, nämlich der Grund der Proletarisierung in unserer Zeit sei nicht der Kapitalismus, sondern die Bürokratie, hatte er sogar zweimal unterstrichen. Auch er aber, der als Einziger der alten Politikergarde ein großes persönliches Prestige mitbrachte, wurde durch Speichellecker in seiner engsten Umgebung wieder reduziert.«

Der Abgang Raabs war vorprogrammiert: Im Februar 1960 wurde er als Parteiobmann abgelöst, am 11. April 1961 auch als Bundeskanzler, beide Male vom ehemaligen steirischen Landesparteiobmann Alfons Gorbach, eine – trotz Mitgliedschaft in der »Neuen Österreichischen Gesellschaft« – aus der Sicht Grubers nur halbherzige Lösung: »Leider blieb Krainer damals in Graz, sonst wäre manches im Österreich der kommenden Jahre anders verlaufen: Die Zügel der Macht lagen auf der Straße. Aber Krainer fürchtete die Wiener Intrigen, obwohl wir ihm sagten, dass er spielend damit fertig werden würde. ... So wurde ein anderer Steirer zum Regierungschef erkoren. Damit war nicht allzu viel gewonnen.«

Raab hatte persönlich die Popularität nach Abschluss des Staatsvertrags nur kurz genießen können, seit seinem Schlaganfall spielte er eine zunehmend geringere Rolle. Er koordinierte zwar noch und saß dem Ministerrat vor, doch er war nur noch ein »Kanzler auf Abruf« (Rauchensteiner). Ludwig Reichhold, ÖVP-Parteihistoriker, unterstrich diese Einschätzung bemerkenswert mitleidlos: »Faktum war, dass Raab zu einem Hindernis der weiteren Entwicklung Österreichs und der eigenen Partei geworden war, darum musste er gehen.« Raabs Weggefährte Maleta wurde bereits 1960 im Generalsekretariat durch den niederösterreichischen Notar Hermann Withalm ersetzt – ursprünglich eine »Erfindung« Raabs und in dessen zweitem Kabinett Staatssekretär im Finanzministerium, wurde er bald neben Krainer, Klaus und dem Kärntner Karl Schleinzer ein Motor der »Reformer«.

Ende 1959 soll der Kanzler nach Darstellung Rauchensteiners auf einer Autofahrt vom Burgenland nach Wien Gorbach gesagt haben: »Der Poldi, ich und die Bündeobmänner haben nach einer Beratung beschlossen, dich zu meinem Nachfolger zu machen.« Eine bezeichnende Bemerkung: »Poldi« Figl war noch immer starker Mann im Bauernbund, dem Wirtschaftsbund stand Raab selbst vor, Lois Weinberger dem ÖAAB. Diese drei aus der Gründungsgarnitur der ÖVP hatten beschlossen, die Zügel in der Partei aus der Hand zu geben. Wenn auch tatsächlich nur halbherzig: Auch Gorbach stammte noch aus der stets koalitionsbereiten KZ-Generation, die neuen starken Männer der ÖVP, die mehr auf Konfrontationskurs segelnden Krainer und Klaus, wurden nicht direkt ans Ruder gelassen. Vertreter der schon lange mit Raab unzufriedenen Industrie agierten dementsprechend heftig weiter, versuchten bereits im Oktober 1960 anlässlich einiger Konflikte bei den Budgetverhandlungen Raab auch als Kanzler zu stürzen. Der damalige ÖGB-Präsident Franz Olah erinnert sich daran, in diesem Zusammenhang mit Bundespräsident Adolf Schärf einer Meinung gewesen zu sein: »Nein, so machen wir das nicht. Wir geben dem Raab Gelegenheit, selber zu gehen. Wenn man den Staatsvertragskanzler so abhalftert, ist das schließlich für Österreich kein Renommee!« Schärf nahm den angebotenen Rücktritt der Regierung Raab damals nicht an, lehnte ihn aber auch nicht ab, sondern beauftragte sie mit weiteren »Sondierungsgesprächen«. Darauf wurde der Bundespräsident – noch eine Parallele zur jüngsten Gegenwart – von Teilen der ÖVP des Verfassungsbruchs bezichtigt. Im Gegensatz dazu erinnert sich Klaus heute daran, damals über diese Entscheidung Schärfs durchaus froh gewesen zu sein.

Raabs letztlicher Abschied vom Kanzlersessel fiel ihm nicht leicht. In seiner Abschiedsrede im Rundfunk am 2. April 1961, genau acht Jahre nach seiner Angelobung als Bundeskanzler, hatte er das angedeutet: »Solange mir Gott Kraft schenkt, will ich von bescheidener Seite aus mitarbeiten, mitwirken an dem weiteren Aufstieg Österreichs.« Die SPÖ würdigte dann den abtretenden Bundeskanzler in ihrem Zentralorgan, der »Arbeiter-Zeitung«: »Raab, das ist der alte österreichische Reserveoffizier aus St. Pölten, mit all seinen guten und schlechten Seiten. … Er hat dann, raunzend, bescheiden, aber recht ordentlich und zäh, etwas Neues aufgebaut. Er hinterlässt seinem Nachfolger nicht nur ein geordnetes Land, sondern auch eine Verpflichtung: das zu achten, was diese Leistung unseres Landes bewirkt hat und was allein sie weiterhin bewahren und die Zukunft sichern kann – die Zusammenarbeit.« Der den ÖVP-internen Kritikern nahe stehende Vodopivec – er war von Raab wegen seiner kritischen Berichterstattung einmal sogar mit einem Hausverbot für die ÖVP-Zentrale belegt worden – sah das naturgemäß anders: »Das Erbe, das Raab seinem von ihm selbst erkorenen Nachfolger Dr. Alfons Gorbach hinterließ, war jedoch keineswegs glänzend. Seine von ihm jahrelang mit Erfolg betätigte autoritäre Regierungsmethode hatte die ÖVP um die Mitarbeit vieler politisch befähigter Persönlichkeiten gebracht, die von ihm geförderte Konzentration der Entscheidungsgewalt im Koalitionsausschuss hatte zu einer weitgehenden Lähmung des politischen Lebens geführt, die Staatsfinanzen waren in Unordnung geraten und auch in der Außenpolitik war Österreichs Lage schwierig geworden.«

Julius Raab mischte einige Zeit noch direkt im innenpolitischen Geschehen mit: Als Obmann des wichtigen Wirtschaftsbundes und als Präsident der Bundeswirtschaftskammer. In dieser Funktion schloss er am 28. Dezember 1961 – hinter dem Rücken der Parteiführer Gorbach und Pittermann – mit dem Präsidenten des ÖGB das »Raab-Olah-Abkommen«, ein wesentliches Dokument der Sozialpartnerschaft, eine letzte Neuauflage der Lohn- und Preisabkommen: Darin wurden einerseits dem Innenministerium Kompetenzen zur Preisregelung in einigen Branchen gegeben, falls die Paritätische Lohn- und Preiskommission zu keiner Einigung käme, andererseits den Unternehmern erstmals die Genehmigung zur Anstellung ausländischer Gastarbeiter. Ein starker Autoritätsverlust für die Regierung: »Der Abschluss wie die Verhandlungen zu diesem Stillhalteabkommen waren über die Regierung hinweg und ohne sie vorher überhaupt nur zu informieren zu Stande gekommen. Hier öffnete sich eine bedenkliche Wunde im Verfassungsleben der Zweiten Republik, ein Zwiespalt zwischen Norm und Wirklichkeit, der schon lange die Theoretiker beschäftigt, ohne dass man bisher zu einem Einbau dieser ständestaatlichen Elemente in den bestehenden konstitutionellen Rahmen gekommen wäre« (Rudolf Neck).

Noch einmal trat Julius Raab ins volle Scheinwerferlicht der Innenpolitik: Er wurde von der ÖVP gegen den amtierenden Bundespräsidenten Adolf Schärf nominiert, er hatte sich selbst dafür angeboten, rechnete sich gute Chancen aus. Am 28. April 1963 unterlag er jedoch seinem ehemaligen Vizekanzler deutlich. Sechs Jahre zuvor, als ihm die Kandidatur angetragen worden war, hätte er den 73-jährigen Schärf wohl klar besiegt – jetzt hatte der schwer kranke Mann keine Chance. Der Rückstand von 600 000 Stimmen brachte der Volkspartei ihre bisher deutlichste Wahlniederlage. Am Tage danach erschien Raab in seinem Wirtschaftskammerbüro am Stubenring pünktlich um 9 Uhr früh, als wäre nichts passiert. Im Sekretariat merkte er nur kurz an: »Gestern haben wir an Schraufn kriegt«, dann blieb die Tür seines Arbeitszimmers stundenlang geschlossen.

Leopold Figl hatte die Kandidatur Raabs wärmstens unterstützt. Nur knapp neun Monate später kniete er am 8. Jänner 1964 vor dem Totenbett seines jahrzehntelangen Weggefährten, weinte und streichelte die Hand des Sterbenden. Gemäß dem Testament Raabs hielt Figl auch die einzige Rede beim Grab. In seinem letzten Willen hatte Raab am 9. Juli 1961 sein patriotisches Bekenntnis festgehalten: »Also bitte ich inständig, die rotweißrote Fahne hochzuhalten und unser schönes Österreich als einen Hort der Freiheit zu bewahren. Von meinen Freunden und Mitarbeitern und von allen Österreichern sowie von meinen Anverwandten erbitte ich Nachsicht über manches ungereimte Wort und um Verzeihung, wenn ich sie gekränkt haben sollte; dies gilt auch für meine politischen Gegner.« Diese wussten um die Bedeutung Raabs: Bruno Kreisky nannte seine Ära zwar den »wirklichen Durchbruch des Kleinbürgertums«, ihn selbst aber eine »bedeutende Persönlichkeit, die in der Koalition eine Autorität hatte, die auch von der Sozialdemokratie anerkannt wurde«. Und die »Arbeiter-Zeitung« hatte bereits anlässlich seines Rücktritts als Kanzler am 2. April 1961 geschrieben: »Historisch gesehen war es Julius Raabs Rolle, als einer der Führer der Konservativen in der Zweiten Republik, den Aufstieg der Arbeiterklasse, gegen den er in früherer Zeit heftig angekämpft hatte, zu akzeptieren. Er hat die Eingliederung der Arbeiter und Angestellten in den österreichischen Staat und in die österreichische Nation, die niemand mehr verhindern konnte, hingenommen.«
Anders, weniger klassenspezifisch ausgedrückt: Raab hat es in seiner Ära durch seine persönliche Wandlung vom Saulus des Korneuburger Eids zum Paulus des versöhnlichen Staatsvertragskanzlers auch geschafft, einer überwiegenden Mehrheit der Österreicher erstmals Gelegenheit zur Entwicklung einer eigenen, lagerübergreifenden nationalen Identität zu geben.

Alfons Gorbach,
Kanzler des Übergangs

Der Letzte aus der KZ-Generation

Alfons Gorbach wurde in einer extrem schwierigen Situation Bundeskanzler: Schon als neuer Parteiobmann war er eine Kompromisslösung zwischen der »alten Garde« um Raab und Figl und den Reformern um Klaus und Krainer gewesen, auch ins Kanzleramt wurde er von diesen eher als Rammbock gegen den lange Zeit übermächtigen Raab gesehen denn als Ideallösung. Zu sehr repräsentierte Gorbach noch die erste Politikergeneration von 1945, die ihre wichtigsten Erfahrungen in der Zwischenkriegszeit, im Falle Gorbachs – so wie Figls – auch in den Konzentrationslagern des NS-Regimes gemacht hatte.

Alfons Gorbach stammte aus einem ähnlichen Milieu wie sein Amtsvorgänger, einem katholisch-kleinstädtischen, christlichsozialen, in zweifacher Frontstellung befindlich gegen ein proletarisch-sozialdemokratisches und ein antiklerikal-deutschnationales Lager. Geboren wurde das Symbol österreichischen Föderalismus – Vater Vorarlberger, Mutter Salzburgerin, er selbst geboren in Tirol und groß geworden in der Steiermark – am 2. September 1898 in Imst als ältestes von sechs Kindern eines Stationsvorstehers der Bahn, der gleichzeitig christlichsozialer Parteifunktionär war. Nach dem Besuch der Volksschule wurde er – der Vater war ins steirische Wörschach versetzt worden, als Alfons zwei Jahre alt war – ins Grazer fürstbischöfliche Internat geschickt, er sollte Priester werden. Doch noch vor Abschluss des Gymnasiums rückte er im Mai 1916 als »Einjährig-Freiwilliger« zum Kärntner Infanterieregiment Nr. 7 ein und verlor am 5. November 1917 während der zwölften Isonzoschlacht durch ein Dumdumgeschoss ein Bein. Seiner Biografin Hanna Bleier-Bissinger schilderte Gorbach die Faszination des Soldatischen, die ihn trotz seines lebenslang fühl- und sichtbaren Missgeschicks – Gorbach hinkte mit seiner Prothese stets leicht – nicht los ließ: »Ich war ein begeisterter und ein schneidiger Soldat, wie meine Kameraden und ehemaligen Offiziere bezeugen. Soldat nicht nur aus Pflicht, sondern auch aus Neigung, das Fronterlebnis, verbunden mit den Begriffen der Treue, Kameradschaft und Pflichterfüllung haben meine unverkennbare Vorliebe für den soldatischen Lebensstil zu einem festen Bestandteil meines Wesens gemacht.« Entsprechend dieser Prägungen und der kaisertreuen Einstellung seines Elternhauses empfand Gorbach das Ende des Ersten Weltkriegs als Niederlage, die Republik erst als die seine, nachdem 1920 die Christlichsozialen die Regierungsverantwortung übernommen hatten.

Gorbach machte in Graz die Reifeprüfung nach und wurde als Jusstudent an der dortigen Universität Mitglied der CV-Verbindung »Carolina«. Nach Absolvierung eines Gerichtsjahres wurde er bei der Invalidenentschädigungskommission angestellt, 1924 heiratete er die Schneidermeisterin Maria Dolnicar, ein Jahr später wurde die Tochter Alfonsa geboren. Dann startete Gorbach seine politische Karriere: Mit knapp 30 Jahren kandidierte er bei den Grazer Gemeinderatswahlen für die Christlichsozialen, wurde Abgeordneter, bald Klubobmann-Stellvertreter, dazu Mitglied des Stadtschulrats. 1933 begegnete er erstmals Engelbert Dollfuß, im gleichen Jahr noch ernannte ihn der Kanzler zum steirischen Landesvorsitzenden der im Aufbau befindlichen »Vaterländischen Front«, 1937 wurde er Landesrat. Gorbach trat damit vor allem in direkte Konkurrenz zu den in Graz auf Grund des dort starken deutschnationalen Milieus besonders aufstrebenden Nationalsozialisten.

1938 eskalierte dieser Kampf: Nachdem Graz von den Nazis zur »Stadt der Bewegung« erklärt wurde und sie dort regelmäßig Massendemonstrationen – unter anderem mit dem Schlachtruf »Gorbach weg!« – organisierten, mobilisierte Gorbach am 27. Februar 1938 eine Großkundgebung für ein unabhängiges Österreich, an der auch Teile der in die Illegalität gedrängten sozialdemokratischen Arbeiterbewegung teilnahmen. Wie stark Gorbach damals schon bei den Nationalsozialisten verhasst war, bewies ein Ereignis desselben Tages: Während Tausende in Graz gegen die Nazis demonstrierten, setzte in Wien Bundeskanzler Kurt Schuschnigg auf Druck des österreichischen Naziführers Seyss-Inquart Gorbach als steiermärkischen Landesführer der Vaterländischen Front ab. Der ließ sich davon nicht entmutigen. Einige Tage später reiste er nach Wien, um Schuschnigg doch noch zu einem härteren Vorgehen gegen die Nationalsozialisten in der Steiermark aufzufordern – vergeblich: Der Kanzler fand in diesen dramatischen Tagen keine Zeit mehr für ein Gespräch mit Gorbach; dieser wurde unmittelbar nach dem Einmarsch der Hitler-Truppen auf Grund der Vernaderung eines zufällig in Wien befindlichen steirischen Nazis – eines Grazer Kinobesitzers, den Gorbach 1945 bei einer Gegenüberstellung schonte – mitten im Zentrum Wiens auf der Rotenturmstraße verhaftet und dann mit dem ersten Österreicher-Transport ins KZ Dachau gebracht. Die im Frühjahr 1938 nach Wien »importierte« antisemitische Hetzausstellung »Der ewige Jude« wurde für das österreichische Publikum unter anderem mit einem Foto ergänzt, das Gorbach und seinen nur kurz als steirischer Vorsitzender der Vaterländischen Front tätigen Nachfolger Karl Maria Stepan in KZ-Montur zeigte. Bildtext: »Judenknechte«.

Gorbach verbrachte mehr als fünf Jahre in nationalsozialistischen Konzentrationslagern: vom April 1938 bis zum November 1942 und dann wieder vom Juli 1944 bis Ende April 1945. Wie er behandelt wurde, schildert in der Gorbach-Biografie der langjährige Handelsminister Fritz Bock, der selbst – wie neben Gorbach auch die späteren Minister Figl, Olah und Graf – in einem Viehwaggon von Wien nach Dachau transportiert worden war: »Ein SS-Sturmbannführer stand beim Lagertor und versetzte jedem Neuankömmling einen wohlgezielten Tritt. Als er Gorbach, den Beinamputierten, heranhumpeln sah, glaubte er seine Chance für eine große Szene gekommen: Her mit dir, du Krummstiefel: Ich will dich lehren, stramm zu marschieren! brüllte er. Gorbach pflanzte sich seelenruhig vor ihm auf und entblößte sein Holzbein: Leutnant Gorbach, Träger der silbernen Tapferkeitsmedaille, 1917 schwer verwundet, meldet sich zur Stelle! Daraufhin machte der Sturmbannführer wortlos auf dem Absatz kehrt und war verschwunden für den Rest des Tages.« Gorbach berichtet selbst in diesem Buch: »Es war eine Zeit ohne Gnade. Nicht wenige fielen an Ort und Stelle als Opfer mordgieriger Peiniger und Henker. Viele brachen unter den Misshandlungen, der harten Arbeit und der Sklavenfron zusammen. Mit einer einmaligen Gesundheit begnadet, durch mein Einfühlungsvermögen in die Gemeinschaft und durch mir erwiesene Kameradschaft überstand ich die ersten vier Jahre und acht Monate dieser Leidenszeit.« Mit dem späteren ÖGB-Präsidenten und Innenminister Franz Olah wurde er auf den »Baum« gebunden, einen Holzpflock, auf den die Häftlinge mehrere Stunden mit auf den Rücken zusammengebundenen Händen aufgehängt wurden; die beiden saßen auch 45 Tage im »Bunker« und insgesamt ein Jahr in Isolationshaft. Einmal wurde Gorbach wegen verbotener Kontakte zu anderen politischen Häftlingen zwecks Verhör 102 Tage in Berliner Dunkelhaft gehalten, nur jeden dritten Tag mit Wasser und Brot versorgt.

Das erste Mal kam Gorbach Mitte November 1942 frei, wurde bei einer Grazer Firma als Hilfsarbeiter beschäftigt, arbeitete dort als »Elektrowickler«. Nach dem fehlgeschlagenen Attentat auf Hitler wurde er 1944 neuerlich verhaftet, »auf Verdacht«, denn Gorbach hatte keine Verbindung mit einer Widerstandsorganisation aufgenommen. Ende Oktober wurde er neuerlich nach Dachau verlegt, wo gerade eine Typhusepidemie wütete. Einmal entkam Gorbach nur mehr mit äußerster Mühe der Selektion von Invaliden, die dann alle als Exempel »unwerten Lebens« im oberösterreichischen Schloss Hartheim umgebracht wurden. Bereits damals pflegte er eine Marotte, die ihm auch in seiner Kanzlerzeit als Markenzeichen diente: Er trug spontan Witze in eigene »Witzbüchlein« ein, was ihn einmal sogar als Conférencier von Gnaden der SS qualifizierte.

In seinem von Bleier-Bissinger ausgewerteten Nachlass schildert Gorbach die Befreiung Dachaus so: »Im Doppelboden einer Ölkanne hatten wir unseren Freund, einen illegalen Radioempfänger. Wir waren seit Wochen über die Lage unterrichtet und lebten in fieberhafter Erwartung. Noch strich die SS, wie eh und je von der Gloriole des Grauens umwittert, durch das Lager. Zur Abendstunde des 28. April aber wussten wir: Die Panzerspitzen der amerikanischen

Alfons Gorbach, der letzte Kanzler aus der »KZ-Generation« (oben rechts, gemeinsam mit Oberst Zelburg und Karl Maria Stepan), beim Frühstück im Bundes-kanzleramt mit seinem SP-Vizekanzler Bruno Pittermann (Mitte) und beim Shakehands mit US-Präsidenten John F. Kennedy (unten).

Befreiungsarmee stehen nur mehr sechs Kilometer vor Dachau. Die Nachricht flog von Mund zu Mund. … 32 000 gemarterte Menschen wurden nach jahrelanger, entwürdigender Haft der Freiheit wiedergegeben. Amerikanische Soldaten sprengten Sklavenketten und stießen die düsteren Gittertore auf. … Seit Tagen verpestete ein süßlicher Leichengeruch das Lager, 2800 unbestattete Leichen lagen zu Hauf vor dem Krematorium. Ein Leidenszug von 800 jüdischen Häftlingsinvaliden, die bis auf 24 in den letzten Tagen mangels jeglicher Verpflegung gestorben waren, stand auf dem Industriegelände vor dem Drahtverhau. … Immer heftiger gestaltete sich draußen der Gefechtslärm. Kugeln pfiffen über die Lagerdächer. Wir lauschten in ungeheurer Anspannung, entfernt immer noch von der lauernden Angst bedrängt, es könnte ein unvorhergesehenes Ereignis das Unwahrscheinliche unseres so nahen Glücks zerstören. Da endlich … rast ein kleiner amerikanischer Gefechtswagen durch das Gittertor auf den Appellplatz. … Aus den Barackentüren quoll der Strom der Gequälten und Entrechteten; fünf, zehn, ja elf Jahre hatte mancher hier durchlitten, seelische und körperliche Folterqualen erduldet. Nun tasteten, stolperten, schrien sie in das Leben hinaus, das sich ihnen doch noch einmal in einer jähen Neigung darbieten wollte. Der amerikanische Soldat, umjubelt wie nur je ein König, wurde hochgehoben, auf dass ihn jeder sehe, ihn, der als Symbol der endgültigen Freiheit nun unter uns weilte.«

Alfons Gorbach wurde sofort nach seiner Rückkehr aus der KZ-Haft ins tagespolitische Geschehen der Steiermark involviert: Im Juli 1945 wurde er stellvertretender Obmann der steirischen Volkspartei, ein Jahr später Parteichef. Für die erste Nationalratswahl im November 1945 fungierte er als Spitzenkandidat der ÖVP im Wahlkreis Graz, der neue Bundeskanzler Figl schlug ihn bei der Konstituierung des Nationalrats als Dritten Präsidenten vor, eine Funktion, die Gorbach zweimal innehatte, zwischen 1945 und 1953 und zwischen 1956 und 1961. Dadurch war Gorbach stark in der Bundespolitik beschäftigt, die langjährigen Differenzen mit dem anderen starken Mann der steirischen ÖVP, dem Bauernbundchef Josef Krainer, lagen auch darin begründet. Bereits 1947 wurde der erste Versuch unternommen, Gorbach als steirischen Parteiobmann zu stürzen, was aber erst 1964, nach seinem Rückzug vom Kanzleramt, gelang. Bis dahin agierte Josef Krainer, seit 1948 Landeshauptmann (Gorbach verzichtete damals auf eine Kandidatur), als permanenter Rivale des in der Landespartei zunehmend schwächeren Parteichefs Gorbach, dem anfangs seine Vergangenheit bei der autoritären Vaterländischen Front vorgeworfen wurde, später zunehmend seine mangelnde landespolitische Präsenz.

In der Bundespolitik unterschied sich Gorbach, ein ebenso starker Anhänger der Koalition zwischen ÖVP und SPÖ wie Figl und Raab, nur in einem Punkt deklariert vom ersten Führungsduo der Volkspartei: Er trat viel früher und energischer für eine Versöhnungspolitik gegenüber den ehemaligen Nationalsozialisten ein, engagierte sich noch in Graz für die Gründung eines so genannten »Amnestieausschusses« und trat in der Periode der Entnazifizierung zwischen 1945 und 1948 gegen seiner Ansicht nach allzu scharfe Anti-NS-Gesetze auf. Damit wurde Gorbach – ganz im Gegensatz zur Zeit vor 1938 – zu einem Ansprechpartner für »nationale« Kreise, er brach aber nicht mit dem Gründungskonsens der Zweiten Republik. Seine Versöhnungsbereitschaft entsprang – neben parteipolitischen – auch christlichen Motiven, die er bereits zwei Tage nach seiner Rückkehr aus dem KZ seinem Bruder August gegenüber so formuliert haben soll: »Wenn wir es mit den Nazis so machen wie die mit uns, dann können wir das Wort christlich streichen.«

Alfons Gorbach war ein begeisterter Parlamentarier, ganz anders etwa als Leopold Figl. Und anders als Julius Raab, der lieber die Fäden hinter den Kulissen zog, bevorzugte er als guter Redner die offene Konfrontation im Plenum. Ohne Regierungsfunktion – von 1953 bis 1956 fungierte er auch nicht als Dritter Nationalratspräsident, das Amt ging an den VdU – musste er in Grundsatzfragen weniger Rücksichten nehmen. Etwa bei seinen damals kaum hinterfragten, heute wohl kontrovers diskutierbaren Begründungen für den Staatsvertrag: »Wie lange soll dieses Österreich, das erste Opfer Hitlers, noch das Opfer jener sein, die Hitler besiegt haben?« Aber auch seine Plädoyers für die Neutralität – »Ein Staatsvertrag, der uns zwänge, unsere Neutralität aufzugeben und uns gänzlich einer der beiden Machtgruppen anzuschließen, ist für uns untragbar und unannehmbar. Dieser Preis ist uns zu hoch, weil er uns das nehmen würde, worum wir kämpfen, nämlich die Freiheit unseres Landes, die Freiheit unseres Lebens« – würden so heute nicht unwidersprochen bleiben. Ähnliches gilt für seine Aussagen zur Landesverteidigung:

»Auch für Österreich ist daher eine modern ausgerüstete Armee eine unbedingte Notwendigkeit. Lediglich auf Garantien gestützt, lässt sich eine Grenze nicht schützen, ganz abgesehen davon, dass man uns keine Garantie geben wird, wenn wir nicht selbst alles Erdenkliche zu unserem Schutz unternehmen. … Dazu kommt weiters, dass unsere Jugend jahrelang gehört hat, dass man die militärischen Tugenden der Tapferkeit, der Pflichterfüllung, der Kameradschaft und der Opferbereitschaft ungestraft in den Schmutz ziehen konnte und die Soldaten als Mörder, Plünderer und Verbrecher beschimpft hat.« Parteipolitisch befürwortete Gorbach bis zu den Wahlen 1949, bis sich der VdU/WdU als Sammelbecken ehemaliger Nationalsozialisten erfolgreich etabliert hatte, eine Öffnung der ÖVP in diese Richtung. Er unterstützte – anders als Figl und Hurdes – die Oberweiser Gespräche unter der Federführung von Raab und Maleta, bei dem versucht worden war, die Gründung einer vierten Partei neben SPÖ, ÖVP und KPÖ zu verhindern (Letzteres war das erklärte Ziel der SPÖ, vor allem des Innenministers Oskar Helmer, wenngleich auch die Sozialisten mit den »Ehemaligen« Gespräche über eine Zusammenarbeit geführt hatten). Einem ähnlichen Zweck sollte auch die, ganz dem »steirischen Klima« unter Gorbach und Krainer entsprechende Gründung der »Jungen Front« dienen, einer nationalliberalen Vorfeldorganisation der steirischen ÖVP. Sie ging auf die Initiative von Wilfried Gredler zurück, des späteren FPÖ-Bundespräsidentschaftskandidaten, ihr gehörte unter anderem auch der spätere steirische Landeshauptmann Friedrich Niederl an.
Diese Bestrebungen reihten sich freilich in eine gesamtösterreichische und parteiübergreifende Tendenz ein, nämlich in das »unschöne Buhlen um die Stimmen der Ehemaligen« (Rudolf Neck). Die Entnazifizierung war weitgehend auf den formellen Ausschluss von mehr als einer halben Million Menschen vom Wahlrecht 1945 und auf juridische Verfahren beschränkt geblieben – in 13 000 Fällen wurden NS-Verbrechen angeklagt und Täter verurteilt, es gab 34 Todesurteile, von denen 30 vollstreckt wurden. Eine tiefergehende und länger anhaltende Auseinandersetzung mit der dunkelsten Periode österreichischer Geschichte fand nicht statt, auch strafrechtliche Verfahren gegen NS-Kriegsverbrecher versandeten oder führten – wegen teilweise skandalöser Freisprüche – nur zu wütenden Protesten in der Öffentlichkeit. Einige gerade auch vom schon wegen sei-

ner KZ-Haft diesbezüglich unangreifbaren Gorbach formulierten Gründungsmythen der Zweiten Republik blieben bis zu den Waldheim-Debatten der achtziger- und den Haider-Debatten der neunziger Jahre weitgehend tabuisiert: Der angeblich ausschließliche Opferstatus Österreichs gegenüber der Hitlerei, der Stellenwert soldatischer »Pflichterfüllung«, schließlich auch der demokratische Gehalt eines lange von großer Koalition, Proporz und Sozialpartnerschaft geprägten politischen Systems.

Immerhin hatte man nach 1945 wenigstens die erste große Wunde des republikanischen Österreich verbinden wollen: Die Zusammenarbeit von ÖVP und SPÖ, anfangs unter Mitwirkung der KPÖ, sollte die Gräben, die nach der Ausschaltung der parlamentarischen Demokratie 1933 und dem folgenden Bürgerkrieg von 1934 entstanden waren, zuschütten. Das gelang nicht zuletzt deshalb, weil die erste Führungsgarnitur der Zweiten Republik die fatalen Folgen des österreichischen Suizids am eigenen Leib erlitten hatte, teilweise auch in den nationalsozialistischen Konzentrationslagern, die natürlich Todeslager waren und keine simplen »Straflager«. Dies gelang auch durch den äußeren Druck, den die Besatzungstruppen der Befreiungsmächte ausübten.

Nach 1955 fiel dieser Druck weg – und die Kritik an der großen Koalition wuchs. Vor allem in der ÖVP, der ideologisch, soziologisch und arithmetisch die Alternative eines Bündnisses mit dem VdU (ab Ende 1955: FPÖ) eher offen zu stehen schien als der SPÖ – die KPÖ, ohnehin im steten Abstieg, war als Folge der russischen Intervention gegen die ungarische Revolution bei der Wahl 1959 endgültig aus dem Parlament geflogen. 1953 scheiterte die VdU-Karte noch am Widerstand von Bundespräsident Körner (dazu hatte die ÖVP-Spitze die Verhandlungen zwecks Bildung einer Dreiparteienkoalition auch als taktische Waffe zum Rücktritt ihres Bundeskanzlers Figl verwendet), nach dem Schlaganfall Raabs 1957, insbesondere nach dem für die ÖVP enttäuschenden Ausgang der Nationalratswahl 1959 und den folgenden Koalitionsverhandlungen, intensivierten sich entsprechende Bestrebungen in der Volkspartei. Bruno Kreisky beschrieb im zweiten Band seiner Erinnerungen diesen Prozess mit einer Fabel: »Als die Tiere merkten, dass dem Löwen die Zähne zu wackeln begannen, wurden sie übermütig.« Ihre Haupttriebkraft war – offenbar eine überzeitliche Eigenschaft – die steirische ÖVP mit ihrem eigentlich starken Mann, Josef Krainer, nicht dem formellen Parteiobmann Alfons Gorbach. Krainer blies mit der Gründung der »Neuen Österreichischen Gesellschaft« 1959 zur Palastrevolution gegen den »Großen Cäsar« Julius Raab.

Was Krainer damit bezwecke, formulierte er in einem, von Bleier-Bissinger veröffentlichten Brief an den damaligen Minister Heinrich Drimmel, einem Gegner der Reformer: »Die verantwortlichen Männer in der Bundesregierung befinden sich in einer Igelstellung, eingekreist von dem sozialistischen Machtstreben«, die neue Gruppierung in der ÖVP »solle mithelfen, vorerst in dieser Stellung auszuharren, um den Ausbruch vorzubereiten und zu unterstützen und so dieser Umklammerung zu entgehen«. Was Krainer mit »Ausbruch« meinte, scheint klar: Das sich bereits in der Steiermark abzeichnende und bald mit Alexander Götz geschlossene Bündnis zwischen ÖVP und FPÖ. Der Mann des »Verharrens« sollte einer werden, der auch noch eine relativ harmonische Hofübergabe von Seiten Raabs garantieren konnte: Alfons Gorbach.

Ähnlich radikale Ziele wie Krainer verfolgte nur der von Raab entlassene Ex-Außenminister und Krainer-Freund Karl Gruber, der aus den USA zurückkehrte, um Sekretär der Gruppe zu werden. Salzburgs Landeshauptmann Josef Klaus und dem neuen ÖVP-Generalsekretär Hermann Withalm – dem kommenden Führungsduo der Volkspartei – schwebte dagegen kein Koalitionswechsel vor, wohl aber ein neuer, weniger kompromissbereiter Kurs der Volkspartei in der Regierung und eine Reform der Partei an »Haupt und Gliedern«. Gorbach war zwar Gründungsmitglied der »Neuen Österreichischen Gesellschaft«, aber keineswegs ein Gegner der Koalition mit der SPÖ, im Gegenteil: Er galt – trotz eines anfänglich verbreiteten »Rufes, Vertreter der steirischen Reformisten und Extremisten innerhalb der ÖVP zu sein« (Vodopivec) – auch den Sozialisten in der parlamentarischen Zusammenarbeit als konziliant und kompromissbereit, stellte aber auch für die von Raabs oftmaligem Taktieren frustrierte FPÖ ein Hoffnungssignal dar.

Am 12. Februar 1960 wurde Alfons Gorbach zum neuen ÖVP-Obmann gewählt und versprach am Parteitag seiner von Wählerverlusten bedrohten Partei eine konturenstärkere Politik: »Man darf nie die Menschen anklagen, wenn sie sich von einer Partei abwenden, wenn sie die Menschen nicht mehr zu packen vermag. In Wahrheit werden wir dann den größten Widerhall in der österreichischen Bevölkerung finden, wenn wir wieder konsequente Grundsatzpolitik betreiben, das heißt, wenn wir von den Grundsätzen her eine klare Stellungnahme zu allen politischen Tagesfragen beziehen und wenn wir uns nicht darauf beschränken, auf gegnerische Anschauungen und Forderungen lediglich zu reagieren.« Großen Beifall fand auch Gorbachs kaum verklausulierte Kritik an der Ära Raab via seiner Ankündigung, künftig mehr in Teamarbeit und weniger autoritär entscheiden zu wollen. An dem von Gorbach in dieser Rede formulierten Kern einer Organisationsreform ist freilich noch jeder ÖVP-Obmann nach ihm – zumindest bis Wolfgang Schüssel – gescheitert: »Die Bünde, so bedeutungsvoll sie im Aufbau der Partei sind, haben immer nur ein Teil des Ganzen zu sein. Und jeder Abgeordnete hat, bei aller Würdigung der einzelnen Berufsinteressen, die gesamte Bevölkerung zu vertreten. Jedes Parteimitglied muss das Gefühl haben, dass es einer Partei und nicht bloß einem Bund angehört.« Ein Signal an die FPÖ enthielt die – freilich von der SPÖ mit ihrer im neuen Wiener Parteiprogramm von 1958 vollzogenen Abkehr vom Marxismus bereits konterkarierte – Ankündigung, sich »um die Bereinigung der Nahtstellen« zu bemühen, »welche die Aufspaltung des nichtmarxistischen Lagers in der Vergangenheit hinterlassen hat. … In Wahrheit ist die Teilung der nichtmarxistischen Kräfte dieses Landes in Katholiken, Liberale und Nationale ein Anachronismus geworden.«

Eine weiter gehende Ankündigung und eine tiefer gehende Kritik an der Koalition hätte eine Formulierung in dem vom neuen Generalsekretär Withalm für den Parteitag vorbereiteten Redemanuskript enthalten, die ihn Gorbach dann aber nicht halten ließ, Withalm aber inzwischen in einem seiner Erinnerungsbücher veröffentlicht hat: »Bisher war die Koalition aber eine absolute Notwendigkeit, vor allem deshalb, weil durch das Zusammenarbeiten der beiden großen Parteien ein echtes Staatsbewusstsein in allen Schichten der Bevölkerung geschaffen wurde. Nun ist allerdings diese schwierigste Phase des Wiederaufbaus beendet, das Staatsbewusstsein ist nicht zuletzt durch den Abschluss des Staatsvertrags wesentlich gestärkt und schließlich kann jetzt von einem gesunden Demokratieverständnis in Österreich gesprochen werden. Aus all diesen Gründen ist die Frage gerechtfertigt, ob die Koalition in dieser Form weiter aufrechterhalten werden soll bzw. aufrechterhalten werden kann.« Und: Es könne in Zukunft »entweder eine wesentliche Auflockerung der Koalition mit freien Mehrheitsbildungen im Parlament … oder die parlamentarische Demokratie nach englischem oder amerikanischem Muster« geben.

Gorbach hielt dagegen in seiner Rede fest: »Wir schreiben heute den 12. Februar, ein historisches Datum, das uns auf beiden Seiten mahnen soll, alles daranzusetzen, dass eine solche Situation nie wiederkehrt. Die Zusammenarbeit, geboten aus der Einsicht gemeinsamer Not, die uns der Verlust unserer Freiheit, der Krieg und die Konzentrationslager bescherten, hat nach 1945 die Grundlagen des Wiederaufbaues und des sozialen Friedens in unserem Lande geschaffen. Wir sollten uns auch weiterhin bewusst sein, dass uns mehr gemeinsam ist, als uns trennt.« Gleichzeitig trat Gorbach aber auch für eine Änderung der starren Koalitions- und Proporzpraxis ein: »Bei aller Bereitschaft zur Zusammenarbeit verhehlen wir jedoch nicht, dass die totale Koalition, wie sie gegenwärtig praktiziert wird, nicht mehr den Erfordernissen der Zeit entspricht. Der Staat ist mehr als die Parteien. Der demokratische Staat verbietet jene Proporzpraxis, die zum Gesinnungszwang führt.«

Alfons Gorbach befand sich als neuer Parteiobmann in einer doppelt schwierigen Situation: Einerseits ging er mit seinen Vorstellungen nicht so weit, wie das ein Teil der ihn forcierenden »Reformer« wollte, andererseits spielte Bundeskanzler Raab trotz seiner Schwächung weiter auch in der Partei eine wesentliche Rolle: Sein Gefolgsmann Josef Scheidl fungierte noch kurze Zeit als Stellvertreter Withalms im Generalsekretariat, sein alter Mitstreiter Felix Hurdes als Klubobmann im Parlament. Erst ein Jahr nach der Wahl Gorbachs zum Obmann der ÖVP wurde diese »Doppelherrschaft« beendet: In einem an den am Semmering tagenden ÖVP-Parlamentsklub gerichteten Brief kündigte Julius Raab aus gesundheitlichen Gründen seinen Rücktritt an und schlug Gorbach als seinen Nachfolger auch für diese Funktion vor. Der wurde am 11. April 1961 als Bundeskanzler angelobt, für den Historiker Rauchensteiner mehr als eine bloße Rochade, auch ein Generationsschub: »Die nachrückende Politikergeneration musste anderes mitbringen als noch die Politiker der fünfziger Jahre, deren Legitimation häufig an ihrem Schicksal im Dritten Reich gemessen wurde. Mit dieser Ablöse von Personen rückten –

sieht man von Gorbach ab – zunehmend Politiker in Spitzenpositionen ein, die nicht von Widerstand und Verfolgung geprägt waren.« Gorbach versuchte bei der Bildung seines ersten Kabinetts den neuen Zeiten Rechnung zu tragen und vom Raabschen Zentralismus sowie der schon unter Figl gegebenen Dominanz der Niederösterreicher und Wiener abzugehen: Erstmals waren in seinem Kabinett ebenso viele aus dem Westen und Süden Österreichs kommende Politiker der Volkspartei vertreten wie solche aus dem Osten: Neben dem steirischen Obmann Gorbach als Kanzler waren die Salzburger Landespartei mit ihrem Obmann Klaus als Finanzminister und die Kärntner mit dem ihren, Karl Schleinzer, als Verteidigungsminister in die Regierung eingebunden, aus dem alten Team blieben Landwirtschaftsminister Eduard Hartmann (Niederösterreich), Unterrichtsminister Heinrich Drimmel (Wien), Handelsminister Fritz Bock (Wien). Diese für einen Wechsel während einer Legislaturperiode doch weitgehende Veränderung sollte Gorbachs zentrales Anliegen ebenso verdeutlichen wie sein Versuch, dem Parlament gegenüber dem Koalitionsausschuss der Parteien mehr Spielraum zu geben. Der neue Bundeskanzler musste rasch aus dem großen Schatten des Vorgängers treten, nur so konnte er jenes Etikett loswerden, das ihm gerade auch in der eigenen Partei von Beginn an aufgeklebt worden war: das eines Übergangskanzlers.

Dieser Versuch ist Alfons Gorbach nicht wirklich gelungen. Weder in der Partei – wo Withalm immer mehr zum starken Mann und zum Verbündeten der Gruppe Klaus-Krainer wurde – noch in der Regierung: »Es ist wohl anzunehmen, dass man dem neuen Bundeskanzler sehr bald die am Abend seiner Angelobung im April gemachte Äußerung Hermann Withalms hinterbracht haben wird: Den Gorbach wollen wir nur als Übergangskanzler, das wird nur von kurzer Dauer sein … Klaus, Schleinzer, Kreisky, Drimmel, Broda, um nur die wichtigsten herauszugreifen, das las sich wirklich wie ein Notstandskabinett. Und unter all diesen starken Männern war nur ein einziger, der schwach war, nämlich der Kanzler selbst. Nicht als Mensch, sondern als Führungspersönlichkeit« (Rauchensteiner). Gorbach mangelte es an einer Hausmacht. Jene Landespartei, der er selbst vorstand, folgte längst nicht mehr ihm, sondern Josef Krainer. Diese beiden Exponenten der steirischen ÖVP verband zeitlebens eine tiefe, wohl nur persönlich zu erklärende Abneigung. Denn politisch trennten sie keine Welten, sieht man davon ab, dass Krainer für eine schnelle Beendigung der Koalition eintrat, Gorbach bei allen Reformüberlegungen doch für deren Perpetuierung. Dass Krainer Gorbachs Nominierung zum Bundesparteiobmann und Kanzler stark unterstützt hatte, spricht nicht dagegen: Der ungeliebte Konkurrent sollte damit endgültig aus der Steiermark gedrängt werden. Gorbachs relativ kurze Amtszeit – er amtierte nur etwa dreieinhalb Jahre als Parteiobmann und nicht einmal drei Jahre als Kanzler – belegt diese innerparteiliche Schwäche. Er wurde zuerst in der Partei gestürzt, dann erst in der Regierung – und auch dort nicht von der SPÖ, sondern von seiner eigenen Volkspartei. Die ersten großen Probleme im ersten Kabinett Gorbach ergaben sich gleich nach ihrer Vereidigung im Frühjahr 1961: Der von einem missionarischen Sparwillen erfüllte neue Finanzminister Klaus wollte Korrekturen an dem noch von seinem Vorgänger Eduard Heilingsetzer und Kanzler Raab erstellten Budget vornehmen, insbesondere die Minister Drimmel und Hartmann wehrten sich dagegen. Erst nachdem Klaus mit seinem Ausscheiden aus der Regierung gedroht hatte, konnte er sich durchsetzen. Auch Gorbach teilte freilich den großen Unwillen im restlichen ÖVP-Regierungsteam über den harten Stil von Klaus. Gorbachs späterer Nachfolger schrieb in seinen Memoiren von einem damals erfolgten »Freundschafts- und Vertrauensbruch auch mit Ministern der Volkspartei« und klagte: »Gorbach wurde Großzügigkeit und Konzilianz nachgerühmt, mir wurde übermäßige Empfindlichkeit und alpenländische Sturheit nachgesagt. War da eine – leider bald offensichtlich werdende – Entfremdung vermeidbar?« Karl Pisa, damals Mitarbeiter der ÖVP-Bundesparteileitung, beschreibt in dem von Robert Kriechbaumer herausgegebenen Sammelband von Zeitzeugen der »Klaus-Ära« die damals schon in der Körpersprache sichtbaren Auswirkungen dieser Entfremdung: »Gorbach reagierte beinahe allergisch bei einem Anruf von Klaus und hielt das Telefon immer so, als würde er sagen: Jetzt werde ich wieder belehrt, was ich nicht tun soll und wie ich gegenüber den Sozialisten auftreten müsste. Beide entwickelten sich sowohl psychisch als auch sachlich auseinander.«

Die personellen Probleme in Gorbachs Team gingen fast ohne Unterbrechung weiter: Am 23. Mai 1961 bot Drimmel formell in einem Schreiben dem Kanzler seine Demission an. Anlass: Klaus wollte auch den Sachaufwand des Unterrichtsressorts um 100 Millionen Schilling kürzen. Gorbach nahm den Rücktritt Drimmels nicht an und bekam im Herbst 1961 mit Klaus einen direkten Konflikt: Der Finanzminister legte sich gegen einen von Gorbach mit den vier Gewerkschaften des öffentlichen Dienstes erzielten Kompromiss quer, der Kanzler musste nachgeben.

Der nächste Konflikt in der Regierung spielte sich nicht innerhalb des von der ÖVP gestellten Teils ab, sondern zwischen den beiden Fraktionen. Am 13. Juni 1961 wurde erstmals in der Zweiten Republik in einem Ministerrat zwischen ÖVP und SPÖ in einer entscheidenden Frage keine Einstimmigkeit erzielt: Gorbach hatte vorgeschlagen, eine Erklärung Otto Habsburgs vom 31. Mai, wonach er auf die Herrschaftsansprüche des Hauses Habsburg-Lothringen verzichte, für die mögliche Einreise des Kaisersprosses als genügend anzusehen. Die SPÖ lehnte eine Rückkehr Habsburgs ab, der nicht jeglicher politischen Tätigkeit in Österreich entsagen wollte – und Gorbach gab sich kompromissbereit. Tatsächlich war er gar nicht begeistert, dass sein Vorgänger Raab im Sommer 1960, noch als Kanzler, nach einem Treffen mit Habsburg dessen Anliegen öffentlich thematisiert hatte, ohne ihn als Parteichef davon zu informieren. Da Gorbach die Rückkehr Habsburgs nicht stärker gegen die SPÖ betrieb, sammelte er bei den »Reformern« weitere Schlechtpunkte.

Der Konflikt um Habsburg dauerte dann übrigens noch länger. Im Sommer 1963 wurde erstmals im Nationalrat eine Koalitionspartei von der anderen überstimmt: Mit den Stimmen von SPÖ und FPÖ wurde eine Rückkehr Habsburgs als »unerwünscht« bezeichnet. Erstmals wurde das speziell von den ÖVP-Reformern vertretene Prinzip einer offeneren Koalition und eines größeren koalitionsfreien Raumes im Parlament praktiziert – freilich in diesem Fall gegen ein konservatives Anliegen: Habsburg war vom rechten Rand der ÖVP noch gegen Raab als möglicher starker Mann der Innenpolitik ins Spiel gebracht worden, Habsburg selbst hatte 1960 einschlägige Hoffnungen ebenso genährt wie Befürchtungen: »Sie können es Staatsnotar nennen oder Justizkanzler oder Präsident. Entscheidend ist das Vetorecht, wenn die Grundrechte eines Staatsbürgers gefährdet sind. Dass ein Monarch dieser Funktion am besten gerecht werden kann, glaube ich deshalb, weil er von den Interessengruppen unabhängig ist, die beispielsweise einen Präsidenten wählen, und weil ich glaube, dass die erforderliche absolute Objektivität des Staatsoberhaupts in einer erblichen Monarchie anerziehbar ist« (Interview mit dem »Express«).

Einen noch schwerer wiegenden Autoritätsverlust erlitt die gesamte Regierung, aber vor allem ihr Kanzler, zum Jahreswechsel 1961/62 durch das bereits geschilderte sozialpartnerschaftliche »Raab-Olah-Abkommen«. Es wurde hinter ihrem Rücken abgeschlossen, dann von der Regierung abgelehnt, schließlich doch von ihr mitgetragen. Am meisten geschwächt wurde Gorbach aber nach einem Erfolg: Die ÖVP gewann unter seiner Führung die Nationalratswahl am 18. November 1962 – sie wurde vorverlegt, da die Amtsperiode von Bundespräsident Schärf im Mai 1963 ablief –, »verlor« aber die folgenden Koalitionsverhandlungen mit der SPÖ.

Das eigenmächtige Vorgehen Olahs, seit 1959 Präsident des ÖGB, hatte auch in der SPÖ seine Auswirkungen. Es bestärkte das dort weit verbreitete Misstrauen gegen den machtbewussten Olah, der – so wie auf der anderen Seite Teile der ÖVP-Reformer – eine Koalition mit der FPÖ ins Auge fasste (Gorbach selbst traf im Sommer 1962 FPÖ-Obmann Friedrich Peter auf Vermittlung Krainers in einem Grazer Café zu einem letztlich folgenlosen Geheimgespräch). Olah berichtete in »Österreich II« von Hugo Portisch über die Auswirkungen der Habsburg-Abstimmung auf die Koalition: »Dann begann natürlich das Wettlaufen: Wann können wir endlich allein regieren? Wenn die große Koalition unergiebig ist, muss man Ausschau halten nach einem Wechsel. In der Demokratie ist das doch legitim, dass auch Mehrheiten wechseln, dass auch Parteien einmal in der Regierung, einmal in der Opposition sind. Und mir war eines klar, der erste Schritt musste eine Koalition zwischen SPÖ und FPÖ sein und nicht zwischen ÖVP und FPÖ, denn das würde an das Trauma rühren – ein Bürgerblock, und Bürgerblock bedeutet Bürgerkrieg und das darf es nicht geben. Also, wenn überhaupt eine kleine Koalition, dann zuerst wir mit der FPÖ.«

Eine rot-blaue Zusammenarbeit ließ sich damals noch nicht realisieren: SPÖ-Chef Bruno Pittermann begriff, dass Olah eine solche Weichenstellung auch gegen ihn benutzt hätte, und sagte eine bereits mit Peter als Eintrittspreis für eine rot-blaue Koalition geplante Wahlrechtsreform ab. Olah bastelte weiter an seinem persönlichen Machtbereich, unter anderem mit einer Einmillionen-Spende für die

FPÖ aus gewerkschaftlichen Quellen und seiner Mitwirkung bei der Gründung der »Kronen-Zeitung«. Der Historiker Manfried Rauchensteiner urteilt über Olah: »Ihn umgab ein Hauch von Paramilitarismus. … Olah tat alles, um die immer wieder beschworenen Grundstrukturen der Zweiten Republik zum Verschwinden zu bringen.« Rauchensteiners Kollege Rudolf Neck vergleicht Olah mit Klaus: »Beide Politiker passten zweifellos nicht in das hergebrachte Koalitionsschema und ihre puritanischen Zielsetzungen waren in vieler Hinsicht problematisch.« Und selbst der Olah sonst sehr gewogene Politologe Norbert Leser nannte ihn nach dem faschistischen argentinischen Diktator einen »Peronisten«.

Der beginnende parteiinterne Machtkampf schwächte die SPÖ im Wahlkampf, die ÖVP erreichte trotz ihrer eigenen Schwäche einen beachtlichen Erfolg: Gegenüber 1959 gewann sie unter Führung Gorbachs am 18. November 1962 fast 100 000 Stimmen dazu und damit erstmals mehr als zwei Millionen; sie konnte den Mandatsvorsprung gegenüber der SPÖ wieder auf fünf Sitze ausbauen. Das war umso bemerkenswerter, als die von der ÖVP geführte Regierung in der vergangenen Regierungsperiode alles andere als ein glänzendes Bild geboten hatte. In der ersten Hälfte war sie von einem alters und krankheitsbedingt geschwächten Julius Raab geführt worden, in der zweiten von einem Nachfolger, der »wie das viele Jahre später beim Wechsel von Bruno Kreisky zu Fred Sinowatz der Fall war, sicherlich jeglichen guten Willen mitbrachte, doch es wollte ihm nichts glücken. Gorbach selbst fand für dieses Fortschleppen, das mehr ein Fortwursteln war, das passende Wort: Regieren durch Nichtregieren« (Rauchensteiner).

Die folgenden Regierungsverhandlungen wurden vom Ringen um das Außenministerium beherrscht: Die ÖVP wollte Bruno Kreisky unbedingt wieder loswerden, offiziell wegen der damals noch weit verbreiteten Skepsis der Sozialisten gegenüber der von der Volkspartei angestrebten Annäherung des EFTA-Mitglieds Österreichs an die wesentlich größere, von Frankreich und Deutschland dominierte EWG (Europäische Wirtschaftsgemeinschaft, später: EU). Für die ÖVP, speziell für ihren Noch-Obmann Gorbach, wurde dieses Ringen zum »Verdun der Innenpolitik« (Drimmel). Die in dieser Frage einheitlich auftretende SPÖ setzte sich durch. Insbesondere der hart an der Grenze zum Koalitionsbruch pokernde Olah, der knapp vor Weihnachten feststellte, das Außenministerium werde für die »Schwarzen sicher nicht am Christbaum hängen«, rettete Kreisky sein Amt – wohl mit ein Grund für die fortbestehende Verbundenheit zwischen den beiden Politikern, die auch nach 1964, nach Olahs Ausschluss aus der SPÖ, nach dessen Gründung einer eigenen Partei (1965) und nach seiner gerichtlichen Verurteilung wegen Veruntreuung gewerkschaftlicher Gelder zu einem Jahr schweren Kerkers (1969) anhielt.

Hermann Withalm nannte in der ORF-Interviewserie »Erinnerungen« die Koalitionsverhandlungen auch den entscheidenden Grund für die Ablöse Gorbachs an der Partei- und später an der Regierungsspitze: »Gorbach wäre wahrscheinlich noch lange Zeit Bundeskanzler geblieben, wenn die Regierungsverhandlungen 1962/63 nicht verloren gegangen wären.« Die mangelnde Einträchtigkeit der ÖVP habe dazu geführt, dass auch andere zentrale Ziele – Ausbau des koalitionsfreien Raums und der direkten Demokratie – nicht erreicht werden konnten. Dafür wurde etwa im Koalitionsabkommen (!) – absurder Ausfluss der Proporzpolitik – festgehalten, »der bereits derzeit im Fernsehen tätige Dr. Helmut Zilk« sei »als zweiter Hauptreferent der Abteilung Jugend und Familie vorgesehen«. Was »der eiserne Hermann« (so Withalms Spitzname in der Politik) in diesem Gespräch mit Johannes Kunz nicht erwähnte: Er selbst hat damals zur mangelnden Eintracht in der ÖVP beigetragen, arbeitete er damals doch längst mit anderen »Reformern« an der Ablöse Gorbachs: So schützte er eine Krankheit vor, um nicht das von Teilen der ÖVP abgelehnte Koalitionsabkommen unterzeichnen zu müssen, statt dem Generalsekretär unterzeichnete der noch amtierende Finanzminister Josef Klaus. Diesem wurde bald darauf von Vertretern der »Reformer« nahe gelegt, nicht mehr dem nach mehrmonatigen Koalitionsverhandlungen gebildeten zweiten Kabinett Gorbach anzugehören. Josef Klaus entsprach diesem Vorschlag, Gorbach hatte einen gewichtigen Konkurrenten nicht mehr in sein Team eingebunden – und einen umso gewichtigeren außerhalb.

Der noch amtierende Parteiobmann und Bundeskanzler Gorbach wurde bald darauf von einer zweiten Niederlage geschwächt: ÖVP-Kandidat Julius Raab unterlag am 28. April 1963 dem amtierenden Bundespräsidenten Adolf Schärf überraschend klar, »was nicht nur den Kandidaten der Volkspartei, sondern die ganze Partei und Gorbach an ihrer Spitze traf. Von Zeitungsleuten über meine nunmehrige Einstellung zu Gorbach befragt, sagte ich stereotyp: Wir alle haben und machen Fehler, ich wolle keinen Stein werfen« (Klaus). Im Sommer 1963 schlugen Gorbachs Gegner offen zu: Salzburgs Landeshauptmann Hans Lechner schlug im Juni Unterrichtsminister Heinrich Drimmel vor, an der Seite eines neuen ÖVP-Obmannes Klaus Gorbach als Kanzler zu ersetzen – was Drimmel ablehnte. Im August wurde Klaus dann in Salzburg von einem Kreise von ÖVP-Granden – unter anderem von den Landeshauptleuten Krainer und Lechner sowie Generalsekretär Withalm – aufgefordert, im September beim ÖVP-Parteitag in Klagenfurt als Obmann zu kandidieren. Gorbach verzichtete auf Druck seines »Parteifreundes« Krainer auf die Verteidigung seiner Position, im Familienkreis habe er resigniert bemerkt: »Das ist der erste Schritt. … Jetzt wird dann Klaus als Bundeskanzler kommen« (zitiert nach Robert Kriechbaumer). Der Kreis rund um ihn – seine Minister, aber auch Figl und Raab – präsentierte Unterrichtsminister Heinrich Drimmel als Alternativkandidaten. Klaus wurde bei der ersten Kampfabstimmung auf einem ÖVP-Parteitag am 19. und 20. September 1963 gegen Drimmel mit 251 gegen 114 Stimmen zum Obmann gewählt, Withalm gegen Drimmels Kandidaten Hetzenauer mit 278 gegen 116 zum Generalsekretär wiederbestellt.

Tatsächlich blieb Alfons Gorbach dann nur mehr ein halbes Jahr Bundeskanzler, in wachsender Spannung zur neuen Parteispitze, was Klaus in seinen Memoiren so charakterisierte: »Die Antennen und Sender in der Kärntner Straße [dem damaligen Parteisitz der ÖVP; P.P.] und auf dem Ballhausplatz waren ständig gestört.« Klaus und Withalm berichteten landauf, landab den Parteifunktionären und auch ausgesuchten Journalisten über die bestehenden Spannungen. Trotz eines nur kurz wirksamen Burgfriedens zwischen Gorbach und Klaus – abgeschlossen kurz vor wichtigen Landtagswahlen am Tage nach dem Todestag von Julius Raab – kam es sechs Wochen später zum endgültigen Bruch. Gorbachs Biografin Bleier-Bissinger schildert den Auslöser dafür: »Im Februar 1964 brachte die Gemahlin Alfons Gorbachs vom Besuch der Frühmesse eine Zeitung nach Hause. Erst als sie ihrem Mann das Frühstück brachte, fiel ihr Blick auf die Schlagzeile der ersten Seite der Zeitung und sie rief: Ja, du bist ja gar nicht mehr Kanzler. Alfons Gorbach nahm das Blatt zur Hand und erfuhr so, dass er zurückgetreten war, dass seine Ablöse nur mehr eine Frage der Zeit und der Umstände sei.«

Gorbach wollte nicht freiwillig aufgeben: Er verlangte eine sofortige Sitzung der Parteileitung in Wien. Klaus, der sich auf Skiurlaub befand, zögerte sie bis 24. Februar hinaus, zu einem von Gorbach spontan anberaumten Treffen der Bündeobleute kam nur mehr ÖAAB-Obmann Maleta. Die »Kleine Zeitung« berichtete bereits am 22. Februar: »Zu seinem Nachfolger am Ballhausplatz – eine grausame Pointe für den Scheidenden – wird jener Mann nominiert werden, den Gorbach einst in das Kabinett aufgenommen hatte: Dr. Josef Klaus. ... So wie die alten Liberalen glaubte der Kanzler an das Laissez faire und Laissez passer. Er glaubte anscheinend, dass es nur auf das freie Spiel der Kräfte ankäme und dass sich die Harmonie der Meinungen schon irgendwie einstellen würde.« Und die »Wochenpresse« analysierte mit einem bis heute gültigen Befund, dass ausgerechnet die eigene Landespartei um Josef Krainer Gorbach politisch gebrochen hatte, gemäß dem »alten Grundgesetz von jenseits des Semmerings: den steirischen Bürgern durch den Kampf gegen Wien zu imponieren«.

Die von Gorbach angeführte Regierungsfraktion der ÖVP wollte von der Parteiführung am 24. Februar bis zum Ende der Legislaturperiode das völlige Vertrauen ausgesprochen bekommen. Ein menschlich verständlicher, taktisch aber verhängnisvoller Schritt, laut Pisa inszeniert von Drimmel nach dem Motto: »Jetzt packen wir den Stier bei den Hörnern. Wir können es in den Zeitungen lesen, dass wir weiche Brüder sind, die sich in der Koalition nicht durchsetzen können, und stellen daher die Vertrauensfrage.« Der ÖVP-Vorstand entsprach diesem Verlangen ausdrücklich nicht, Gorbach trat als Bundeskanzler zurück – und mit ihm die letzte große, noch aus der Bürgerkriegs- und KZ-Generation kommende Integrationsfigur der großen Koalition. Noch zwölf Tage zuvor hatte er diese Funktion noch einmal eindrucksvoll wahrgenommen: Gorbach war Hauptredner zweier Feiern zum 30. Jahrestag der Februarkämpfe von 1934, am Heldenplatz und am Zentralfriedhof. Dort, an den Gräbern der Opfer, reichten Gorbach und Vizekanzler Pittermann einander minutenlang wortlos die Hände. Eine berührende Szene, auch wenn – oder gerade weil – das Koalitionsklima damals nicht nur wegen der sichtbaren internen Krise und der heraufziehenden in der SPÖ belastet war, sondern vor allem wegen den Folgen der Habsburg-Abstimmung und des von der ÖVP daraus gefolgerten möglichen Koalitionswechsels der Sozialisten zu den Freiheitlichen.

Alfons Gorbach, bis zwei Jahre vor seinem Tod am 31. Juli 1972 noch Abgeordneter zum Nationalrat, trat wie Julius Raab noch einmal anlässlich einer Bundespräsidentenwahl zentral ins politische Rampenlicht: Am 23. Mai 1965 unterlag er dem Wiener Bürgermeister Franz Jonas mit einem knappen Rückstand von 1,38 Prozent. Auch da wurde er von seiner eigenen Landesparteiorganisation unter Josef Krainer schlecht behandelt: Jonas entschied die Wahl in der Steiermark für sich. Bruno Kreisky resümierte im zweiten Teil seiner Autobiografie aus der Sicht des innenpolitischen Gegners erstaunt: »Die Dummheit und Kleinkariertheit so mancher ÖVP-Politiker hat Gorbach schwer geschadet; seine Partei hat es einfach an Unterstützung fehlen lassen. Dass dieselbe Partei, die ihn als ihren Kandidaten hochpries, ihn kurz vorher als Kanzler gestürzt hatte, hat Gorbach in den Augen der Wähler ohnehin disqualifiziert. Gorbach besaß sicher Meriten für das Amt des Bundespräsidenten; es ist nicht immer so, dass ich immer nur Sozialisten oder Kandidaten der SPÖ für die geeigneten gehalten hätte.« Und Josef Klaus, der Nachfolger Gorbachs, hielt bereits bei einer Rede zu dessen 65. Geburtstag selbstkritisch fest, er habe sich in dessen »Behandlung eines gerüttelten Maßes Ungerechtigkeit schuldig gemacht«.

Der Abgang Gorbachs »symbolisierte das Ende der langen fünfziger Jahre, die er vor dem Hintergrund der Transformation der österreichischen Gesellschaft und ihrer politischen Kultur vergeblich zu perpetuieren suchte« (Kriechbaumer). Nun waren nach zwei Jahrzehnten des stabilisierenden (Wieder-)Aufbaus endgültig die Perioden der reformerischer Modernisierung gekommen – eine kurze unter konservativer und eine lange unter sozialdemokratischer Führung.

JOSEF KLAUS,
der konservative Reformer

Die Politik der »neuen Sachlichkeit«

Mit der Parteiobmann- und Kanzlerschaft von Josef Klaus ging die erste Phase der österreichischen Nachkriegsära mit ihren beiden Abschnitten zu Ende: jener des Wiederaufbaus der endvierziger Jahre – geprägt von der populären Symbolfigur Leopold Figl – und jener der »langen« fünfziger Jahre – geprägt vom Patriarchen Julius Raab, der dem Land auch nach dem Staatsvertrag eine stabile, aber auch starre Ordnung beschert hatte. Josef Klaus meinte 1971 in seinen Memoiren in Hinblick auf den bisherigen Verlauf der gesamten Zweiten Republik: »Wir Österreicher konnten sagen: Es herrschte bei uns mehr Freiheit als im Osten und mehr Ordnung als im Westen.«

Alfons Gorbach kam die Rolle eines Übergangskanzlers zu, lavierend zwischen der »alten Garde« und den »Reformern«, die ihre Ansprüche früher in der ÖVP als in der SPÖ durchsetzten. Gorbach, der glaubwürdig eher die Funktion eines Ersten Nationalratspräsidenten als jene des Bundeskanzlers angestrebt hat, war sich seiner Funktion wohl bewusst: Er hat den konsequentesten jener konservativen Reformer, der ihn schließlich in beiden seiner Funktionen ablösen sollte, selbst in die Bundespolitik geholt. 1961 erreichte Gorbachs Anruf Josef Klaus während eines Skiurlaubs: »Ich bin nicht gern von Salzburg weggegangen und ich habe das Gefühl, es hat mich niemand weghaben wollen hier. Aber ich bin dem Ruf des Dr. Gorbach, der an meine Verantwortlichkeit und Treue appelliert hat, gefolgt« (Klaus 1975 in einem Interview mit den »Salzburger Nachrichten«).*

Josef Klaus wurde wie Raab und Gorbach in ein katholisch-kleinbürgerlich-kleinstädtisches Milieu hineingeboren, am 15. August 1910 als Sohn eines Bäckers im oberkärntnerischen Mauthen. Den Vater hat er nur kurz erlebt, er starb schon 1922, nach sechs Jahren Absenz im Krieg und folgender russischer Gefangenschaft. Umso stärker der Einfluss der Mutter, die vom höchsten Bergbauernhof des oberen Gailtals, dem Tillacherhof, stammte. Sie musste den Lebensunterhalt für sich und ihre vier Kinder, drei Buben und ein Mädchen, im Wesentlichen allein bestreiten, führte eine seit Generationen der Familie gehörende Tabak-Trafik, dem ein Papiergeschäft, später auch eine Leihbibliothek angegliedert waren. Von ihr, die alle ihre Kinder neben der Schule früh Italienisch lehrte und dem Lieblingssohn Josef bereits als Sechsjährigen Stenografie, hat Klaus wohl seine hervorragendsten Charaktereigenschaften übernommen: »den enormen Fleiß, den Bildungshunger, die Liebe zu den Bergen, aber auch eine gewisse Rechthaberei und einen alpenländischen Starrsinn« (Ernst Hanisch), »lebenslangen Lese- und Bildungshunger, Selbstbeherrschung, Durchsetzungsvermögen und gelegentlich auch Härte« (Erika Weinzierl).

Bald kam die ebenfalls stark prägende politische Sozialisation dazu: Entsprechend der – im weitgehend antiklerikalen Kärnten zum Unterschied von anderen österreichischen Bundesländern nicht selbstverständlichen – katholischen Erziehung des Elternhauses trat Klaus im Klagenfurter Gymnasium schon in der 5. Klasse der »Gothia« bei, einer farbentragenden Verbindung des MKV (Mittelschüler-Kartellverband). Zuvor war der junge Klaus alles andere als ein braver Schüler gewesen, er war sogar wegen aufmüpfiger Scherze aus

---

* Nachfolgende Zitierungen von Klaus stammen – so nicht ausdrücklich als solche aus seinem 1971 veröffentlichten Buch gekennzeichnet – entweder aus den beiden von Robert Kriechbaumer herausgegebenen Bänden über die »Ära Josef Klaus«, in denen auch zahlreiche Wegbegleiter von Klaus zu Wort kommen; aus einem Interview mit Josef Klaus, das mir Helmut Wohnout freundlicherweise zur Verfügung gestellt hat; sowie aus drei Gesprächen, die ich selbst zwischen Sommer 1999 und Frühjahr 2000 mit Josef Klaus führen konnte.

dem Klagenfurter Knabenseminar geflogen, in das er als Elfjähriger geschickt worden war. Schon in der Schul- und Verbindungszeit fiel er als Wort- und Rädelsführer auf, detto in der CV-Verbindung »Rudolfina«, der er 1929 als Jusstudent in Wien beitrat. In Wien wurde Klaus vom österreichisch-monarchistisch gesinnten zum großdeutsch-nationalen, nicht nationalsozialistischen Katholiken: Klaus übernahm den Vorsitz des »katholisch-deutschen Hochschulausschusses«, erst im Frühjahr 1933 trat er ihn an einen späteren Regierungskollegen ab, an Heinrich Drimmel. Im Dezember 1932 wurde Klaus, mittlerweile Mitglied des aus der »Katholisch-Deutschen Hochschülerschaft« hervorgegangenen »Volksdeutschen Arbeitskreises Deutscher Katholiken«, an der Universität beim traditionellen »Arkaden-Bummel« als »Rudolfiner« von einem Nazi mit einer Stahlrute niedergeschlagen.

Was die beiden sonst unterschiedlichen »nationalen« Strömungen verband, war – neben einem militanten Antisozialismus und einer Skepsis gegenüber bzw. einer Ablehnung der parlamentarischen Demokratie – ein unterschiedlich militanter Antisemitismus. Klaus war als Leitungsmitglied der »Deutschen Studentenschaft« einer der Unterzeichner eines antisemitischen Flugblatts gegen den damaligen Dekan der Medizinischen Fakultät der Universität Wien, Pick. Alle weitergehenden Sympathien für das Dritte Reich wurden Klaus jedoch durch den so genannten Röhm-Putsch vom 30. Juni 1934 ausgetrieben: Der terroristische Charakter des nationalsozialistischen Herrschaftssystems wurde durch die gewaltsame Ausschaltung des konkurrierenden SA-Flügels, ja die persönliche Ermordung des homosexuellen ehemaligen Kampfgefährten Hitlers durch diesen selbst noch einmal und besonders deutlich belegt.

Josef Klaus selbst macht aus diesen »großdeutschen«, auch antisemitischen Stimmungen seiner Jugend heute kein Geheimnis, im Gegenteil: jene Materialien, die er mir von sich aus zur Verfügung stellte, bezogen sich in erster Linie auf Freundschaften, die ihn in der Zweiten Republik mit jüdischen Mitbürgern verbanden. Auch als aktiver Politiker war seine Beziehung zum »nationalen Lager« nach 1945 nie von historischen Sentimentalitäten geprägt, sondern eher der Linie Gorbachs vergleichbar: Ja zur Aussöhnung mit den ehemaligen Nationalsozialisten, ja zur Benutzung der späteren »dritten Partei« als Drohgebärde gegenüber den Sozialisten, aber keine darüber hinausgehende, gar ideologisch geprägte Sympathie für sie. In seine Ära als Finanzminister fielen auch die ersten staatlichen Abkommen über Zahlungen an während der NS-Ära rassisch und politisch verfolgte Österreicher, insbesondere auch der Abschluss des »Kreuznacher Vertrags« über einen Beitrag Deutschlands zu diesen bis heute nicht endgültig geklärten »Wiedergutmachungsleistungen«. Eine einzige Aktion im Umkreis von Klaus erregt bis heute einschlägige Kritik: Der im Wahlkampf 1970 geprägte Slogan unter seinem Konterfei »Ein echter Österreicher« – im Wahlkampf 1999 vom FPÖ-Duo Haider & Prinzhorn kopiert (»Zwei echte Österreicher«) wurde als antisemitischer Zwischenton gegen seinen Konkurrenten Bruno Kreisky gedeutet.

Nach kompletter Etablierung des autoritär-austrofaschistischen Systems 1934 wurde der frisch promovierte Jurist Sekretär von Josef Staud, dem später in einem NS-Konzentrationslager umgekommenen Vorsitzenden der ständestaatlichen Einheitsgewerkschaft. Zwei Jahre später wechselte Klaus in die volkswirtschaftlich-statistische Abteilung der ebenfalls gleichgeschalteten Arbeiterkammer und lernte dort erstmals einen Experten der anderen, »roten« Seite kennen und schätzen: Benedikt Kautsky, Sohn des marxistischen Theoretikers Karl Kautsky, später maßgeblicher Ko-Autor des 1958 beschlossenen SP-Parteiprogramms. In dieser Phase dürfte Klaus die Sehnsucht nach »sachlicher«, von Experten und Statistiken abgesicherter Politik entwickelt haben. Als Anhänger der christlichen Soziallehre und als »Spiegelfechter des christlichen Ständestaates«, wie ihn das NS-Organ »Völkischer Beobachter« bezeichnete, musste Klaus nach dem deutschen Einmarsch die Arbeiterkammer verlassen. Er arbeitete ein Jahr als Jurist in der Holzhandlung Reder & Co., dann wurde er zur Wehrmacht einberufen. Klaus war in ihrem Rahmen sechs Jahre tätig, die gesamte Kriegszeit zwischen 1939 und 1945 – als privilegierter Akademiker freilich, nicht als kämpfender Soldat. Er war Schreiber im Stab des berühmten Generals Guderian in Polen und Frankreich, Liegenschaftsverwalter in der Salzburger Wehrkreisverwaltung, für die Verpflegung einer Gebirgsdivision in Finnland tätig, schließlich wurde er wieder Soldat, Reserveoffiziersanwärter in Linz und Znaim und an der Kriegsschule Thorn. Geistig zog sich Klaus in dieser Zeit in die »innere Emigration« zurück, vor allem in die Werke des katholischen Autors Reinhold Schneider.

Josef Klaus, der konservative Reformer, bei seinem Lieblingssport, dem Schilauf (oben), mit seinem wichtigsten Partner Hermann Withalm (Mitte) und mit seinem siegreichen Konkurrenten bei der Nationalratswahl 1970, Bruno Kreisky (unten).

Erst unmittelbar vor Kriegsende musste Josef Klaus in den Kampf und geriet »als Zugskommandant eines wahrhaft verlorenen Haufens aus Sechzig- und Sechzehnjährigen« (Klaus in seinen Memoiren) bei Ulm in amerikanische Kriegsgefangenschaft. Es folgten einige Monate in Kriegsgefangenenlagern, in Deutschland und in Lothringen. Am 10. November 1945 kehrte Klaus ins Haus seiner Familie, die es nach Jahren in Wien und Hallein nach Taxach nahe der Landeshauptstadt Salzburg verschlagen hatte, heim. Seine Frau Erna, die er bereits 1935 in Kärnten kennen gelernt und 1936 geheiratet hatte, stammt aus Hallein, die beiden hatten damals bereits vier Kinder, ein fünftes kam dann 1948 zur Welt. Klaus in seinen Memoiren: »Ich wog nur noch 48 Kilo. … Ich hatte kaum gebadet, Zivilkleider angezogen und mich im Haus und in den Gesichtern meiner Lieben etwas umgesehen, da erschienen schon Gesinnungsfreunde aus Hallein und ersuchten mich nachdrücklich, mich noch rasch auf die Liste für die bevorstehende Gemeinderatswahl als Spitzenkandidat der neu gegründeten Volkspartei setzen zu lassen. Ich musste ablehnen. Zuerst sollten meine persönlichen, familiären und beruflichen Dinge in Ordnung kommen, wollte ich in die wesentlichen Beziehungen des zivilen und privaten Lebens hineinfinden, die Rechtsanwaltsprüfung machen, einen selbstständigen Beruf haben, dann meinetwegen.«

Vier Jahre später war es dann so weit: Klaus hatte im Mai 1948 seine Rechtsanwaltsprüfung abgelegt und in Hallein eine eigene Kanzlei eröffnet. Er war Vizepräsident der Katholischen Aktion in Salzburg und ein enger Freund des dortigen Erzbischofs Rohracher geworden. Einer politischen Karriere stand nun nichts mehr im Wege, Klaus wurde am 3. Oktober 1949 als Spitzenkandidat der ÖVP in den Gemeinderat von Hallein gewählt. Der nächste Karrieresprung fiel extrem steil und umso unvermuteter aus: Da die Volkspartei bei den gleichzeitig abgehaltenen Landtagswahlen gleich 13 Prozent der Stimmen und die absolute Mehrheit der Sitze verloren hatte, wurde ein junger Nachfolger für Landeshauptmann Josef Rehrl gesucht. Der damalige Obmann des Pinzgauer Wirtschaftsbundes, Michael Haslinger, empfahl den noch weitgehend unbekannten Klaus, der sich selbstbewusst als Vertreter der Heimkehrer- im Gegensatz zur KZ-Generation und als Vertreter der »Sachlichkeit« im Kontrast zu jener der »Packelei« präsentierte – und Klaus wurde, nicht einmal noch 40 Jahre alt, am 1. Dezember 1949 zum Landeshauptmann von Salzburg gewählt.

Josef Klaus blieb zwölf Jahre in dieser Funktion. 1954 gewann die ÖVP unter seiner Führung 15 Mandate (wie 1945, 1949 waren es nur 12 gewesen), 1959 14. Klaus wurde ein über die Parteigrenzen anerkannter »Landesvater«, auch wenn seine Regierungsmitglieder bisweilen seine Selbstherrlichkeit beklagten sowie eine Eigenschaft, die später auch sein wichtigster politischer Partner Hermann Withalm an ihm konstatierte: »Er wollte und konnte einfach nicht delegieren.« In seine Ära als Salzburger Landeshauptmann fiel die Fertigstellung seines lange Zeit umstrittenen Lieblingsprojekts, des Großen Festspielhauses in Salzburg. Begünstigt wurde dessen Realisierung durch den überproportional hohen Anteil von ERP-Geldern (»Marshallplan-Hilfe«), welchen das in der amerikanischen Besatzungszone liegende Bundesland lukrieren konnte. Am Ende seiner Amtszeit hatte Klaus sogar die Skepsis des mächtigen Herausgebers der »Salzburger Nachrichten«, Gustav Canaval, eines engen Freundes von Julius Raab, überwunden, der zu Amtsantritt Klaus noch eisig angeherrscht hatte: »Du gehörst nicht auf diesen Platz.«

Im Oktober 1959 betrat Klaus erstmals offiziell die bundespolitische Bühne. Er wurde Vorsitzender eines Ausschusses, der ein Programm für die künftigen Aktivitäten der ÖVP in den nächsten Jahren erarbeiten sollte. Als solcher wurde er – neben dem freilich mehr aus bequemerer Grazer Distanz agierenden Josef Krainer und dem bald neuen Generalsekretär Withalm – Motor der »Reformer«, auch Motor einer raschen Ablöse von Julius Raab, so wie Klaus – damals mit viel geringerer Macht und Resonanz – in den frühen fünfziger Jahren als frisch gebackener Landeshauptmann für eine rasche Ablöse von Leopold Figl plädiert hatte. Beim Parteitag 1960 wurde Raab durch Gorbach als Parteiobmann der Volkspartei ersetzt und ein von Klaus gemeinsam mit dem späteren Informations-Staatssekretär Karl Pisa verfasstes Aktionsprogramm diskutiert. Als Gorbach im Frühjahr 1961 Raab auch als Kanzler ersetzte, wollte er möglichst viele »starke Männer« der Volkspartei in seinem Regierungsteam haben, dazu noch eine föderalistischere Zusammenstellung als bisher – es war klar, dass er dabei um Josef Klaus weder umhin konnte noch wollte.

Josef Klaus verließ 1961 nicht gern seinen Posten als Salzburger Landeshauptmann. Aber er ging mit großen Plänen und Erwartungen nach Wien, »pflichterfüllend« wohl nicht seiner Partei oder ihres neuen Obmannes und Kanzlers wegen, sondern seinen eigenen Ansprüchen gegenüber. Er wollte den – stark auch vom damaligen Heros westlicher Politik, dem jugendlichen US-Präsidenten John F. Kennedy repräsentierten – Stil der »Sachlichkeit« in Österreich einführen: Auf Basis wissenschaftlicher Erkenntnisse mehr technokratische Lösungen finden als bequeme, sie dann konsequent, nicht durch Kompromisse verwässert durchziehen, antiideologisch im traditionellen Sinn, »nur« mehr wertebezogen. Klaus selbst ist bis heute stark geprägt von christlich-katholischen, konservativen, aber eben nicht fundamentalistisch verformten Einstellungen, hat sich stets offen für andere und neue Ideen gezeigt. Darauf und nicht auf einer geschlossenen Ideologie basierte sein Sendungsbewusstsein, die eine von Hellmut Andics geschilderte Episode belegt: »Beim Einzug in die Wiener Wohnung auf dem Stephansplatz hängte Frau Klaus ihrem Mann eine Porträtskizze von Mahatma Gandhi über den Schreibtisch in seinem Arbeitskabinett: Damit er die Bescheidenheit nie vergisst.«

Als Finanzminister wolle er ein »Finanzminister des kleinen Mannes« sein, erklärte Klaus bei der Amtsübernahme und machte bald klar, was er darunter verstand: Eine harte Sparpolitik bei allen Bundesausgaben, gnadenlos auch gegenüber den der eigenen Partei angehörenden Ressortverantwortlichen, stets nach dem von ihm oft zitierten Motto: »Man kann nur ausgeben, was man einnimmt.« Heutige Kritiker interpretieren: »Klaus übertrug den simplen Grundsatz des kleinbürgerlichen Haushaltes auf den Staatshaushalt. ... Er suchte den Konflikt ... und galt bald als der Zuchtmeister der Koalition« (Ernst Hanisch). Damalige Kritiker empfanden vor allem den Stil des Finanzministers, der in diesem Zusammenhang mehrfach mit seinem Rücktritt gedroht hat, als erpresserisch, mindestens aber kompromiss-, team- und damit letztlich politikunfähig, »messianisch«, wie Klaus bald allerorten in Wien genannt wurde. Klaus selbst merkt dazu heute an: »Wie anders hätte ich das bereits nach einigen Monaten ins Wanken gekommene Budget 1961 retten können, das einen drohenden Abgang von fünf Milliarden befürchten ließ, was heute Dutzenden Milliarden entspricht? Und wie anders hätte ich die dann erfolgreichen Bundesabschlüsse 1961 und 1962 erreichen können als durch die bewiesene Härte, die der ÖVP von der Bevölkerung bei der Nationalratswahl 1962 honoriert wurde?«

Dennoch: Der Stil von Klaus führte zu ernsten Verstimmungen zwischen ihm und anderen Ministern der Volkspartei, insbesondere bei Unterrichtsminister Heinrich Drimmel und Landwirtschaftsminister Eduard Hartmann. Bundeskanzler Gorbach saß auch in dieser Frage zwischen zwei Sesseln: Er gab schließlich stets dem Drängen von Klaus nach – und verscherzte es sich dadurch mit der »alten Garde«. Er tat es aber so wenig von der Sache und vor allem von den Methoden von Klaus überzeugt, dass sich dieser endgültg von ihm abwandte – und nach nur knapp zweijähriger Tätigkeit im Finanzministerium in der Himmelpfortgasse nicht mehr bereit war, nach der Nationalratswahl 1962 und bis in den Frühling 1963 dauernden Koalitionsverhandlungen in ein zweites Kabinett Gorbach einzutreten.

Dabei spielten längerfristige Motive eine entscheidende Rolle, wie Klaus in seinen Memoiren 1971 schilderte: »An einem späten Märzabend empfing ich in der Himmelpfortgasse zwei nicht angesagte Besucher, die seit längerem meinem vertrauten Bekanntenkreis angehörten. Ihr Anliegen, mit größtem Takt vorgebracht, lautete schlicht: die verfahrene Situation gebiete ein Opfer meinerseits; ich müsste es bringen, um in der Reserve zu sein, wenn ich, wie die beiden meinten, sehr bald wieder gerufen würde: nicht in die Himmelpfortgasse, sondern auf den Ballhausplatz!« Inzwischen hat Klaus selbst die Identität der beiden Abgesandten gelüftet: Es handelte sich um den Wirtschaftstreibenden Rudolf Schweiger und Fürst Karl Schwarzenberg, der später kurz in Richtung eines schwarz-blauen Bündnisses wirkte und 1989 bis 1991 für den tschechischen Staatspräsidenten Václav Havel tätig wurde. Die Perspektive, welche die beiden und ihre Hintermänner Klaus wiesen, hat ihm sicher den zwischenzeitlichen Abschied von der Bundesregierung erleichtert: »Ich schied von Gorbach, den ich nach wie vor verehrte, ohne Groll, aber mit einem leisen Vorwurf. Er hatte sich für seinen Finanzminister stets zu wenig Zeit genommen und sich in seiner Konzilianz zu oft auf die Seite derer gestellt, die gegen den sturen Geldverwalter Klage geführt hatten. ... Gorbach wurde Großzügigkeit und Konzilianz nachgerühmt, mir wurde übermäßige Empfindlichkeit und alpenländische Sturheit nachgesagt.«

Klaus zog sich für einige Monate auf das Amt des Salzburger ÖVP-Obmannes zurück, das er seit 1952 innehatte, widmete sich für kurze Zeit in Salzburg seiner Familie und in Hallein seiner Kanzlei. Bereits im August 1963, nur ein knappes halbes Jahr nach Deklarierung seines Rückzugs aus der Bundespolitik, wurde er im Salzburger Fondachhof von einem mächtigen Führungskreis der Volkspartei für eine Obmannkandidatur am bevorstehenden Parteitag gewonnen: Von Generalsekretär Withalm, den Landeshauptleuten Krainer (Steiermark), Lechner (Salzburg) und Tschiggfrey (Tirol) sowie dem Salzburger ÖAAB-Obmann Glaser. Im Werben um die höchste Parteifunktion präzisierte Klaus seine Pläne: Er, der sich selbst keinem der ÖVP-Bünde zugehörig fühlte, wolle einerseits in der Volkspartei eine straffere Parteiführung unter Zurückdrängung persönlicher und bündischer Interessen, andererseits eine Abkehr vom Stil der »alten Garde«, den Klaus in seinen Memoiren so charakterisierte: »Gedanke und Gebot der Sachlichkeit ließen mich nicht mehr los. Zu lange waren wir diesem harten Prinzip aus Bequemlichkeit, Opportunismus, Wissenschaftsfeindlichkeit ausgewichen. Politik beim Weinglas und durch das Weinglas war nicht nur in Österreich gang und gäbe.« Und der wohl hauptsächlich auf Figl und Raab gemünzten indirekten Kritik fügt Klaus eine direkte auf den »Cäsar« hinzu: »Probleme sachlich zu diskutieren, Ergebnisse präzise zu formulieren und schriftlich festzuhalten, das lag einfach nicht dem Naturell unserer Politiker: Ich mag keine Protokolle, dann kann man das Abgemachte ja nicht mehr so interpretieren, wie man es eigentlich gemeint hat. So ähnlich drückte sich einmal Raab aus. Dazu kam die Scheu des Praktikers vor dem Theoretiker, die Scheu des intuitiv über den Daumen peilenden Vollblutpolitikers vor dem analytischen Geist des Denkers, vor dessen komplizierten Denkgebäuden, der Schwerverständlichkeit seiner Sprache, Begriffe und nunmehr auch schon viel gebrauchten mathematischen Formeln, die Abneigung gegen die Büchlschreiber schlechthin.«
Die Abneigung war eine gegenseitige: Heinrich Drimmel spottete in seinen Erinnerungen über die Technokraten und so genannten Kybernetiker, die sich der Volkspartei zu bemächtigen und die gesamte Politik zu amerikanisieren versuchten. Dass ausgerechnet Drimmel als Kandidat der »alten Garde« statt des bereits resignierenden Gorbach beim Klagenfurter Parteitag am 19. und 20. September 1963 ge-

gen Klaus antrat, war von besonderer historischer Ironie: »Eine solche Kampfsituation hatte es in der Geschichte der Volkspartei noch nicht gegeben. Dazu kam noch eine persönliche Pikanterie: dreißig Jahre vorher hatte ich für meinen Vorsitz des Katholischen Hochschulausschusses Drimmel als Gegenkandidaten aufgestellt – und durchgeboxt«, schreibt Klaus in seinen Memoiren.

Es war keine Kampfabstimmung zwischen Ländern, Bünden oder Ideologien, die Fronten gingen quer durch alle Lager: Drimmel war weltanschaulich mindestens so konservativ wie Klaus. Es gab nicht einmal eine eindeutig regional bestimmte Front: Der Niederösterreicher Withalm, Generalsekretär-Kandidat von Klaus, und der Tiroler Hetzenauer, sein Antipode auf der Seite Drimmels, weichten auch das West-Ost-Gefälle für Klaus auf. Es nutzte nichts, dass Gorbach warnte: »Die Österreichische Volkspartei ist nicht groß und stark genug, um sich die Schwäche der Zwietracht leisten zu können.« Die rund zwei Drittel, die letztlich für Klaus und Withalm stimmten, entschieden mehr oder weniger bewusst für eine neue Führungsgeneration, welche nicht mehr so stark vom Bürgerkrieg und den Nazi-Gräueln geprägt war, weniger vom Schock des Februar 1934 und dem nach 1945 viel beschworenen »Geist der Lagerstraße«. Sie stimmten für einen neuen politischen Stil, welcher den gesellschaftlichen Änderungen besser entsprach. Und der – verkürzt dargestellt – vor allem eins bedeutete: Die lange Jahre als unverrückbar geltende Koalition der zwei großen staatstragenden Parteien sollte hinterfragt werden. Es war nur mehr eine Frage weniger Jahre, bis sie gesprengt werden sollte. Und nur mehr eine Frage weniger Monate, bis die Doppelherrschaft zwischen dem zögernden Übergangskanzler Gorbach und dem entschlossenen neuen Parteiobmann Klaus beendet war.

Klaus schildert aus seiner Sicht die letzten fünf Monate eines zerrütteten Verhältnisses zu einem zutiefst gekränkten Bundeskanzler: »Nichts konnte Gorbach mehr treffen als Zeitungsnachrichten, in denen seine Position angezweifelt wurde. Fast täglich lesen zu müssen, dass ein Wechsel um seine Person bevorstehe, dass der und jener schon auf die Nachfolge lauere, dass er sich selbst schon damit abgefunden habe, ausrangiert zu werden – das alles machte ihn gegenüber dem in der Kärntner Straße unverzagt arbeitenden Duo Klaus-Withalm misstrauisch, übellaunig, manchmal aggressiv. Bei den Mi-

nisterratsvorbesprechungen und in den Sitzungen der Bundespartei-
leitung gerieten Withalm und ich notgedrungen in die Rolle von
Einpeitschern des Regierungsteams, Gorbach und seine Minister in
eine Art Opposition gegen die Parteiführung. Das konnte nicht lange so weitergehen.« Eine Zeit lang ging es dennoch so weiter: Landtagswahlen zögerten die Explosion noch etwas hinaus, dann noch
Siechtum und Tod des Parteipatriarchen 1964, wie Heinrich Drimmel schildert: »Am 8. Jänner, an dem Abend, als Julius Raab starb,
fand am Tisch eines durch Rang und Persönlichkeit hervorragenden
Gastgebers noch einmal der Versuch eines Koordinationsgespräches
statt. Noch war man nach Tisch nicht ins Reden gekommen, da erreichte uns die Nachricht vom Heimgang Julius Raabs. Wir gingen
auseinander, um im Städtischen Krankenhaus in Floridsdorf vom toten Kanzler Abschied zu nehmen.« Tags darauf wurde im Vogel-
sang-Heim der ÖVP noch einmal ein Burgfrieden zwischen Partei-
und Regierungsführung ausgerufen – er hielt nur sechs Wochen.
Wieder während eines Skiurlaubs in den Salzburger Bergen erreichte
Josef Klaus Mitte Februar 1964, kurz nach den eindrucksvollen Ge-
denkfeiern am 12. Februar, ein dringender Anruf aus Wien, wieder
von Gorbach, wie jener vor drei Jahren, als der damals designierte
Bundeskanzler den damaligen Salzburger Landeshauptmann ins Finanzministerium berufen hatte. Diesmal war das Klima frostiger:
Gorbach beschuldigte Klaus, hinter Pressemeldungen über seine bevorstehende Ablöse zu stecken, und verlangte die sofortige Einberu-
fung einer Sitzung der Parteileitung. Klaus versuchte ihn zu be-
schwichtigen und ließ in Absprache mit Generalsekretär Withalm
das Treffen erst für den 24. Februar anberaumen. Noch am gleichen
Abend aber fuhr er nach Wien zurück und legte den Fahrplan für
den Kanzlerwechsel fest. Dementsprechend versagte der Parteivorstand Gorbach die von ihm verlangte Vertrauenserklärung und no-
minierte Klaus zum neuen Kanzlerkandidaten der Volkspartei. Am
2. April 1964 wurde er angelobt, er hatte im ÖVP-Team seine Widersacher Drimmel (Unterricht), Korinek (Finanzen) und Hartmann
(Landwirtschaft) durch Theodor Piffl-Perčević, Wolfgang Schmitz
und Karl Schleinzer ersetzt. In seiner ersten Regierungserklärung
vor dem Nationalrat bekannte er sich am gleichen Tag – ohne den
Begriff »große Koalition« zu verwenden – zur weiteren Zusammenarbeit mit der SPÖ, wobei aber »wir die großen vor uns liegenden

Aufgaben nur dann bewältigen werden können, wenn diese Gemeinsamkeit nicht nur ein Lippenbekenntnis ist, sondern in den vor uns liegenden Monaten und Jahren durch Taten erhärtet wird«.

Die Koalition befand sich dennoch bereits in Agonie. An ihrem Dahinsiechen hatten beide Partner ihren Anteil: Die SPÖ schlitterte gerade in die größte Krise ihrer Existenz nach 1945. Franz Olah, der die Koalition mit der FPÖ und den Sturz von Parteichef Bruno Pittermann vorzubereiten versucht hatte, wurde im Herbst 1964 durch Hans Czettel als Innenminister abgelöst und dann am 4. November aus der Partei ausgeschlossen; in Folge dessen haben dann im Februar 1966, mitten im Wahlkampf für die Nationalratswahl, die Partei- und die ÖGB-Führung unter Leitung des dortigen Olah-Nachfolgers Anton Benya in unglaublich unsensibler Weise vergeblich versucht, die mit Hilfe Olahs neu gegründete »Kronen Zeitung« unter ihre Kontrolle zu bringen. Und Verkehrsminister Otto Probst, gleichzeitig Zentralsekretär der SPÖ, präsentierte sich als Verkörperung fast all dessen, was immer mehr Bürger an der großen Koalition nicht mehr schätzten, von autoritärem Allmachtdenken und »durchziehendem« Zentralismus: Am 21. November 1964 verjagten ihn in Fußach am Bodensee Tausende Vorarlberger, als er ein neues Bodenseeschiff partout »Karl Renner« und nicht »Vorarlberg« nennen wollte. Gegen eine andere realpolitische Facette der großen Koalition initiierten Herausgeber und Chefredakteure von 52 parteiunabhängigen Zeitungen und Zeitschriften das erste Volksbegehren der Zweiten Republik, das im Oktober 1964 von fast 850 000 Österreichern unterzeichnet wurde – für eine Rundfunkreform, gegen den Parteienzugriff auf den ORF, aber nicht nur dagegen: »In diesem Volksbegehren erhob die Bevölkerung auch Protest gegen das politische Proporzsystem, das alles und jedes im Lande seinem Einfluss und seiner Kontrolle unterwarf« (Hugo Portisch, damals als Chefredakteur der damals auflagenstärksten Zeitung »Kurier« einer der Hauptbetreiber des Volksbegehrens).

Auch in der ÖVP nahm die Skepsis gegenüber der Koalition zu: Klaus erhielt bereits vor Antritt der Kanzlerschaft, während eines Osterurlaubs neuerlich eine diesbezügliche Warnung von seinem engsten Freund, dem Dominikanerpater und Politologen Franz Martin Schmölz, wie er in seinen Memoiren schildert: »Es wird in Österreich nicht besser, wohl aber immer schlechter werden, solange nicht auch hier das System der klassischen westlichen Demokratien Platz greift: eine Partei, die die Mehrheit der Wählerstimmen und Mandate hat, regiert, die Minderheit bleibt in Opposition ... Ich war damals noch anderer Meinung und hatte nicht daran geglaubt, dass dafür in Österreich die Zeit schon reif war.« Sie wurde es. Die SPÖ-Spitze um Bruno Pittermann empfing den als extrem konservativ, wenn nicht gar reaktionär titulierten »Alpenkönig« als neuen Kanzler nicht gerade freundlich – Heinz Fischer, damals junger Klubsekretär der SPÖ im Parlament, nannte Klaus zwei Jahre später sogar einen »Mini-Mussolini«. Die Causa Habsburg bildete dessen erste große Hürde: Um die Zustimmung der SPÖ zur Regierungsbildung zu erhalten, reiste Withalm ins bayerische Pöcking, um Otto Habsburg zum freiwilligen Verzicht auf eine Heimkehr nach Österreich zu bewegen. Habsburg gab eine solche Erklärung ab, freilich nur für die Dauer der Legislaturperiode.

Die ging am 6. März 1966 zu Ende. Bis dahin hatte die Koalition knapp zwei Jahre mehr schlecht als recht dahingewerkt. Das Verhältnis zwischen ihren beiden Spitzenexponenten blieb extrem schlecht (umso berührter erzählt Klaus heute davon, wie sehr es ihn gefreut habe, als ihm Pittermanns Tochter beim Begräbnis seiner eigenen jüngsten Tochter, die eine Woche nach dem Wahltriumph 1966 an einer angeborenen Herzkrankheit verstorben war, auch im Namen ihres Vaters kondoliert hatte). Pittermann soll nach Erinnerung von Klaus sogar angekündigt haben, »die Regierung Klaus in der Agonie der Koalition sterben zu lassen«. Umgekehrt unternahm Klaus auch keinerlei Versuche, wieder parteiübergreifende persönliche Beziehungen in seinem Team herzustellen, wie sie in den ersten Regierungsperioden der Zweiten Republik durchaus üblich waren.

Kurz vor der weiter polarisierenden Bundespräsidentschaftswahl zwischen Jonas und Gorbach ereignete sich nach zwei Großbegräbnissen für knapp hintereinander verstorbene Gründungsväter der Zweiten Republik – Schärf und Figl – noch einmal ein gemeinschaftsfördernder Vorfall: Am 2. April 1965, genau ein Jahr nach Amtsantritt der ersten Regierung Klaus, starb der Widerstandskämpfer Ernst Kirchweger als erstes innenpolitisches Opfer der Zweiten Republik. Er war im Zuge der großen Demonstration gegen den antisemitischen Universitätsprofessor Taras Borodajkewycz, ein katholischer Nationalsozialist, am 31. März von einem neonazistischen Studenten niedergeschlagen worden. Kirchwegers Begräbnis am 8. April 1965 wurde zu einer Demonstration für den antinazistischen Grundkonsens der Zweiten Republik: Die gesamte Bundesregierung reihte sich in den Trauerzug Zehntausender Teilnehmer ein.

Es war eine letzte Demonstration der Gemeinsamkeit: Im Wahlkampf für die Nationalratswahl am 6. März 1966 hatte das Duo Klaus – Withalm relativ leichtes Spiel. Die SPÖ war durch die Vorgänge um Olah – der mit seiner eigenen, bisweilen auch antisemitisch agitierenden DFP (»Demokratisch-Fortschrittliche Partei«) gegen seine ehemaligen Genossen kandidierte – gelähmt. Außerdem hatte sich die »Kronen Zeitung« entsprechend wild vor allem gegen Pittermann und den heftigsten Olah-Gegner, Justizminister Christian Broda, eingeschossen. Dazu kam nach der Fußacher Schiffstaufenaffäre noch ein weiteres Eigentor: Die SPÖ wies die Wahlempfehlung der ohnehin schwachen KPÖ, die nur im Wahlkreis Wien-Nordost kandidieren wollte, nicht zurück – ein angesichts des damals noch begründbaren radikalen Antikommunismus verhängnisvoller Fehler. Prompt warb die ÖVP mit dem Spruch »Volkspartei gegen Volksfront«, Klaus selbst unterzeichnete einen Brief an alle Pfarrer des Landes, in dem er angesichts dieser Wahlempfehlung die rhetorisch gemeinte Frage aufwarf, ob eine solcherart unterstützte SPÖ noch für irgendeinen Katholiken wählbar sei. Dazu hatte er es geschafft, nach amerikanischem Vorbild die Zusammenarbeit zwischen Politik und Wissenschaft zu forcieren: Mit Hilfe Withalms wurden namhafte Intellektuelle in den ÖVP-Wahlkampf eingebunden, etwa die Universitätsprofessoren Fellinger, Rosenmayr, Tuppy und Winkler. So konnte sich die ÖVP im Wahlkampf als alleiniger Träger der nötigen Modernisierung präsentieren. Der dafür gewählte Name »Aktion 20« sollte zweierlei symbolisieren: Die Volkspartei habe Rezepte für die nächsten 20 Jahre und sie spreche vor allem heute 20-jährige an, die dann als 40-Jährige in Entscheidungspositionen sitzen würden.

Aus all diesen Gründen war der große Erfolg der ÖVP am 6. März 1966 keine Überraschung. Wohl aber die Tatsache, dass die Volkspartei – wie nur von Withalm vorausgesagt – mit mehr als 48 Prozent der Stimmen 85 Mandate und damit eine absolute Mehrheit im Nationalrat erringen konnte. Dennoch schreckte Klaus anfangs vor der Bildung einer Alleinregierung zurück, wie er Hugo Portisch in der ORF-Sendung »Österreich II« berichtete: »In der Volkspartei waren wir alle der Meinung, dass es da noch gewisse Altlasten aus der Zeit der Ersten Republik zu beseitigen gilt, aus der Zeit des Bürgerkriegs, aus der Zeit der autoritären Regierung. Und die war ja personell auch irgendwo in der Volkspartei noch vertreten. Das hat sicher dazu beigetragen, dass wir uns gesagt haben, das Experiment ist sehr groß und sehr gefährlich, probieren wir es noch einmal mit einer großen Koalition. Natürlich unter der Bedingung, dass, wenn man in einer wichtigen Angelegenheit in der Regierung zu keiner Einigung kommt, man eine freie Abstimmung im Parlament, zum Beispiel auch über ein Budget, durchführt.«

Auch bei den Sozialisten stellte der Parteivorstand anfangs die Weichen in Richtung Koalition. Erst als man sich in den Verhandlungen über einige Punkte nicht einigen konnte, wurde ein Parteitag einberufen. Am 15. April 1966 plädierte dort Parteiobmann Pittermann für den Gang in die Opposition, sein baldiger Nachfolger Bruno Kreisky für ein Verbleiben in der Regierung. Die Delegierten konnten sich nicht entscheiden und formulierten Bedingungen für die Fortsetzung der Koalition, unter anderem eine Garantie für deren Mindestdauer. Die konnte und wollte Klaus, der sich inzwischen mit Withalm für den Alleingang entschieden hatte, nicht abgeben. Der SPÖ-Vorstand entschied sich daraufhin am 18. April gegen die Empfehlung Kreiskys für den Gang in die Opposition. Kurz vor sieben Uhr abends rief Pittermann Klaus an: »Ich muss Ihnen leider mitteilen, dass auch das letzte Angebot der ÖVP als dem Auftrag des sozialistischen Parteitags nicht Rechnung tragend mit 30:10 Stimmen abgelehnt wurde.«

Josef Klaus bildete seine neue Regierung als Abbild der regionalen und bündischen Breite der ÖVP, nicht unbedingt ein Symbol für den von Klaus sonst propagierten Stil der »neuen Sachlichkeit«. Alle Bundesländer waren vertreten, mit Grete Rehor als Sozialministerin kam sogar erstmals eine Frau in eine Regierung. Das Team stand von Anfang an mit dem Rücken zur Wand: Außenpolitisch beschäftigte sie vor allem das Südtirol-Problem, der dortige Terrorismus eskalierte. Das damit zusammenhängende Veto gegen die Assoziierung Österreichs mit der EWG verärgerte Vertreter der einheimischen Wirtschaft, die ohnehin unter der rückläufigen Konjunktur litt. Und

die Kerngruppen der Volkspartei verlangten ohne Rücksicht darauf die Erfüllung lang gehegter, aber kostspieliger Wünsche, etwa die Bauern und Gewerbetreibenden, die auf ihre völlige Einbeziehung in das seit 1945 sonst dicht geknüpfte soziale Netz drängten. Dazu machte die ungewohnt starke parlamentarische Opposition der neuen Regierung entsprechend schwer zu schaffen, deren größerer Teil sich in kurzer Zeit erfolgreich regenerierte: 1967 wurde der großbürgerliche Intellektuelle Bruno Kreisky in einer Kampfabstimmung gegen den klassischen Arbeiterfunktionär Hans Czettel als Nachfolger Pittermanns zum neuen Parteiobmann der SPÖ gewählt. Die Alleinregierung Klaus machte sich mit Feuereifer ans Werk: Zwischen dem 20. April 1966 und dem 31. Oktober 1969 wurden insgesamt 600 Regierungsvorlagen eingebracht, eine Gesetzesflut, die das Parlament überforderte. Klaus nahm in dieser Hinsicht zu wenig Rücksicht auf die geänderte Funktion des Hohen Hauses, das eben nicht mehr reines Vollzugsorgan einer Regierung war. Der damalige Klubchef Hermann Withalm bemerkte dazu in seinen Erinnerungen, er habe »nicht einmal, sondern des Öfteren den Bundeskanzler und die Mitglieder der Bundesregierung aufmerksam gemacht, dass wir eine Überschwemmung der gesetzgebenden Körperschaft mit Regierungsvorlagen nicht hinnehmen können und dass vereinbarte und festgesetzte Fristen gerade auch von der Bundesregierung gewahrt werden müssen«. Auf ihrer politischen Habenseite konnte die Regierung aber bald das neue Rundfunkgesetz buchen, basierend auf dem Rundfunk-Volksbegehren. Der konservative, aber unabhängige Gerd Bacher wurde zum Generalintendanten des ORF bestellt, er strafte all jene Lügen, die eine Fortsetzung ausschließlich parteipolitisch motivierter Postenbesetzungen befürchteten oder wünschten: So wurde die komplette bisherige Führungsgarnitur ohne Rücksicht auf das »richtige« Parteibuch gekündigt, dafür mit dem fachlich ebenfalls untadeligen Franz Kreuzer auch ein ehemaliger Chefredakteur der »Arbeiter-Zeitung« in den ORF geholt. Die Verstaatlichte Industrie wurde nicht zerschlagen, sondern im Rahmen der ÖIG (Österreichische Industrie-Gesellschaft) unter dem jungen Staatssekretär Josef Taus neu geordnet. Otto Habsburg konnte einreisen, ohne dass – abgesehen von einigen Demonstrationen – großer Schaden entstand.
Bereits ein halbes Jahr nach dem Amtsantritt der Alleinregierung

wurde Klaus mit dem bis dahin größten Korruptionsskandal der Zweiten Republik, dem »Bauskandal«, konfrontiert. Obwohl sich die damals aufgedeckten, teilweise bis in die fünfziger Jahre zurückreichenden Bestechungszahlungen von ungefähr 100 Baufirmen an etwa 200 Beamte großteils im Umfeld der ÖVP abgespielt hatten, gab es keinerlei Hinweise auf eine Vertuschung der Affäre oder eine Behinderung ihrer juridischen Verfolgung, Regierung und Parlament schufen schärfere Gesetze zur Kontrolle von Großbauvorhaben. Parallel dazu wurden zwei weitere Skandale gerichtlich abgehandelt, welche die ÖVP noch direkter betrafen: Der Wiener ÖVP-Obmann Polcar wurde im Zusammenhang mit einer bereits unter Julius Raab aufgedeckten Affäre zu zwölf Monaten Haft verurteilt, der ehemals stellvertretende niederösterreichische ÖVP-Obmann Viktor Müllner wegen unsauberer Geschäfte um die Elektrizitätsgesellschaft NEWAG zu vier Jahren (er hat dagegen später mit Erfolg berufen). Diese Skandale brachten der Regierung Prestigeverluste, auch wenn sie die persönliche Popularität von Klaus nicht nachhaltig schädigten. Noch weniger eine ihm nachgesagte persönliche Affäre: Im Frühjahr 1969 wurde ein Redakteur des »Express« nach einem zweijährigen Prozess verurteilt. Er hatte die »Klaus-Familie«, vor allem Gattin Erna, zu Unrecht unsauberer Grundstücksgeschäfte beschuldigt. Eine schwere Beschuldigung für Klaus, dem »Inbegriff der individuellen Moral« (Neisser).

Außenpolitisch entwickelten sich die Dinge relativ positiv: Im Frühjahr 1967 wurden Verhandlungen mit Italien erfolgreich durch die Erarbeitung eines »Südtirol-Pakets« beendet, Klaus begann mit einem Besuch in Moskau an die ostfreundliche Außenpolitik seiner Vorgänger anzuknüpfen und – so er selbst in seinen Memoiren – an »die alte Idee Raabs von Österreichs Rolle als aktivem Mittler zwischen Ost und West«. Und im April 1967 konnte Klaus mit der UNO ein Abkommen zur Verlegung mehrerer UNO-Einrichtungen nach Wien abschließen. Der einzige größere Kritikpunkt der Opposition bezog sich auf das angeblich unkoordinierte Vorgehen der Regierung anlässlich der Niederschlagung des tschechoslowakischen »Sozialismus in Freiheit« durch die Truppen des Warschauer Paktes im August 1968 und ist aus heutiger Sicht kaum nachzuvollziehen, obwohl die Umstände, wie der Bundeskanzler vom Einmarsch im Nachbarland erfuhr, heute bizarr wirken: Thomas Klestil, damals außenpolitischer Sekretär von Klaus, musste ihn persönlich zu früher Morgenstunde im Wochenendhaus von Wolfpassing informieren und abholen, weil dort kein Telefon installiert war. Am Weg nach Wien kam ihnen das Auto von ORF-Generalintendant Gerd Bacher entgegen, der ebenfalls Klaus aus erster Hand berichten wollte.

Dennoch bekam die ÖVP wohl auch für ihre Alleinregierung eineinhalb Jahre nach ihrer Bildung von den Wählern einen ersten Dämpfer verpasst. Die SPÖ wurde im Herbst 1967 bei Landtagswahlen in Oberösterreich stärkste Partei, die ÖVP verlor dort fast vier Prozent; ähnlich erging es ihr bei Gemeinderatswahlen in Klagenfurt und Salzburg. Withalm machte dafür Mängel verantwortlich, die allenthalben seinem Parteichef zugeschrieben wurden: Eine zu wissenschaftliche und sachbezogene (gemeint war wohl eine zu »abgehobene«) Politik, die noch dazu schlecht verkauft würde. Klaus reagierte darauf im Jänner 1968 rasch und radikal mit einer großen Regierungsumbildung: Withalm blieb Generalsekretär und Klubobmann, wurde aber als Vizekanzler zusätzlich in die Regierungsverantwortung eingebunden; statt dem steifen Lujo Tončić-Sorinj wurde Kurt Waldheim Außenminister, statt Wolfgang Schmitz – er hatte angesichts eines damals ungewohnt hohen drohenden Defizits von zehn Milliarden Schilling ein hartes Sparprogramm samt Steuererhöhungen angekündigt, nachdem kurz zuvor eine Senkung der Lohn- und Einkommensteuer im Ausmaß von 3,9 Milliarden Schilling beschlossen worden war – wurde der bisherige Staatssekretär Stephan Koren Finanzminister; mit Karl Pisa wurde ein Kommunikationsprofi Staatssekretär für Information (ursprünglich wollte Klaus den eben vom »Kurier« abgegangenen Hugo Portisch für diese Funktion, der lehnte aber ab und wechselte in den ORF); und schließlich entsorgte der Kanzler auch noch zwei langjährige Widersacher: Statt Hetzenauer ernannte er Franz Soronics zum Innenminister, statt Fritz Bock – der anfangs auch Vizekanzler war – Otto Mitterer zum Handelsminister.

Diese weitgehende Reaktion auf einen ersten Misserfolg überrascht – und lässt sich wohl nur mit tiefer gehenden, auch innerparteilichen Problemen erklären. Tatsächlich verzettelte sich die Regierung in ihren Reformvorhaben, statt sich – wie von Withalm gefordert – auf einige wenige große zu konzentrieren. Klaus nahm seine Aufgabe als zentraler Kommunikator nach außen und innen zu wenig wahr, versagte sich zunehmend insbesondere dem neuen »schnellen Medium« Fernsehen, kapitulierte vor den Länder- und Bündeinteressen, welche die eigentlichen Regierungsaufgaben bisweilen überwucherten, zog sich zunehmend auf das junge und tatsächlich exzellente Team zurück, das er um sich geschart hatte, die größte politische Talentefabrik der Zweiten Republik. Zu diesen »Klaus-Buben«, wie sie überall anerkennend, oft aber auch neidisch genannt wurden, gehörten Politiker, welche die ÖVP und die Innen- und Wirtschaftspolitik noch über Jahrzehnte prägen sollten: Thomas Klestil, Alois Mock, Heinrich Neisser, Peter Marboe, Michael Graff, Leo Wallner, Fritz Hoess, weitere »Jungstars« wie Josef Taus oder Wolfgang Schmitz wurden von Klaus entscheidend gefördert.

Einer der später wichtigsten von ihnen, Alois Mock, hält die damalige Prägung durch den »Chef« fest: »Klaus besaß ein außerordentlich hohes persönliches Ethos. Ich habe sicher bei ihm die wertvollsten Lehrjahre meines politischen Lebens absolviert.« Klaus seinerseits verstand auch seine Kanzlerjahre noch als Lehrjahre: Legendär seine Frühtermine vor offiziellem Bürobeginn, bei denen er sich etwa über die Fortschritte am damals noch völlig neuen Computersektor informierte. Fast rührend sein Bemühen, vor Staatsbesuchen zumindest einige Brocken der Sprache des jeweiligen Gastlandes oder Gastes zu erlernen. Ähnlich wurde bisweilen über eine andere Eigenschaft von Klaus gewitzelt: Er machte sich auch noch als Bundeskanzler über alle von ihm geführten Gespräche Notizen.

Speziell mit dieser »jungen Garde« versuchte Klaus das von ihm so geschätzte Prinzip der »neuen Sachlichkeit« in die Praxis umzusetzen: In seinem Büro gab es klare Kompetenzaufteilungen, es wurde den Grundsatzdebatten viel Raum gegeben, vor allem gab es für die damalige Zeit beachtliche Ansätze sozialwissenschaftlicher Grundlagenforschung und wissenschaftlicher Politikberatung. Klaus versuchte – wie schon als Landeshauptmann in Salzburg und als Parteiobmann in Wien – sich an die Spitze einer »Kulturrevolution« (Wolfgang Schmitz) zu setzen, jenem »Aufstand der technokratischen Intelligenz« gegen »Stagnation und Koalitionsverfall« zu folgen, der 1963 bei der Gründung des sozialpartnerschaftlichen Beirats für Wirtschafts- und Sozialfragen Pate gestanden hatte und den Sozialwissenschaftler Bernd Marin (zitiert von Schmitz) so charakterisierte: »Das Unbehagen über den allenthalben bis dahin praktizierten wirtschaftspolitischen Stil ging quer durch die Lager. Daher bestand auch in weiten Kreisen der Wille, das Niveau der wirtschaftspolitischen Diskussion zu heben, Argumente sachlicher zu prüfen.« Klaus, der Jurist mit umfassender humanistischer Bildung, beschränkte sich nicht aufs Ökonomisch-Technokratische: Seit 1964 lud er regelmäßig eine Philosophenrunde ins Kanzleramt, der fast alles angehörte, was damals in Österreich Rang und Namen hatte, etwa die Professoren Heintel und Marcic.

Eine höchst erfolgreiche Personalpolitik im Stab, das rege persönliche Interesse für neue Themen und Lösungsansätze auf der einen Seite; die weit weniger erfolgreiche Teamführung in der von Bünde- und Länderinteressen behinderten, von Klaus zunehmend weniger ausgeglichenen Regierung auf der anderen – wie ist dieses scheinbare Paradoxon bei Josef Klaus zu erklären? Vielleicht liegt die Erklärung in seiner Ungeduld, die in Unduldsamkeit umschlagen konnte. In guten Zeiten des Erfolgs und in einem »geschützten« Milieu wirkte sie antreibend, motivierend, im positiven Sinn missionarisch. In Zeiten des drohenden Misserfolgs und in einem tendenziell feindlichen Umfeld produzierte sie Unsicherheit, Misstrauen, im negativen Sinn »Messianismus«. Neben den unbestreitbaren persönlichen Stärken – unbedingte Redlichkeit, uneitle Lernbereitschaft, rasche Auffassungsgabe – wurden zunehmend auch problematische Eigenschaften sichtbar, die Klaus heute teilweise selbst ähnlich sieht: Sein Hang zur Pedanterie und zum Oberlehrerhaften, ein Mangel an Ironie und Leichtigkeit, seine Probleme mit persönlicher Kritik an ihm, seine rasche Beleidigtheit, auch »sein mangelndes Vermögen, eine persönliche und solidarische Freundschaft zu organisieren. ... Der Befund, dass er am Schluss relativ einsam war, stimmt« (Neisser).

Absolute Korrektheit, das ist wenigstens eine Eigenschaft, auf die sich sonst sehr unterschiedlich über Klaus urteilende Zeitgenossen einigen. Für den langjährigen FPÖ-Chef Friedrich Peter, der sich und seine Partei von Klaus zeit seines politischen Lebens schlecht behandelt fühlte, war das zu wenig: »Von einem Raab, Gleißner, Helmer und Kreisky konnte ich viel lernen, aber von Klaus, das kann ich mit gutem Gewissen sagen, ohne ihm zu nahe zu treten, konnte ich politisch nichts lernen. Korrektheit ist eine Tugend, die man aus einem guten katholischen Haus mitbringt. Für die Politik ist das allerdings zu wenig.« Ganz anders Gerd Bacher, mehrmaliger

ORF-Generalintendant und ein persönlicher (Berg-)Freund von Klaus: »Mir ist in meinen fünfzig Journalistenjahren kaum ein zweiter Spitzenpolitiker untergekommen, der einen so geradezu berührenden Eindruck von Verantwortungsbewusstsein und sachlichem Bemühen erweckte.«

Zunehmend kompliziert entwickelte sich auch das Verhältnis von Klaus zu Withalm, dem er 1968 mit der Dreifachfunktion von Vizekanzler, Generalsekretär und Klubobmann eine ungeheure Machtfülle übertragen hatte – mit der Zusicherung, ihm einmal auf dem Ballhausplatz nachfolgen zu können. Wann, war freilich nicht klar: Die Bündeobleute Maleta (ÖAAB, er hegte Klaus gegenüber eine tiefe Abneigung, nachdem ihm der am Parteitag 1963 »mehr Demut« empfohlen hatte), Rudolf Sallinger (Wirtschaftsbund) und Josef Wallner (Bauernbund) drängten bereits damals auf einen Wechsel, ein der Öffentlichkeit damals wohl noch schwer erklärbarer Schritt wurde aber durch eine Indiskretion verhindert: Nachdem die »Kleine Zeitung« bereits zwei Tage nach der eher vagen Ankündigung einer Hofübergabe durch Klaus im kleinen Kreis (»Ich bin kein Sesselkleber«) diesen einen »Bundeskanzler auf Abruf« genannt hatte, wurde eifrig geleugnet, wie sich Withalm erinnert: »Da man sich nicht entschließen konnte, das, was in einem vertraulichen Kreis im Klub ausgesprochen worden war, in aller Öffentlichkeit zu bestätigen, blieb faktisch nur die Möglichkeit des Dementis.«

Klaus ist sich heute bewusst, dass es ohne Withalm an seiner Seite keine »Ära Klaus« gegeben hätte. Withalm wiederum berichtet, es habe sich trotz eines engen Vertrauensverhältnisses zwischen ihnen keine echte Freundschaft entwickelt. Leo Wallner, damals wirtschaftspolitischer Sekretär von Klaus und heute Generaldirektor der Casinos Austria, vergleicht die beiden: »Klaus war kein politischer Spieler – im deutlichen Gegensatz zu Kreisky –, und er war nie der Machtpolitiker, als der er manchmal galt. Beides traf eher auf Hermann Withalm zu. Wahrscheinlich wäre Klaus damals ein sehr guter Bundespräsident gewesen.« Und Josef Taus, damals Staatssekretär und später Obmann der ÖVP, analysiert: »Das Verhältnis der beiden war am Anfang sehr gut. Withalm war der treue Paladin von Klaus. Die Spannungen begannen 1968, als Withalm in die Regierung ging, obwohl ihn viele vor diesem Schritt warnten. Die Spannungen stiegen, weil Klaus unsicher wurde.«

Diese Unsicherheit stieg auch wegen des raschen Aufstiegs des unmittelbaren Konkurrenten. Kreisky übernahm von Klaus das Konzept, unabhängige Experten für die Erarbeitung von Konzepten seiner Partei einzuspannen, ein Jahr nach seiner noch umkämpften Wahl war er in der SPÖ bereits weitgehend unbestritten. Kreisky beherrschte auch das zunehmend wichtiger werdende neue Medium Fernsehen besser als Klaus, dem auch kein von Pisa verordneter Schnellsiedekurs durch TV-Trainer Axel Corti nutzte und der dazu in seinen Memoiren selbstkritisch festhielt: »Woher kam meine lähmende Scheu vor dem Interviewer, vor dem Mikrofon und der Fernsehkamera? Mir fehlte die vielen Presse- und Rundfunkleuten zu Gebote stehende schnelle Ars formulandi, die Kraft und Kunst der unmittelbaren Artikulation dessen, was ich dachte und wollte, aber auch das rechte Augenmaß dafür, was noch höflich ist, obwohl es deulich genug gesagt werden muss. Manchmal erklärte ich: Wer arbeitet, hat zum Diskutieren keine Zeit. Das war natürlich falsch, zumindest unzulässig vereinfacht. Wer einmal erkannt hat, dass die Information der Öffentlichkeit in einem demokratischen Gemeinwesen Pflicht des Politikers ist, muss dafür auch Zeit haben.« Der Historiker Ernst Hanisch analysiert: »In einer Zeit der Personalisierung der Politik wurde die Präsentation im Fernsehen von ausschlaggebender Bedeutung. Klaus fühlte sich von diesem Medium gebannt und scheu. Dabei brachte er, der braun gebrannte Skifahrer und Bergsteiger – die Opposition spottete über den Supersportler der Nation – einiges an publikumswirksamer Ausstrahlung mit, das freilich durch die oberlehrerhaften Gebärden durchkreuzt wurde. Ganz anders sein Kontrahent Bruno Kreisky, der sich unter Journalisten wohl fühlte und dabei zur großen Unterhaltungsform auflief. Der Vision der sozialen Leistungsgemeinschaft, wie sie Klaus propagierte, setzte Kreisky die Vision der sozialen Demokratie gegenüber: nicht nur eine Demokratisierung der Politik, sondern aller Felder der Gesellschaft.«

Damit entsprach Kreisky auch dem aufkommenden »Zeitgeist« besser. Gebremster und später als in anderen westeuropäischen Ländern und den USA erfasste auch Österreich der »Geist von 1968«. Ein quantitativ kleiner, nichtsdestotrotz aber wesentlicher Teil der Schüler und Studenten ging gegen den Vietnamkrieg der USA auf die Straßen, kämpfte für Reformen im Bildungsbereich, engagierte sich gegen autoritäre Strukturen und für »freie Liebe«. Massenwirksamer war die damit verbundene Kulturrevolution, sichtbar durch die langen Haare und kurzen Röcke, hörbar durch die den bisher dominierenden deutschen Schlager ablösende Popmusik, psychologisch spürbar in einem vielfältigen Wandel der Werte. Dieser Paradigmenwechsel schlug sich auch in einem in der Nachkriegszeit für die ÖVP zentralen Milieu nieder: Die Spitze der katholischen Kirche hatte sich unter Kardinal Franz König schon gegen Ende der fünfziger Jahre politisch anders positioniert als in der Zwischenkriegs- und unmittelbaren Nachkriegszeit, nämlich in »Äquidistanz« zu den Parteien. Im Laufe der sechziger Jahre änderte sich auch die Stimmung an ihrer Basis: Im Geist des Zweiten Vatikanischen Konzils und des Reformpapstes Johannes XXIII. wurden die Gläubigen offener für Demokratiebestrebungen und liberaler bezüglich der Alltags-, Moral- und Sexualfragen. Erstmals entwickelte sich sogar eine breitere »linkskatholische« Strömung, die – vor allem im »Neuen Forum« des Journalisten Günther Nenning – den Dialog zwischen Christentum und Marxismus pflegte.

Die Regierung Klaus versuchte mit einem Gesetzeswerk auf den Trend in Richtung Liberalisierung zu reagieren. Die unmittelbar vor der Nationalratswahl 1966 noch mit dem Justizreformer Christian Broda vereinbarte »große Strafrechtsreform«, mit der unter anderem die Strafbestimmungen in den Materien Schwangerschaftsabbruch, Homosexualität und Ehestörung gemildert werden sollten, konnte sie freilich nicht in vollem Umfang umsetzen – massive Interventionen der Kirchenleitung zeigten da ihre Wirkung. Dass diese Kirche gegen spätere Reformen der Regierung Kreisky nicht ähnlich starken Widerstand entwickeln konnte, führte Klaus 1971 zu einer für ihn bitteren Feststellung: »Die Kirche ließ ein eifriges Werben um das linke und liberale Lager erkennen, während dem christlichen Politiker zu wiederholten Malen ein ›Grüß mich nicht unter den Linden‹ entgegengebracht wurde.«

Sonst bewegte sich die von Klaus und seiner Regierung propagierte und repräsentierte Modernisierung in den gewohnten Wertebahnen – und in diesen durchaus erfolgreich: Es wurden mehr Schulen und Straßen gebaut als jemals zuvor, drei später höchst umstrittene Großbauvorhaben wurden beschlossen (das Wiener Allgemeine Krankenhaus, die UNO-City und das Atomkraftwerk Zwentendorf), die neu beschlossenen Gesetze zur Förderung des Wachstums und des Wohnbaus griffen, das Brutto-Inlandsprodukt stieg ab 1969 dank der seit 1968 verbesserten Konjunktur wieder stark. Und es wurde auch »gerecht« verteilt, wie Bruno Kreisky im zweiten Teil seiner Memoiren konstatierte: »Einer der Gründe dafür, dass die Jahre 66 bis 70 politisch im Wesentlichen korrekt verlaufen sind, war der Umstand, dass die österreichischen Gewerkschaften eine ungeheure Machtstellung erlangten und das, was in Östereich Sozialpartnerschaft genannt wird, stark gewachsen ist. Es war ein Glück, dass in der Zeit der Opposition die Kraft der Gewerkschaften ungebrochen blieb; die Regierung Klaus musste sehr große materielle Opfer für ihre Ruhigstellung aufbringen. Einer der führenden Gewerkschafter, Robert Weiß, kam nach den Verhandlungen zu mir und meinte, sie hätten so erfolgreich abgeschlossen, wie das unter einer Regierung mit sozialistischer Beteiligung niemals möglich gewesen wäre. Die Volkspartei hatte damit einen Schritt getan, über dessen Folgen sie sich nicht im Klaren war: Um die entstandenen Haushaltslücken zu schließen, wurden Steuererhöhungen unumgänglich.« Die Steuerpläne senkten die Popularität der Regierung dramatisch. Sie wurden freilich auch entsprechend ungeschickt »verkauft«: Der neue Finanzminister Stephan Koren präsentierte sie im Frühjahr 1968 im Rahmen eines budgetpolitischen »Paukenschlags«, der Einsparungen von 5 Milliarden und Mehreinnahmen von 3,8 Milliarden Schilling bringen sollte. Insbesondere ein auf zwei Jahre befristeter zehnprozentiger Zuschlag zur Auto- und Alkoholsteuer kam in der Bevölkerung knapp zwei Jahren vor den nächsten Wahlen extrem schlecht an, speziell auch im Kernwählerbereich der Volkspartei. Der Wirtschaftsexperte Taus bewertet ihn heute so: »Die Schwarzen fürchteten sich immer zu viel und die Roten immer ein bisschen zu wenig vor dem Budgetdefizit. ... Der Paukenschlag kam sicher zu spät und hatte für die ÖVP eine fatale Wirkung, und zwar deshalb, weil in der Öffentlichkeit der Eindruck entstand, dass alles, was die ÖVP gemacht hatte in den eineinhalb oder zwei Jahren, die sie schon regierte, wertlos sei. Diesen Tiefschlag versetzte sich die Partei selber ... Was die Leute auf die Palme gebracht hat, das war die Autosteuer und die Weinsteuer.«

Auch der nächste Tiefschlag gegen die Regierung war hausgemacht: Unterrichtsminister Piffl-Perčević trat im Mai 1969 zurück, weil er die anfangs auch von Klaus befürwortete Ausdehnung der 13-jährigen Schulzeit bis zur Matrura – festgelegt bereits in den 1962 beschlossenen Schulgesetzen – nicht durchsetzen konnte. Ausgerechnet die steirische ÖVP, aus deren Reihen der Minister selbst stammte, leitete ein Volksbegehren gegen das neunte Schuljahr an den AHS (allgemeinbildende höhere Schulen) ein, das knapp 350 000 Stimmen erhielt. Klaus konnte Piffl-Perčević nicht vom Rücktritt abhalten, dessen »Königsmörder« Josef Krainer weigerte sich, seinen Sohn Josef Krainer junior nach Wien an dessen Stelle zu lassen, die schließlich der damalige Kabinettschef von Klaus einnahm: Alois Mock. Ein weiterer »Klaus-Bube«, Heinrich Neisser, ersetzte bei dieser letzten Regierungsumbildung Karl Pisa; im Jahr zuvor war bereits der 1966 aus den USA als Staatssekretär zurückgeholte Ex-Außenminister Karl Gruber, der zuvor vergeblich für die Einführung einer allgemeinen Mehrwertsteuer an Stelle der Auto- und Alkoholsteuer sowie für einen einheitlicheren Kurs in Richtung EWG plädiert hatte, zurückgetreten. Gruber zog in seinen Memoiren folgende Gesamtbilanz der Ära Klaus: »Die Regierung Klaus war eine ausgesprochen gute Regierung für das Volk Österreichs, aber sie war – so absurd das klingen mag – eine katastrophale Regierung für die Österreichische Volkspartei. ... In einer Demokratie muss eine Führung so viel für ihre Wähler tun, dass sie ihr treu bleiben. ... Josef Klaus war einfach ein zu großer Idealist, um mit dem bündischen Haufen ÖVP fertig zu werden. Mit einem bündischen Haufen, aus dem immer ein Teil ausschert, wenn es an einer starken Autorität fehlt.«

Das Wahlergebnis vom 1. März 1970 bestätigte diese Einschätzung: Trotz guter sozioökonomischer Daten wurde die Regierung Klaus abgewählt, die ÖVP verlor achtbar, aber klar: Mehr als drei Prozent der Stimmen und sieben Mandate gingen ihr verloren. Klaus hatte sich in der letzten Phase des Wahlkampfes darauf festgelegt, nur mehr als Chef einer weiteren Alleinregierung im politischen Ring bleiben zu wollen. Sein Abschied von der Parteispitze war damit vorprogrammiert, er übergab am 22. Mai 1970 sein Amt als ÖVP-Obmann an Hermann Withalm. Ein halbes Jahr später, nach der Nachwahl in einigen Wiener Bezirken, legte er auch sein Nationalratsmandat zurück. Dem damals 60-jährigen Klaus fiel der Abschied von der Politik, ganz im Unterschied von seinen Vorgängern und

Nachfolgern, nicht schwer. Er schrieb noch ungewöhnlich offene Lebenserinnerungen, enthielt sich aber ohne sichtbare Verbitterung aller aktuellen Zwischenrufe. Sein dennoch waches Interesse am politischen und kulturellen Geschehen ist wohl mit ein Grund dafür, dass er heute als 90-Jähriger sichtlich zufrieden, um eine gerechte und tolerante Rücksicht bemüht, geistig und körperlich rege, in einem Wiener Seniorenheim glaubwürdig Bilanz ziehen kann: »Ich bin glücklich.«

Als Bundeskanzler folgte Klaus ein überlegener Kommunikator, ein damit auch persönlich radikalerer Modernisierer: »Bei Klaus ging es um das Gleichgewicht zwischen Tradition und Moderne, bei Kreisky um die Priorität der Moderne; das macht das unterschiedliche politisch intellektuelle Profil der beiden Regierungschef in einer Reformära sichtbar« (Hanisch). Klaus hatte jedenfalls eine Leistung erbracht, auf die auch Kreisky aufbauen konnte: Die von ihm geführte Regierung hatte bewiesen, dass Österreichs politisches und gesellschaftliches System reif genug war, auch ohne Koalition der zwei großen Parteien regiert zu werden, ohne dass der demokratische Grundkonsens der Zweiten Republik zu Schaden kam.

Bruno Kreisky,

der sozialdemokratische Reformer

Anfang und Ende des »österreichischen Wegs«

Die Ära Bruno Kreisky ist quantitativ wie qualitativ einmalig in der Geschichte der Zweiten Republik. 13 Jahre lang stand ein Kanzler an der Spitze einer Alleinregierung, viermal gewählt von jeweils wachsenden Mehrheiten. Aus der relativen Mehrheit von 1970 wurden 1971, 1975 und 1979 absolute, ein im internationalen Maßstab einmaliger Vorgang. Dafür verantwortlich waren liberale Reformen im »Überbau« der Gesellschaft, die »austrokeynesianische« Wirtschafts- und Sozialpolitik, die Österreich lange von internationalen Wirtschaftskrisen abzukoppeln schien, sowie eine aktive Außenpolitik, welche das Selbstbewusstsein des Landes entscheidend hob. Dafür verantwortlich war aber auch die einzigartige Persönlichkeit Bruno Kreiskys, eines genialen Strategen und Taktikers, des letzten Kanzlers, dessen Wirken bis zuletzt auch von den Erfahrungen der zerbrechenden Monarchie, der zu Grunde gerichteten Ersten Republik, des austrofaschistischen Ständestaates und seiner Emigration während der Nazi-Herrschaft geprägt war. Seine Biografie bewegt sich an den Schnittstellen von jüdischem Großbürgertum und sozialdemokratischer Arbeiterbewegung, altösterreichischem

Kulturraum und internationaler Moderne, sie umspannt auch in politischer Hinsicht fast das gesamte österreichische 20. Jahrhundert.

Bruno Kreisky wurde am 22. Jänner 1911 in Wien-Margareten in eine assimilierte jüdische Industriellenfamilie hineingeboren. Die Vorfahren seiner Mutter Irene, die Familie Felix, stammte aus Mähren, die seines Vaters Max aus Böhmen. Unter den Vorfahren der Mutter – sie war eines von 16 Kindern – waren viele Ärzte, die meisten ihrer Geschwister und anderen Verwandten sind im Holocaust umgekommen, der Familienbesitz – vorrangig auf einer Fabrik zur Verarbeitung landwirtschaftlicher Produkte aufbauend (bis heute gibt es Gemüsegläser und Ketchup von »Felix«) – wurde von den Nazis und später noch einmal von den tschechischen Kommunisten konfisziert. Der Großvater Bruno Kreiskys väterlicherseits war Oberlehrer, Vater Max Generaldirektor der Österreichischen Wollindustrie AG und Textil AG, später in der schwedischen Emigration Leiter einer Textilfabrik. Beide Elternfamilien waren bürgerlich eingestellt, die Felix' eher monarchistisch-konservativ, die Kreiskys eher liberal-deutschnational. Nur ein Onkel Brunos, Rudolf, gehörte als Funktionär der sudetendeutschen Konsumgenossenschaften den Sozialdemokraten an. Dementsprechend fragte Karl Seitz, Bürgermeister im »Roten Wien«, einmal den Jugendfunktionär Bruno Kreisky, ob er Sohn des »reichen« (Max) oder des »gescheiten« (Rudolf) Kreisky sei. Dabei verband Bruno Kreisky mit seinem Vater eine auch geistig enge Beziehung: Max Kreisky verkehrte mit vielen Intellektuellen und Künstlern und brachte zum Unterschied von seiner Gattin Irene auch Verständnis für das frühe politische Engagement des einen Sohnes auf – der andere, der zwei Jahre ältere Paul, emigrierte 1938 nach Israel, er wurde später gern von politischen Gegnern seines Bruders ge- und missbraucht.

Bruno Kreiskys Hinwendung zur Sozialdemokratie basierte vor allem auf zwei Quellen: Einerseits entsprach der auch pädagogisch gelebten Liberalität in seinem Elternhaus eine Aufgeschlossenheit für und eine Toleranz gegenüber neuen geistigen Strömungen, die im »Roten Wien« der Zwischenkriegszeit fast alle mit dessen Reformwerk sympathisierten. Und andererseits hatte Kreisky offene Augen für jene sozialen Ungerechtigkeiten, mit denen er in seiner Schulzeit (Kreisky besuchte drei verschiedene Mittelschulen und maturierte 1929 an der Realschule Radetzkystraße) mehrfach konfrontiert wurde. Den Auslöser für Kreiskys politisches Engagement bot eine Demonstration am 8. November 1924, wie er im ersten Band seiner Memoiren schildert: »Ich war noch nicht vierzehn Jahre alt. Der Sohn eines Industriellen namens Thomas Schwarz hatte sich aus dem Fenster der elterlichen Wohnung auf der Wieden gestürzt, weil er die Quälereien eines seiner Lehrer nicht mehr ausgehalten hat. Die Vereinigung sozialistischer Mittelschüler rief zu einer Protestkundgebung vor dem Gebäude des Wiener Stadtschulrats auf und zwei meiner Mitschüler hatten mich aufgefordert mitzukommen.« Einige Wochen später trat Kreisky dieser intellektuell starken Organisation bei (unter anderem gehörten ihr mit Paul Lazarsfeld, Marie Jahoda und Hans Zeisel die drei späteren Autoren der berühmten Studie über »Die Arbeitslosen von Marienthal« an), war aber von deren Theorielastigkeit nicht angetan, vor allem angesichts der ihn nachhaltig prägenden Ereignisse um den Brand des Justizpalastes am 15. Juli 1927: »Im gleichen Moment, in dem der Staat bewies, dass er sich traute, auf demonstrierende Rote zu schießen, war der Bann ihrer Politik gebrochen.«

Kreisky, der damals die ersten Toten seines Lebens sah (insgesamt kamen in Wien damals bei diesen größten Zusammenstößen seit 1848 85 Demonstranten und vier Polizisten um), wechselte zur »proletarischeren« Sozialistischen Arbeiterjugend (SAJ) und wurde noch im selben Jahr deren Leiter in seinem damaligen Heimatbezirk Wien-Wieden. In der SAJ machte Kreisky rasch Karriere, wurde Vorstandsmitglied der Gesamtorganisation und 1933 deren Bildungsobmann, fiel schon früh den Parteioberen auf: Otto Bauer selbst – geistiger, nie organisatorischer Führer der SDAP (Sozialdemokratische Arbeiterpartei) – riet ihm nach der Matura 1929 zum Jusstudium: »Die Partei braucht Juristen.« Kreisky, ursprünglich eher zum Medizinstudium tendierend, folgte dem Rat. Er entwickelte in der Jugendorganisation seine Gabe, mit einfachen Menschen reden zu können, ohne anbiedernd oder belehrend zu wirken; und er entwickelte in ihr sein Weltbild, das gerade wegen seiner Fähigkeit zum dialektischen Denken in Widersprüchen nie dogmatisch-totalitär abgeschlossen wurde. Kreisky bewunderte den »linken« Austromarxisten Otto Bauer, von dem er sich auch den langsamen, eindringlichen Stil als Redner abschaute, obwohl er sich selbst höchstens am gemäßigt linken Flügel der Partei einordnete und trotz ste-

Bilder einer Epoche:
Kreisky, der Sieger bei der Nationalrats-
wahl 1970, auf seinem Weg zum Bundes-
kanzleramt.
Kreisky bei der legendären TV-Konfronta-
tion mit ÖVP-Obmann Josef Taus 1975.
Kreisky mit seinen engsten internationalen
Verbündeten: Willy Brandt und Olof
Palme.
Kreisky mit seinem ursprünglichen
Wunschnachfolger Hannes Androsch am
Opernball 1973.
Kreisky mit seinem echten Nachfolger Fred
Sinowatz und der großen Dame der SPÖ,
Hertha Firnberg.
Kreisky bei der Verleihung des Ehrendok-
torats der Universität Wien, 1988.

ten Interesses an der Gesellschaftsentwicklung und des Studiums einschlägiger Schriften nie längere »theoretische« Texte verfasste. Trotz Bauer »übersiedelte« Kreisky zu den »rechten« Sozialdemokraten Niederösterreichs, denen er zeit seines Lebens organisatorisch und persönlich nahe stand: 1930 wurde er Vorsitzender der SAJ-Regionalorganisation um die Bezirke Klosterneuburg, Tulln und Purkersdorf. Der spätere Minister und SPÖ-Zentralsekretär Otto Probst war einer jener Wiener SAJ-Führer, die Kreisky in diese »Emigration« getrieben hatten – obwohl der Großbürgersohn damals schon die Lektion des Parteigründers Victor Adler gelernt zu haben schien: Man müsse einen Intellektuellen erst dreimal wegschicken; komme er ein viertes Mal, dürfe er in der Organisation bleiben. Als Kreisky 1933 gegen den Widerstand eines Teils der Wiener SAJ zum Vorsitzenden des »Reichsbildungsausschusses« gewählt wurde, war er »ganz einfach glücklich«, wie er in seinen Memoiren schreibt.

Mir hat Kreisky einmal eine menschliche Schwäche Bauers geschildert: Nach einem Treffen mit diesem verehrten »geistigen Titan« habe dieser ihn auf dem Weg zu einem geheimen Rendezvous vergeblich abzuhängen versucht. Bauer traf damals nicht seine Gattin Helene, eine wesentlich ältere Intellektuelle, sondern eine junge Freundin. Eine kleine Parallele zum »Outing« der Schauspielerin Senta Wengraf, die Jahre nach dem Tod Kreiskys und seiner Gattin Vera der Journalistin Senta Ziegler 1999 von ihrem über Jahrzehnte dauernden Verhältnis mit dem Kanzler berichtet hat.

Am 12. Februar 1934 saß Bruno Kreisky gerade über juridischen Fachbüchern und bereitete sich auf eine Prüfung vor, als plötzlich das Licht ausging. »Ich bin hinunter zum Vorwärts-Gebäude, dem Hauptquartier der Partei auf der Rechten Wienzeile, und sah, wie dort die großen Tore des Parteihauses – ein Glanzstück aus der Jugendstilzeit – geschlossen wurden. Die Leute gingen einfach weg … Das Hauptquartier der Partei preiszugeben war der erste schwere Fehler. Der zweite – noch größere – war, dass man stattdessen aus den Wohnhäusern der Arbeiter in den berühmten Gemeindebauten zu schießen begann. Es sprach gegen jede Vernunft, den Kampf dorthin zu verlegen, wo Frauen und Kinder waren.« Wie die meisten Sozialdemokraten war auch Kreisky vom Ausbruch der Kämpfe überrascht worden: Das austrofaschistische Regime, das 1933 bereits die parlamentarische Demokratie beseitigt und seither schrittweise die anderen Bastionen der Demokratie ausgehöhlt hatte, nutzte eine isolierte Widerstandsaktion des Republikanischen Schutzbundes in Linz, um die sozialdemokratische Bewegung komplett zu zerschlagen; Kreisky verfasste und vervielfältigte – unter anderem gemeinsam mit dem jungen Gewerkschafter Franz Olah – noch am 12. Februar spontan einen ersten Widerstandsaufruf der in den Untergrund gedrängten Partei und wurde danach Jugendführer der dort gegründeten RSÖ (Revolutionäre Sozialisten Österreichs): »Ich habe an diesem 12. Februar 1934 mit großer Deutlichkeit erkennen müssen, dass das, was ich für meine Welt hielt, zusammengebrochen war. Eine neue zu finden wäre für mich gewiss einfacher gewesen als für viele andere. Ich hätte mich mehr der Wissenschaft widmen und eine akademische Laufbahn einschlagen können. … Im Bewusstsein, dass meine Welt zerschlagen war, half ich, eine neue im Untergrund aufzubauen. Es wurde zu meiner Bewährungsprobe in der sozialistischen Bewegung. Sie führte ein Jahr später ins Gefängnis, wo sie dann zwangsläufig weiterging.«

Bruno Kreisky besuchte als erster Abgesandter der neuen, illegalen Partei (sie verhinderte, dass mehr Sozialdemokraten – voll Hass auf das Regime und enttäuscht über die Fehler der eigenen Parteiführung – zu den Nationalsozialisten oder zu den Kommunisten abwanderten) bereits am 1. März 1934 Brünn; dort hatte der zur Flucht gezwungene, von den Austrofaschisten weiter mit dem Tod bedrohte Otto Bauer das »Auslandsbüro der österreichischen Sozialdemokratie« (ALÖS) aufzubauen begonnnen. Kreisky hatte Tausende Briefmarken dabei und schmuggelte die so frankierte illegale »Arbeiter-Zeitung« über die Grenze, wo sie dann in ganz Österreich versandt wurde. Bauer kam seinem zweiten Anliegen zuvor: »Schauen Sie, Genosse Kreisky, sagen Sie den Freunden, Leute wie ich können die Partei nicht mehr führen, denn geschlagene Feldherren haben abzutreten. Die Partei ist voll Groll gegen Führer, die eine Schlacht verloren haben.« Kreisky besuchte trotzdem noch mehrere Male Bauer, der in Brünn weiter die illegale »Arbeiter-Zeitung« verfasste und zum Anlaufposten konkurrierender Inlandsgruppen wurde. Dafür wählte der junge Student verschiedene Decknamen, etwa »Rainer« (er wohnte in der Rainergasse), »Braun« oder »Brand«. Kreisky nannte sich »Pichler«, als er zur Jahreswende 1934/35 an

der Reichskonferenz der RSÖ in Brünn teilnahm. Auch ein Polizei-spitzel namens Franz Windisch war anwesend. Die Folge: Im Jänner 1935 wurden 30 Teilnehmer verhaftet, darunter auch Kreisky, der spätere Bundespräsident Franz Jonas und die späteren Minister Otto Probst und Anton Proksch. Sie blieben mehr als ein Jahr in Haft. Kreisky erzählte später oft eine politische Erfahrung aus jener Zeit: »Ich habe eine Zeit lang die Zelle mit einem Nationalsozialisten und einem Kommunisten geteilt. Der eine, ein typisch antisemitischer Kleinbürger, sagte, schauts übers Jahr kommt der Hitler und dann bin i frei; der Kommunist erwiderte auftrumpfend, aber der Hitler wird ja Krieg machen und er wird den Krieg verlieren, dann kommt der Stalin und dann sind wir dran. Und da saß der kleine Sozialde-mokrat Kreisky zwischen diesen beiden, die einen Hitler und einen Stalin hatten, und er hatte gar nichts.« Umso mutiger klang dann beim »großen Sozialistenprozess« ab 16. März 1936 die Rede des 25-Jährigen, dem zwar nicht die Todesstrafe drohte wie den Hauptan-geklagten Marie Emhart und Karl Hans Sailer, wohl aber eine mehr-jährige Haftstrafe: »Man nennt uns Marxisten, aber nirgends steht, dass man darunter blutige Gewalt versteht. Revolution heißt Um-wälzung, Mittel der Gewalt sind dazu nicht notwendig.« Und dann fast prophetisch: »Ich möchte weiter sagen, dass es für Österreich ei-nen Augenblick geben kann, in dem durch die Bedrohung von außen es notwendig sein wird, dass man ein großes Volksaufgebot erlässt, denn unser kleines Heer könnte nur wenige Stunden die Grenzen verteidigen. Ganz anders ist es aber, wenn die überwiegen-de Mehrheit des Volkes das Land verteidigt. Dieser Wille und der Mut wird nur da sein, wenn Freiheit herrscht.«
Bekanntlich hat der Nachfolger des von den Nazis am 25. Juli 1934 ermordeten Kanzlers Engelbert Dollfuß, Kurt Schuschnigg, nicht den Weg der inneren Aussöhnung beschritten, der solch eine erfolg-reiche Landesverteidigung gegen Nazi-Deutschland ermöglichen hätte können; nach dem blutigen Bürgerkrieg vom Februar 1934 und nach der Hinrichtung neun ihrer Kämpfer war die Erbitterung der meisten Sozialdemokraten auch sehr groß. Selbst der nie beson-ders militante Kreisky empfand kein Mitleid mit dem ermordeten »Millimetternich«, wie Dollfuß auf Grund seiner Kleinheit genannt wurde: »Wer Wind sät, erntet Sturm. … Die österreichische Demo-kratie ist nicht wie die deutsche von Hitler vernichtet worden, son-

dern von Dollfuß und der Vaterländischen Front. Als im Jahr 1938 Hitler kam, haben das deshalb viele nicht als einen Angriff empfunden … wir haben das ja immer gesagt, unzählige Male, in allen Schriften: Die Dollfuß-Straße führt zu Hitler.« Aus der Haft resultierte auch eine lange dauernde Bekanntschaft mit dem einsitzenden illegalen SS-Mann Müller-Klingspor, die Kreisky in einem Buch Werner Pergers so reflektiert: »Das Klerikale fehlte bei uns, es dominierte das Jugendbewegte, das Erlebnisbetonte. Das Deutschnationale bei den anderen hat uns nicht so gestört wie das Klerikale bei den Schwarzen.« Der langjährige Sekretär Kreiskys, Wolfgang Petritsch, heute der international bekannteste Diplomat Österreichs, konkretisiert im selben Buch: »Diese vom persönlichen Erleben geformte Beurteilung hat Kreiskys politische Einstellung zu manchen ÖVP-Politikern der Zweiten Republik beeinflusst. Sie trägt aber auch zur Erklärung der irritierenden, da einigermaßen verständnisvollen Haltung gegenüber so manchen Ehemaligen bei. In der Affäre Peter – Wiesenthal sollte diese Diskrepanz der Einschätzung politisch wirksam werden.«

Auf Grund des großen internationalen Interesses für den Prozess kamen die Angeklagten damals mit relativ milden Strafen davon, Kreisky mit 12 Monaten schwere Kerkers. 1970 wurde er demzufolge der erste wegen Hochverrats verurteilte Bundeskanzler – er hat übrigens stets auf eine Tilgung dieser von ihm als ehrend empfundenen Strafe verzichtet. Als er am 3. Juni 1936 aus der Haft entlassen wurde, konnte er nicht einmal weiter studieren: Das gegen ihn verhängte Studienverbot wurde erst im Sommer 1937 aufgehoben. Kreisky blieb bis dahin weiter politisch aktiv und hielt Kontakt mit der RSÖ unter deren neuem Leiter Joseph Buttinger. Im November 1937 konnte er dann seine staatswissenschaftliche Staatsprüfung abschließen, zur Promotion fehlte ihm nur mehr das Romanum, zu dem er am 14. März 1938 antreten sollte. An diesem Tag, zwei Tage nach dem Einmarsch deutscher Truppen in Österreich, kamen Gestapo-Beamte in die Wohnung von Kreiskys Eltern, um ihn festzunehmen. Der Student legte gerade seine letzte Prüfung beim Ordinarius für Staatsrecht, dem überzeugten Nazi Schönbauer, ab. Als der ihn nach der staatsrechtlichen Legtimation des »Anschlusses« fragte, bat Kreisky um ein anderes Thema: Bereits der beseitigten Regierung habe ja jede Rechtsgrundlage gefehlt. Schönbauer kam dem mit einem Seitenhieb auf Kreiskys Judentum verblüfft nach: »Wären Sie nicht von dieser Abstammung, hätte man das vielleicht als mutig bezeichnen können, so aber kann ich das nur als Chuzpe bezeichnen.« Kreisky bestand dennoch die Prüfung – seine Promotionsurkunde musste am 30. September 1938 aber ein Freund für ihn entgegennehmen.

Einen Tag nach seiner letzten Prüfung war Kreisky wegen »staatsabträglichen Verhaltens« in »Schutzhaft« genommen worden. In der berüchtigten Gestapo-Zentrale im ehemaligen Hotel Metropol am Morzinplatz machte er ein verschärftes Verhör mit, an dessen Ende er blutüberströmt und mit zwei Zähnen weniger aus dem Zimmer geschleift wurde. Besonders absurder Vorwurf für einen zeit seines Lebens überzeugten Antikommunisten: Er habe den Aufbau eines kommunistischen Jugendverbands geplant. Kreisky entkam dem KZ nur mit Glück: In einem Gefängnis strich ihn ein sozialdemokratischer Wachmann von der Liste für einen Dachau-Transport, in einem anderen halfen ihm ehemalige braune Zellengenossen. Seine Freilassung verdankte er einem Trick: Kreisky versprach sofort nach Bolivien auszuwandern. In Wirklichkeit zog es ihn nach Schweden, wohin ihn der Führer der dortigen Jungsozialisten, der spätere Außenminister Torsten Nilsson, eingeladen hatte. Kreisky fälschte zuerst seinen Pass mit einem Durchreisevisum für Dänemark, dann organisierte ihm der spätere Innenminister Josef Afritsch, für die Quäker arbeitend, ein Flugticket Wien – Berlin – Kopenhagen. Kreisky hatte bei seinem Abflug am 21. September 1938 nur zwei Dinge mit: Einen kleinen Koffer mit den allernötigsten Habseligkeiten und seinen Lieblingsroman in der Manteltasche: Robert Musils »Mann ohne Eigenschaften«.

In Schweden bewährte sich auch für Kreisky die Hilfe der Sozialistischen Internationale. Der frisch gebackene Jurist ohne Promotionsurkunde bekam eine karge Flüchtlingsunterstützung, erhielt erste journalistische Aufträge von der schwedischen SP-Jugend, erlernte bald die fremde Sprache und integrierte sich – dem Rat des Freundes Moritz Robinson folgend – erstaunlich schnell. (»Den Hitler werden wir nicht mehr los in unserem Leben. Ich jedenfalls nicht. Richten Sie sich darauf ein, dass Schweden Ihr Heimatland wird.«) Die Jungsozialisten stellten ihm ein Arbeitszimmer mit Telefon zur Verfügung, nur wenige Kammerln weiter saß ein zweiter für unterstützungswürdig befundener Emigrant: Bertolt Brecht. Nach dem deutschen Überfall auf Norwegen lernte Kreisky noch einen anderen Deutschen gut kennen: Willy Brandt, der spätere deutsche Kanzler, der mit Kreisky und dem schwedischen Premier Olof Palme eine die siebziger Jahre dominierende Troika der internationalen Sozialdemokratie bilden sollte. Im Frühjahr 1940 wurde Kreisky von der schwedischen Konsumgenossenschaft als ökonomischer Berater angestellt, in diesen Wochen gelang es ihm sogar, die Eltern nachkommen zu lassen. Und ein halbes Jahr später lernte er die geborene Stockholmerin Vera Fürth kennen, Tochter eines bedeutenden Textilunternehmers. Die beiden heirateten 1942, ihre beiden Kinder, Peter und Susanne, kamen in Schweden zur Welt. Bruno Kreisky hielt sich insgesamt 12 Jahre dort auf, vom Herbst 1938 bis zum Jahresbeginn 1951. Die schwedischen Erfahrungen prägten ihn noch lange, waren nach eigenen Angaben »Bereicherung und Abrundung meiner politischen Vorstellungen«. So lernte Kreisky die Bedeutung der Neutralität und eines liberalen Reformklimas kennen und schätzen, auch die strategischen Vorteile, welche die schwedischen Sozialdemokraten aus der Gespaltenheit des konservativen Lagers zogen.

Den politischen Kontakt mit der Heimat ließ er aber nie ganz abreißen. Kreisky wurde Vorsitzender eines Vereins österreichischer Emigranten in Schweden, mit dem er – im Gegensatz etwa zum sozialistischen Auslandsbüro in London, aber auch zu den letzten Schriften des 1939 in Paris verstorbenen Otto Bauer – frühzeitig für die Unabhängigkeit Österreichs eintrat, wie Josef Hindels, damals ebenfalls in Schweden und später der führende Linkssozialist in der SPÖ, berichtete: »Kreisky hat sich damals, lange vor seinem späteren Aufstieg in Österreich, historische Verdienste erworben. Er trat der Illusion mancher sozialdemokratischer Emigranten über eine gesamtdeutsche Revolution entgegen und repräsentierte einen österreichischen Patriotismus, der nichts mit Chauvinismus und altösterreichischer Nostalgie zu tun hatte.« Gleich nach Kriegsende organisierte Kreisky das Lebensmittelhilfeprogramm der schwedischen Regierung für österreichische Kinder. Dennoch sollte es dann noch fast sechs Jahre dauern, bis er nach Österreich zurückkehrte. Die geglückte Integration in Schweden war einer der Gründe dafür, der bis heute ungeklärte Widerstand der US-Behörden gegen eine sofortige

Einreise Kreiskys ein zweiter, die fehlenden Angebote aus Wien ein dritter, wie der Brief des 35-Jährigen an Frieda Nödl, eine alte Kampfgefährtin, vom 1. April 1946 dokumentierte: »Ich habe nicht die Absicht, zu einer peinlichen Verlegenheit für die Partei zu werden. Die Partei hat mir gegenüber keine Verpflichtungen, sie hat sich auch kaum sehr angestrengt, meine Rückkehr zu ermöglichen.« Zuvor hatte ihm die wesentlichste sozialistische Politikerin der Nachkriegszeit, Rosa Jochmann, brieflich versichert: »Es stimmt nicht, dass wir die Genossen, die zurückkehren, als Störung empfinden, sicherlich stimmt dies bei dir nicht.« Kreiskys Rückkehr nach Österreich erfolgte schließlich über den Umweg des diplomatischen Dienstes: Er erhielt den Auftrag, eine österreichische Gesandtschaft in Stockholm aufzubauen, im Februar 1947 wurde er offiziell zu deren Attaché ernannt. Später hat Kreisky diese Enttäuschung rationalisiert: Der Parteivorsitzende Schärf und Bundespräsident Renner wären beide der Meinung gewesen, Österreich brauche gerade jetzt hervorragende Vertreter im Ausland, um die Barrieren der Besatzung leichter überwinden zu können.

Am 1. Jänner 1951 kam Kreisky als Beamter der handelspolitischen Abteilung des Außenministeriums in sein Heimatland zurück; Vizekanzler Schärf wollte Kreisky gleich auf eine andere Tätigkeit im Ausland einstellen, da eröffnete ihm die Wahl des Sozialdemokraten Theodor Körner eine andere Chance. Der trotz seiner Jugend politisch schon erfahrene Jurist und Diplomat wurde Kabinettvizedirektor des neuen Bundespräsidenten. Als engster politischer Berater Körners gelangte Kreisky mit einem Schlag ins Zentrum der sozialdemokratischen Führung: Im Haus des Bundespräsidenten traf er an dessen Seite jeden Montag mit der Parteispitze zusammen, mit Vizekanzler und Parteichef Schärf, Innenminister Oskar Helmer, ÖGB-Präsident Johann Böhm, Verstaatlichten-Minister Karl Waldbrunner und Sozialminister Karl Maisel. So war es nicht besonders überraschend, dass die SPÖ das nach der erfolgreichen Nationalratswahl vom April 1953 neu hinzugewonnene Staatssekretariat im Außenministerium mit Kreisky besetzte. Schärf hatte es zuerst dem Linzer Bürgermeister Ernst Koref als Vorsitzenden des außenpolitischen Ausschusses im Nationalrat angeboten, der lehnte aber ab; Körner empfahl dann Kreisky mit warmen Worten in einem Brief an Schärf: »Er kennt sich glänzend aus im Außenministerium, im diplomatischen Dienst, in der Wirtschaftspolitik.« Nach nur 28 Monaten Rückkehr war der Emigrant Bruno Kreisky zu einem Mitglied der Bundesregierung geworden. In seinen Memoiren beschreibt Kreisky, was das für ihn bedeutete: »Ich war wie vom Blitz getroffen. Endlich sollte ich wieder den Weg in die richtige Politik finden. Bei aller Freiheit, die mir Bundespräsident Körner ließ, war ich ein Mann im Schatten; ich konnte zwar einiges bewirken, blieb aber ganz und gar im Hintergrund.«

Im April 1955 war Kreisky noch als Staatssekretär unter Leopold Figl Mitglied jener legendären Delegation, welche aus Moskau den Staatsvertrag für Österreich mitbrachte. Kreisky war wie Schärf anfangs vorsichtig, was den sowjetischen Wunsch einer Neutralisierung Österreichs betraf – zum Unterschied vom pragmatischen Bundeskanzler Julius Raab. Mit Raab kam Kreisky sonst sehr gut aus, mit seinem ersten Chef im Außenministerium, Karl Gruber, halbwegs; am wenigsten mit Figl, der sich vom intellektuellen Staatssekretär ständig ein wenig gefährdet fühlte. Vier Jahre später übernahm Kreisky dann seine Position: Die SPÖ hatte bei der Nationalratswahl 1959 entsprechend gut abgeschnitten. Anfangs hatte Raab der SPÖ das Finanzministerium vorgeschlagen und war sogar bereit, dafür den vor allem in der ÖVP populären Reinhard Kamitz zu opfern. Im zweiten Band seiner Memoiren berichtet Kreisky sichtlich geschmeichelt davon, schließlich hatte er sich während seiner Kanzlerzeit oft über die ihm zugeschriebene Äußerung geärgert, er verstehe nichts von Wirtschaft: »Ich habe einmal sehr viel später in einer Pressekonferenz erklärt, dass ich von rein buchhalterischen Fragen im Zusammenhang mit dem Budget nicht viel verstehe, und daraus wurde das Argument geschmiedet, dass ich gesagt hätte, ich verstände nichts von Wirtschaft. Das ist deshalb grotesk, weil ich mich seit frühester Jugend vor allem mit ökonomischen Fragen beschäftigt habe.«

Die Übertaktik Raabs scheiterte schließlich, Kreisky übernahm das für ihn doch wohl eher geeignete Amt. Als Außenminister eröffnete Bruno Kreisky sofort eine rege Besuchstätigkeit in die kommunistisch regierten Nachbarstaaten, zeit seines Lebens setzte er speziell diesbezüglich mehr auf Entspannung als auf Konfrontation. Bald wurde er zentral mit einem auch innenpolitisch brisanten Thema konfrontiert: In Südtirol verübten deutschsprachige Extremisten die ersten Bombenattentate, italienische Neofaschisten schlugen mit ähnlichen Methoden zurück. Kreisky brachte das Thema vor die UNO, 1961 empfing er sogar in seinem Privathaus in der Wiener Armbrustergasse eine Delegation der Südtiroler Extremisten. Einer der militantesten von ihnen, Luis Amplatz, wollte damals sogar gehört haben, Kreisky habe Verständnis geäußert, dass es »krachen müsse«, damit die Südtiroler Gehör fänden für ihre Klage über die Italienisierungspolitik Roms. Andere Teilnehmer rückten dieses Bild zurecht: Kreisky habe vor militanten Aktionen gewarnt. Erst 1969 konnte das Problem mit der Endverhandlung über das Südtirol-Paket beigelegt werden, die ÖVP trug damals schon drei Jahre lang die Alleinverantwortung für die Außenpolitik und die Gesamtregierung.

Verantwortlich für den gewaltigen Sieg der Volkspartei 1966 war die Krise der großen Koalition im Allgemeinen und jene der SPÖ im Besonderen. Parallel zum langsamen Abstieg von Parteichef Bruno Pittermann bastelte Kreisky an seinem eigenen Aufstieg, auch an der nötigen Parteiverankerung: Auf Vermittlung seines alten Freundes Franz Olah hatte er sich als Basisfunktionär anfangs in Wien-Hernals platzieren können. 1956 wurde er im Wahlkreis St. Pölten als Nachfolger Oskar Helmers in den Nationalrat gewählt, im gleichen Jahr auch erstmals in den Bundesparteivorstand, nach einem für die damalige politische Kultur höchst ungewöhnlichen Vorgang: Kreiskys Name war nicht im Vorschlag des Wahlvorstandes enthalten und erst von einer Mehrheit der Parteitagsdelegierten zulasten eines »gestrichenen« offiziellen Kandidaten dazugeschrieben worden. Kreiskys Unterstützer waren nicht eindeutig zuzuordnen: Der Wiener Abgeordnete Karl Mark, der ihn als »eine unserer größten Hoffnungen der Partei« angepriesen hatte, zählte später zu den härtesten Gegnern des Mitinitiators der Aktion, Franz Olah. Von 1956 an blieb Niederösterreich Kreiskys engere politische Heimat. Er gehörte mit Franz Olah, dem späteren Wiener SPÖ-Chef Felix Slavik und Christian Broda auch zu jener Gruppe von »Jungtürken«, welche 1957 die Wahl Pittermanns als Nachfolger des zum Bundespräsidenten gewählten Adolf Schärf durchsetzten, zwei Jahre später wurde er dessen Stellvertreter als Parteivorsitzender. 1958 ging er Benedikt Kautsky gemeinsam mit Fritz Klenner entscheidend bei der Abfassung des neuen Parteiprogramms zur Hand.

1962 rettete ihm Olah in beharrlich geführten Koalitionsverhand-

lungen das durch ein schlechtes Wahlergebnis gefährdete Minister-
amt. Kreisky zeigte sich dafür dankbar: In der nun ausbrechenden
schweren Parteikrise um den ÖGB-Präsidenten und Innenminister
stellte er sich lange Zeit hinter Olah. Mit ihm teilte er die Absicht,
die FPÖ als reale Alternative zum Koalitionspartner ÖVP aufbauen
zu wollen. Von ihm trennte Kreisky die Skrupellosigkeit, mit der
Olah – notfalls auch auf Kosten der Gesamtpartei – seine persönliche Macht ausbauen wollte: »Das Beispiel Olah hat aber Kreisky
zweifellos auch die Grenzen politischen Machertums aufgezeigt.
Das Scheitern Olahs war letzten Endes, so Kreisky später, in dessen
moralischer Schrankenlosigkeit begründet« (Wolfgang Petritsch).
Paul Blau, damals im ÖGB tätig und danach von Kreisky zum
»AZ«-Chefredakteur ernannt, schrieb 1999: »Überrascht war ich
von Bruno Kreisky, der ihm bis zuletzt die Stange hielt, um dann, als
Olah unter anderem wegen des Missbrauchs von Gewerkschaftsgel-
dern aller Funktionen enthoben wurde, laut seine tiefe Enttäuschung
über den Freund kundzutun. Er hätte es früher tun sollen.« Olah,
1969 gerichtlich wegen der Übergabe von ÖGB-Geld an die FPÖ
verurteilt, gründete die DFP (Demokratisch-Fortschrittliche Partei)
und erreichte bei der Wahl am 6. März 1966 mehr als 150 000 Stimmen, wenn auch kein Mandat (erst bei der Gemeinderatswahl in
Wien 1968 wurden es drei).
Die SPÖ bekam bei der Nationalratswahl nicht nur die Folgen dieses Konflikts zu spüren, auch nicht nur die Konsequenzen ihrer
Fehler in Sachen Fußach (Verkehrsminister Probst wurde von wütenden Demonstranten bedroht, weil er ein Bodenseeschiff partout
»Karl Renner« taufen wollte und nicht »Vorarlberg«), »Kronen Zeitung« (der ÖGB versuchte die mit maßgeblicher Hilfe Olahs neu
gegründete Zeitung nach dessen Sturz unter seine Kontrolle zu bringen) und KPÖ-Unterstützung (Pittermann distanzierte sich nicht
von deren Wahlunterstützung). Sie bekam auch einen Denkzettel für
die Abnützung des Koalitionsmodells und für die seit 1962 einsetzende Stagnationsphase in der Wirtschaft: Die Wachstumsrate des
Bruttonationalprodukts ging zwischen 1955 und 1967 von 11,1 auf
2,6 Prozent zurück. Nach der schweren Niederlage bei der Nationalratswahl 1966 (die ÖVP erhielt mit 48,3 Prozent der Stimmen eine absolute Mehrheit, die SPÖ sank auf 42,6 Prozent) musste sich
die SPÖ einer ungewohnten Frage stellen: Koalition oder Oppositi-

on. Zum Unterschied vom angeschlagenen Parteivorsitzenden Pittermann, dem mächtigen Minister Karl Waldbrunner und dem ÖGB-Präsidenten Anton Benya warnte Kreisky vor dem Gang in die Opposition, wie er im zweiten Band seiner Memoiren widerwillig zugesteht: »Ich gebe zu, dass ich auf dem außerordentlichen Parteitag am 15. April einen entscheidenden Fehler begangen habe, indem ich meine Bereitschaft, mit der Partei in die Opposition zu gehen, nicht deutlich unterstrich.« Kreisky bildete mit Pittermann und dem steirischen Parteivorsitzenden Alfred Schachner-Blazizek das Verhandlungsteam der SPÖ, musste aber bald einsehen: »Klaus, der zu einer gewissen Versöhnlichkeit neigte, jedenfalls nach außen hin, war von dem damals sehr mächtigen Generalsekretär der ÖVP, Hermann Withalm, offenbar überzeugt worden, dass es gar keinen Sinn hätte, unter den gegebenen Umständen eine Koalition fortzusetzen.« Die SPÖ begab sich nun auf die Suche nach einem neuen Parteivorsitzenden. Pittermann wurde im Sommer 1966 durch einen »schweren Nervenzusammenbruch« (Kreisky) weiter geschwächt, Waldbrunner, der Favorit des ÖGB, lehnte aus Gesundheitsgründen ab. Kreisky wurde von mehreren Bundesländerorganisationen forciert, stieß aber auf Widerstände, die Kreisky in seinen Memoiren so schildert: »Ich selbst hielt mich zurück, weil ich der Meinung war, dass bei der Neigung vieler Österreicher, Menschen nach ihrer religiösen Herkunft zu beurteilen, meine Wahl eine Belastung für die Partei darstellen würde. Zwar hatte ich mich immer mit dem österreichischen Volk identifiziert, aber ich wusste um antisemitische Tendenzen und wollte meiner Partei nicht im Wege stehen. ... Als ich Christian Broda, den ich für einige Funktionen vorgeschlagen hatte, unter anderem auch zum Justizminister, die Frage stellte, warum er denn einen der Kandidaten – ich will seinen Namen nicht nennen – für besser halte als mich, zuckte Broda nur die Achseln und meinte, es wäre eben manchem sehr Einflussreichen in der Partei jeder andere lieber als ich. Ich wusste Bescheid.« Tatsächlich gab es auch in der Sozialdemokratie antisemitische Tendenzen: Der spätere Sozialminister Anton Proksch hat nach den Erinnerungen Buttingers nach dem Februar 1934 über die »AZ-Juden« geschäumt und Innenminister Oskar Helmer war ein ausgewiesener Antisemit (»Jud, komm mit«, soll er Kreisky einmal nur halb im Scherz zugerufen haben). In einem Erinnerungsband für Bruno Pittermann gab Kreisky 1985, zwei

Jahre nach dessen Tod, zwar eine »leichte Trübung unseres Verhältnisses« zu, nachdem er den Parteichef im Sommer 1966 in den freimütigen »AZ-Sommergesprächen« kritisiert hatte (sie sollten dem Chefredakteur Franz Kreuzer seinen Posten kosten), bestreitet aber jede prinzipielle Gegnerschaft sowie das Pittermann zugeschriebene Wort, das Ende der Ära Kreisky werde ein Ende mit Schrecken sein (»Erfindung bösartiger Journalisten«). Wie hart die Auseinandersetzung um die Nachfolge Pittermanns geführt wurde, zeigt eine von Kreisky geschilderte Episode: Zuerst wurde ihm während der Erkrankung Pittermanns als immerhin stellvertretendem Parteivorsitzenden vom Zentralsekretär Gratz im Auftrag Waldbrunners verboten, Pittermanns Zimmer zu benutzen, dann praktisch ein Hausverbot für die Löwelstraße erteilt – Kreisky zog in die nahe liegende Parteizentrale der niederösterreichischen SPÖ, deren Landesvorsitzender er seit Juni 1966 war.

Trotz aller Widerstände wurde Bruno Kreisky am 1. Februar 1967 zum neuen Vorsitzenden der SPÖ gewählt. Es war keine leichte Geburt: Pittermann hatte in einer verbitterten Abschiedsrede zu Gunsten von Hans Czettel auf eine neuerliche Kandidatur verzichtet, der damals 44-jährige Nachfolger Olahs als Innenminister sollte einen Generationssprung verkörpern. Ihm sprang Benya mit einer Brandrede gegen Kreisky bei und beschuldigte ihn indirekt, interne Differenzen in die Öffentlichkeit getragen zu haben. Bei der ersten Wahl zum Parteivorstand erhielt Czettel zwar mehr Stimmen als Kreisky, im neu gewählten Leitungsgremium hatte Kreisky dann aber eine stabile Mehrheit: Mit 32 von 54 Stimmen wurde er den Delegierten zum Obmann vorgeschlagen, die ihn dann auch mit 347 von 497 Stimmen bestätigten. Kreisky hatte die Mehrheit der Bundesländer hinter sich gebracht, gegen ihn waren die Gewerkschafter und ein Teil der Wiener SPÖ. Es gelang ihm bald, die meisten Gegner zu versöhnen: Benya wurde einer seiner engsten Verbündeten, Czettel sein Nachfolger als Obmann der niederösterreichischen Partei, für Olah setzte er nach dessen Haftentlassung die Auszahlung einer Ministerpension durch.

Der Großbürger und Diplomat Kreisky war auch der richtige Mann, Erneuerungssignale an die Wähler zu senden, die SPÖ zu öffnen und ihr auch Wirtschaftskompetenz zu verschaffen: Unter Beiziehung von 1400 Experten, darunter viele parteiunabhängige, entstand ein »Programm für Österreich«, Grundlage für den kommenden Wahlkampf. Der Außenpolitiker Kreisky attackierte die Regierung Klaus wegen ihrer angeblichen Untätigkeit während der Tschechoslowakei-Krise im August 1968 – in seinen Erinnerungen schildert Kreisky das Unverständnis von Klaus, als er ihn zur Mobilisierung eines Volkswiderstandes gegen einen möglichen Angriff der Truppen des Warschauer Paktes auch gegen Österreich aufforderte. Der Agnostiker Kreisky hatte auch kein Problem mit einer endgültigen Aussöhnung der SPÖ mit der katholischen Kirche, stand ihm doch mit Kardinal Franz König ein ebenso offener wie kluger Partner gegenüber, den viele Konservative dafür gleich als »roten Kardinal« titulierten. Und der Antikommunist Kreisky distanzierte sich mit der »Eisenstädter Erklärung« von 1969 von jeder, auch nur indirekten Annäherung zwischen SPÖ und KPÖ. Kreisky-Biograf Karl Heinz Ritschel: »Es war faszinierend zu beobachten, wie sich die Partei in der Oppositionsrolle regenerierte und zu welchem Kraftaufwand sie bei der Nationalratswahl 1970 fähig war.«

Der nach schwedischem Vorbild in Angriff genommene Liberalisierungsprozess machte sich für die SPÖ bald bezahlt. Sie gewann bei allen Landtagswahlen während der ÖVP-Alleinregierungszeit hinzu und konnte erstmals in ihrer Geschichte eine Mehrheit im Bundesrat erringen. Der soziale Strukturwandel kam ihr ebenso zugute wie die schlechte Konjunktur: Die Zahl der Selbstständigen nahm ab, die der Unselbstständigen zu, Finanzminister Stephan Koren verkündete einen unpopulären »Paukenschlag« zwecks Eindämmung des – nach heutigen Begriffen ohnehin niedrigen – Budgetdefizits. Die SPÖ und der von ihr dominierte ÖGB wandten erstmals auch das noch relativ neue Instrument eines Volksbegehrens an: Fast 900 000 Menschen unterschrieben 1969 die Forderung nach Einführung der 40-Stunden-Woche. Sie nutzte auch die in Österreich nur schwachen Ausläufer der internationalen Studentenproteste gegen den Krieg der USA in Vietnam sowie gegen autoritäre Gesellschaftsstrukturen und überholte Lebensmuster, obwohl sie kurzfristig damit zu kämpfen hatte: Nachdem eine Maifeier der Wiener SPÖ am 1. Mai 1968 durch Diskussionsmeldungen sozialistischer Studenten »gestört« worden war, kam es zu Zusammenstößen, weil der überforderte Wiener Bürgermeister Bruno Marek die Polizei zu Hilfe gerufen hatte. Längerfristig nutzte aber der Wunsch nach einer Demokratisierung Österreichs den Sozialdemokraten unter Kreisky: Sie konnten sich vor der Wahl gegenüber einer auch personell uneinigen Regierungspartei als Kraft der Erneuerung und Modernisierung präsentieren, die Österreich liberaler und »europareif« zu machen versprach. Dazu nahm Kreisky auch direkte Anleihen bei 68er-Bewegung: Entwaffnend etwa sein Vergleich, Pornografie sei ihm lieber als Waffen, denn die habe im weitesten Sinn etwas mit der Erzeugung von Leben zu tun, Letztere aber mit der Vernichtung desselben; eine charmantere Version des Spruchs von Herbert Marcuse, obszön sei nicht eine nackte Frau mit ihren Schamhaaren, sondern ein Offizier in vollem Wichs.

Im Wahlkampf 1970 war nur ein antisemitisch zu interpretierender Ton zu hören: Die ÖVP plakatierte ihren Spitzenkandidaten Klaus als »echten Österreicher«, zumindest eine indirekte Gegenüberstellung zum jüdischen Exilanten Kreisky. In dessen Erinnerungen war dies eine logische Frontstellung, die sich bereits bei seiner Ernennung zum Außenminister gezeigt habe: »Ich war in ihren Augen ganz der Antityp: ein bewusster Intellektueller, seit Jahrzehnten in der Arbeiterbewegung verwurzelt, ein Mann jüdischer Herkunft. Die ÖVP war schließlich die Nachfolgerin der sich oft als antisemitisch gebenden Christlichsozialen Partei.« Das war bereits im Wahlkampf 1966 hörbar geworden, als der niederösterreichische ÖVP-Abgeordnete Scheibenreif Kreisky einen »Saujuden« nannte, wofür sich Hermann Withalm im Parlament entschuldigte: »Lassen Sie mich hier in einer vielleicht ungewohnten Offenheit einmal Folgendes aussprechen: Jude zu sein ist kein Privileg, aber noch weniger eine Schande.« Auch noch als Kanzler wurde Kreisky einmal im Nationalrat von zwei betrunkenen Abgeordneten der Volkspartei entsprechend angeflegelt. Josef Klaus ist heute dieses Plakat von 1970 sichtlich unangenehm. Bereits Mitte der sechziger Jahre hatte er Kreisky zu sich gebeten, nachdem ein auch von ihm unterzeichnetes antisemitisches Flugblatt aus dem Jahr 1932 bekannt geworden war (»Die deutschen Studenten anerkennen nur deutsche Lehrer als ihre Führer.«). Kreisky: »Klaus meinte, es dränge ihn, mir zu sagen, dass das eine Jugendsünde gewesen und dass er heute kein Antisemit, sondern ein Philosemit sei. Ich erinnerte ihn an das Wort Masaryks, der Antisemit hasse die Juden, der Philosemit liebe sie mehr als notwendig.«

Insgesamt ging das Wahlkampfkonzept Bruno Kreiskys auf: Die SPÖ erhielt am 1. März 1970 zum dritten Mal in der Geschichte der Zweiten Republik eine relative Mehrheit der Stimmen (48,4 Prozent), mit 81 Abgeordneten aber erstmals auch eine Mehrheit an Mandaten. Die ÖVP erzielte 44,7 Prozent und 79 Mandate, die FPÖ 5 (bei einer Nachwahl in drei Wiener Wahlkreisen wanderte dann noch ein Sitz von der Volkspartei zu den Freiheitlichen). Die Stunde des genialen Taktikers Bruno Kreisky war gekommen: Bereits in der Wahlnacht verhandelte er mit FPÖ-Obmann Friedrich Peter, wie dieser in Hugo Portischs »Österreich II« schilderte: »Etwa um mitternächtlicher Stunde rief Dr. Jankowitsch an, damaliger Kabinettschef von Dr. Kreisky, und fragte mich, ob ich Lust zu einem Gespräch mit Dr. Kreisky hätte. Und so kam es am 2. März um 1.30 Uhr in der Früh zu dieser Begegnung. Ich war völlig niedergeschlagen, hörte aber plötzlich erstaunt zu, als Kreisky sagte: ›Ihnen ist von Pittermann Unrecht geschehen, Ihnen ist etwas zugesagt worden, was Pittermann nicht gehalten hat. Sie bekommen die Wahlrechtsreform ohne Gegenleistung.‹« Bald darauf sicherte Kreisky Peter, der 1963 für die Unterstützung der SPÖ während der Habsburg-Krise tatsächlich um eine Gegenleistung umgefallen war, als Preis für eine Unterstützung der FPÖ noch zwei weitere Dinge zu: den Botschafterposten in Bonn und jenen des Rechnungshofpräsidenten. Die von Bundespräsident Jonas beauftragten Koalitionsverhandlungen mit der ÖVP scheiterten bald, auch am internen Widerstand in der Volkspartei, deren Ruder Klaus gleich nach dem Wahltag an Hermann Withalm übergeben hatte.

Am 21. April 1970 wurde Kreisky als Kanzler einer SPÖ-Alleinregierung angelobt, das Team war eine Mischung aus Alt und Jung, aus Kreiskys Wunschvorstellungen und seinen Konzessionen an parteiinterne Kräfteverhältnisse: Der Gewerkschafter Rudolf Häuser wurde Sozialminister und Vizekanzler (Ende März 2000 schied er unter tragischen Umständen aus dem Leben), Broda, dem Kreisky wegen seiner KP-Vergangenheit stets misstrauisch gegenüberstand, wurde wie schon zwischen 1960 und 1966 Justizminister, Leopold Gratz Unterrichts-, der Steirer Otto Rösch Innen- und sein Landsmann Josef Moser Bautenminister, der Kärntner Erwin Frühbauer Verkehrs-, sein Landsmann Johann Öllinger Landwirtschaftsminister, AK-Direktor Josef Staribacher Handels- und Brigadier Johann

Freihsler Verteidigungsminister (er wurde 1971 durch den sich bald als politischen Fehlgriff erweisenden Karl Lütgendorf ersetzt), Hertha Firnberg, seit 1967 Vorsitzende der SPÖ-Frauen, Chefin im neuen Wissenschaftsministerium. Zwei Posten wurden besonders überraschend besetzt: Als Außenminister kam der parteilose Rudolf Kirchschläger, 1968 österreichischer Gesandter in Prag, erster Vertreter der von Kreisky geschätzten »Blutgruppe null«. Und nachdem Wiens damaliger SPÖ-Vizebürgermeister Felix Slavik abgesagt hatte, präsentierte Kreisky einen wenig bekannten Finanzminister: Hannes Androsch, damals 32-jähriger Abgeordneter zum Nationalrat. Staatssekretäre wurden Ernst Eugen Veselsky (für die Verstaatlichte Industrie im Bundeskanzleramt) und Gertrude Wondrak (im Sozialministerium).

Im Lichte der Waldheim- und Haider-Auseinandersetzungen, aber auch wegen der aktuellen Debatte um »braune Flecken« in der SPÖ und den beiden anderen Parteien interessant: Vier von 15 Mitgliedern dieser ersten Regierung Kreisky waren Mitglieder der NSDAP, eines davon sogar bei der SS: Öllinger, den Kärntens Landeshauptmann Hans Sima Kreisky erst während der überstürzten Regierungsbildung vorgestellt hatte, zog sich nach Bekanntwerden dieser Tatsache nach wenigen Monaten »krankheitshalber« zurück, sein Nachfolger Oskar Weihs war »nur« bei der NSDAP Mitglied gewesen. In diesem Punkt hat Kreisky stets wenig Sensibilität bewiesen: Er stellte sich nicht nur hinter geläuterte Ex-Nazis, sondern verfolgte deren und seine diesbezüglichen Kritiker mit unfairen Argumenten. Ein Produkt wohl seiner eigenen Biografie, aber auch ein Produkt einer lang dauernden Allianz: Den jüdischen Exilanten Kreisky verband mit dem damaligen FPÖ-Obmann Friedrich Peter, einem ehemaligen Angehörigen der Waffen-SS, große Sympathie – diesen glaubwürdig Geläuterten hat Kreisky mehrfach auch gegen heftige Angriffe von »Nazi-Jäger« Simon Wiesenthal verteidigt, selbst mit ehrenrührigen, nachweislich falschen Attacken auf dessen angebliche Kollaboration mit den Nazis (»Er hat mit der Gestapo eine andere Beziehung gehabt als ich«). Peter, dessen politisches Lebensziel die Herstellung der Regierungsfähigkeit der FPÖ – nicht zuletzt durch die Entnazifizierung seiner Partei – war, ist zugleich erfolgreich und erfolglos geblieben: Am Ende der 13-jährigen, anfangs gerade auch durch ihn ermöglichten Kreisky-Ära stand zwar eine kleine Koalition zwischen SPÖ und FPÖ; sie scheiterte aber bald, vor allem auch wegen der Rückentwicklung der Freiheitlichen ins äußerste rechte Eck des Parteienspektrums. Peter selbst, dessen Wahl zum Nationalratspräsidenten durch die 1975 von Wiesenthal aufgedeckte Mitgliedschaft in der Waffen-SS scheiterte, trat schließlich 1992 aus Protest gegen Jörg Haiders Kurs aus der Partei aus, der er von 1958 bis 1978 als Bundesobmann vorgestanden war. Mit Wiesenthal hat sich Kreisky trotz Vermittlungsversuchen seines engen Freundes, des jüdischen Industriellen Karl Kahane, bis zu seinem Lebensende nicht versöhnt, »mit Ausnahme von Hannes Androsch hat kein anderer Mensch die leidenschaftliche Ablehnung Kreiskys so deutlich zu spüren bekommen« (Petritsch).

Sonst aber war der menschliche wie politische Stil Kreiskys geprägt von seiner ehrlichen, jeglicher Anbiederung und jeglichem Zynismus fernen Sympathie für die »kleinen Leut'« und die »Bewegung«, für die er ins Gefängnis gegangen war, welcher der Sohn aus großbürgerlichem Haus aber auch sein Weltbild und seine Weltbildung zu verdanken hatte. Dass er stolz darauf war, auch als Bundeskanzler seine Telefonnummer im amtlichen Verzeichnis zu belassen und solcherart fast jeden Frühstücksmorgen private Demoskopie betreiben zu können, passte ebenso zu diesem Befund wie seine Verfügbarkeit für »die Partei«. Niemals war er sich für ein Referat bei einer Sektion oder Gewerkschaftsgruppe zu schade, wenn er absagen ließ, geschah dies stets aus Terminnot. Dabei wusste er, wie wichtig es war, die noch aus Zeiten der Illegalität stammenden Parteistrukturen zu öffnen, zu modernisieren. Aber auch, wie wichtig für eine Partei historischen Zuschnitts die Dialogfähigkeit mit unbequemen, ungebundenen Künstlern und Intellektuellen ist. Dazu nahm er später Anleihen bei zentralen Anliegen der 68er-Bewegung: das Bedürfnis nach Demokratisierung der Gesellschaft, nach Emanzipation von tradierten Geschlechterrollen, nach einem Bruch mit den Nachkriegswerten.

Bruno Kreisky nutzte die Zeit, die Friedrich Peters FPÖ seiner Minderheitsregierung durch ihre einmalige Zustimmung zu einem Budget gewährt hatte. Bis zur nächsten Wahl am 10. Oktober 1971 wurde eine Reihe populärer Reformen verwirklicht: ein »Startgeld« für junge Ehepaare, die Abschaffung der Hochschultaxen, die Herabsetzung der Volljährigkeit auf die Altersgrenze von 19 Jahren, die Kür zung des Grundwehrdienstes auf sechs Monate und 60 Tage Waffenübungen (einer der populärsten Wahlslogans von 1970 hatte »Sechs Monate sind genug« gelautet). 1971 konnte die SPÖ gleich zwei Siege feiern: Der amtierende Bundespräsident siegte im April über den ÖVP-Kandidaten Kurt Waldheim, bei der Nationalratswahl gewann sie mit dem zentralen Slogan »Lasst Kreisky und sein Team arbeiten« gegenüber dem Vorjahr 1970 60 000 Stimmen dazu, während die ÖVP 80 000 verlor. Die SPÖ hatte mit 50,04 Prozent der Stimmen und damit 93 Mandate der insgesamt von 165 auf 183 erhöhten Gesamtzahl errungen – erstmals eine absolute Mehrheit der Parlamentssitze.

Nun konnten weitere Reformen umgesetzt werden, auch eine parteiintern umstrittene: Bei einem Parteitag im April 1972 in Villach setzten die sozialistischen Frauen die Reform des lange bekämpften Paragrafen 144 durch; die bis dahin absolute Strafbarkeit eines Schwangerschaftsabbruches wurde durch die heute noch gültige Fristenlösung (Straffreiheit bei Abtreibungen während der ersten drei Monate) ersetzt und nicht durch die von Justizminister Broda vorgesehene Indikationenlösung (Straffreiheit nur unter bestimmten Voraussetzungen). Dieses auf heftigen Protest der katholischen Kirche stoßende Gesetz (ein Volksbegehren der »Aktion Leben« dagegen bekam 19/6 900 000 Unterschriften) trug auch nicht wirklich Kreiskys Handschrift (Hannes Androsch in der von Liselotte Palme verfassten Biografie über ihn: »Kreisky hat zu diesem Thema eine übervorsichtige Position vertreten, taktisch wahrscheinlich, weil er die Kirche nicht vergrämen wollte.«). Das galt auch für manch andere Reformen im Justizbereich, für die Christian Broda verantwortlich zeichnete: Die Entkriminalisierung der Homosexualität unter Erwachsenen und die Beseitigung der Diskriminierung unehelicher Kinder (1971), die große Strafrechtsreform von 1975 (Zurückdrängung kurzer Freiheitsstrafen durch sozial gestaffelte Geldstrafen, Ausbau der bedingten Verurteilung und Entlassung und der Bewährungshilfe) sowie die Familien- und Eherechtsreformen aus den Jahren 1976 und 1978, mit denen unter anderem die gleichberechtigte Partnerschaft in der Ehe und ein zeitgemäßes Scheidungsverfahren festgeschrieben wurden.

Bruno Kreisky stand anderen Eckpfeilern seiner Reformpolitik näher: Der 1971 ins Unterrichtsministerium gekommene Burgenlän-

der Fred Sinowatz (Gratz wechselte als Klubobmann in den Nationalrat) profilierte sich als Schulreformer: Die Budgets für Schulbauten und -personal wurden bis 1979 vervierfacht, Schulfahrten und Schulbücher kostenlos, das Schulunterrichtsgesetz verankerte 1974 die Partnerschaft von Lehrern, Eltern und Schülern. Unter der Verantwortlichkeit Hertha Firnbergs wurde 1975 das Universitätsorganisationsgesetz (UOG) geschaffen, das der alten Ordinarienuniversität durch kräftige Demokratisierungsschritte das Lebenslicht ausblies. Hannes Androsch schaffte die Einführung der Mehrwertsteuer (beschlossen Anfang 1972), die dem 1971 neu geschaffenen Gesundheits- und Umweltministerium vorstehende Primaria Ingrid Leodolter Ende 1973 den Mutter-Kind-Pass und die damit verbundene Geburtsbeihilfe. Weitere Marksteine der von Kreisky zentral als »Demokratisierung aller Lebensbereiche« kommunizierten Liberalisierung Österreichs, die das Land auch sozial durchlässiger machte: Ein mitbestimmungsorientiertes neues Arbeitsverfassungsgesetz und die Einführung des Zivildienstes als Alternative zum »Dienst mit der Waffe«. Auch das Parteiengesetz von 1975 (mit der Förderung der Bildungs- und Öffentlichkeitsarbeit legitimierter Parteien) und die neu eingeführte Presseförderung passte zum Demokratisierungsanspruch der Regierung. Freilich gab es für Kreisky und die SPÖ auch lokale Rückschläge: Im Herbst 1972 inszenierten deutschnationale Extremisten um den »Kärntner Heimatdienst« einen »Ortstafelsturm« gegen die slowenische Minderheit und bedrohten auch den herbeigeeilten Kanzler, der sich ihnen mutig zur Debatte in den Weg gestellt hatte. Politisch musste er dennoch klein beigeben und der von ÖVP und FPÖ geforderten, dann völlig aussagelos bleibenden »Minderheitenfeststellung« zustimmen, Landeshauptmann Hans Sima trat zurück. Und in Wien stolperte Bürgermeister Felix Slavik im Mai 1973 über eine Volksabstimmung zur Verbauung des »Sternwarteparks«: Nach einer Kampagne der »Kronen Zeitung« sprach sich eine Mehrheit gegen dessen teilweise Verbauung aus, Gratz wurde neuer Wiener Bürgermeister. Auf Bundesebene blieb die SPÖ aber erfolgreich, immer mehr Menschen waren bereit, »ein Stück des Weges« mit Kreisky zu gehen – dies war eine zentrale Parole, mit der der rote Kanzler ausdrücklich nichtsozialistische Wähler ansprach.
Am 4. Oktober 1975 errang die SPÖ unter Führung Kreiskys, der im Wahlkampf den neuen ÖVP-Obmann Josef Taus auch beim ers-

ten Fernsehduell der Zweiten Republik klar beherrscht hatte, neuerlich eine absolute Mehrheit, sie gewann 0,4 Prozent dazu, die Mandatsverteilung blieb gegenüber 1971 völlig gleich. Kreisky wurde auch von deklariert nichtsozialistischen Journalisten – bisweilen ironisch verbrämt – hofiert: »Der gute Vater für alle, der Habsburg-Versöhner und Radikalenzähmer, der Blutgruppe-Null-Erfinder und Terroristenvertreiber, der Industriellenbezirzer und Karajan-Heimholer. Kreisky, der Triumphator 1975« (»Kurier«). Im selben Jahr reflektierte Peter Michael Lingens, mit Kreisky wegen der Wiesenthal-Causa zutiefst verfeindet, im »profil« eine kritische und im letzten Punkt übers Ziel schießende Analyse des damals weit über die SPÖ hinauswirkenden »Kreisky-Fiebers«: »Kreisky ist eine Religion. Ungläubige sind Ketzer. Ketzer ist nicht erst der, der Kreisky leugnet, sondern bereits der, der an ihm zweifelt. … Kreiskys Faszination könnte etwas zu tun haben mit der Identitätskrise des Bürgertums. Mit der Instabilität der gesellschaftlichen Verhältnisse. Mit der katholischen Vorliebe fürs Barocke. Mit Untertänigkeit und Untertanenliebe für den Kaiser. Und mit der latenten Neigung Österreichs zum Faschismus.« Bis Ende der siebziger Jahre ging die Reformpolitik noch weiter: 1977 wurde der Mindesturlaub auf vier Wochen im Jahr verlängert, 1978 ein neues Kindschafts- und Eherecht beschlossen, 1979 die Arbeiterabfertigung und das Gleichbehandlungsrecht; dann war vor allem jene liberale »Nachziehpolitik« im Justiz-, Familien- und Bildungsbereich (dem gesellschaftlichen »Überbau«) beendet, die in Ländern mit erfolgreichen bürgerlichen Revolutionen kein Thema mehr zu sein schien.

Schon ab Mitte des Jahrzehnts verschob sich das Schwergewicht des von Kreisky oft und gern zitierten »österreichischen Wegs« in den »Unterbau«, zur Wirtschaftspolitik. 1974, nach Ende der Hochkonjunktur (die Kreiskys erste Erfolge begünstigt hatte), sollte die im Gefolge der Ölpreiskrise von 1973 mit ihrem vorgeschriebenen autolosen Tag pro Woche sichtbar gewordene internationale Wirtschaftskrise von Österreich möglichst fern gehalten werden. Zentrales Instrument dabei: der 1978 vom Wirtschaftsforscher und späteren Finanzstaatssekretär Hans Seidel nachträglich so titulierte »Austrokeynesianismus«. Bereits im Sommer 1973 hatte Kreisky vor einer »Prosperitätseuphorie« gewarnt, das Budget für 1974 enthielt erste antizyklische Züge. Tatsächlich brachte die von Kreisky und

Androsch vertretene Politik des »deficit spending« – Sicherung der Vollbeschäftigung durch staatliche Investitionen in die Infrastruktur des Landes (Straßen, Schulen, Bahn) sowie die Vergabe öffentlicher Fördermittel für in- und ausländische Investoren um den Preis eines wachsenden Budgetdefizits – Österreich besser durch die Krisen der siebziger Jahre als andere vergleichbare Länder: Die Arbeitslosenrate stieg zwischen 1975 und 1981 nur von 1,7 auf 2,1 Prozent (bei den anderen europäischen OECD-Ländern hingegen von 4,8 auf 8,2 Prozent), die stabile Sozialpartnerschaft garantierte regelmäßige Lohnzuwächse, ließ aber auch keine Umverteilung zu – die Einkommensverteilung zwischen »oben« und »unten« blieb konstant, ebenso die Relation zwischen den Unternehmensgewinnen und der Lohnrate.

Ein Zitat Kreiskys, für das ihn Kritiker noch heute geißeln, war damals regelmäßig umjubelter Höhepunkt all seiner Reden: »Mir bereiten ein paar Milliarden mehr an Schulden weniger schlaflose Nächte als ein paar tausend Arbeitslose mehr.« Petritsch rechtfertigt dieses in der zweiten Phase der Ära Kreisky zunehmend in den Vordergrund tretende Prinzip so: »Die akkumulierten Staatsschulden der dreizehnjährigen Ära Kreisky sind in etwa gleich groß wie der in den folgenden fünf Jahren aufgehäufte Schuldenberg. Dabei sind die qualitativen Aspekte der Regierungspolitik – Stichwort Arbeitsplatzpolitik – überhaupt noch nicht berücksichtigt.«

Dieser Aspekt der Ära Kreisky ist eng mit der Person Hannes Androsch verbunden. Der junge Finanzminister konnte bis 1972 noch fast ausgeglichen bilanzieren, 1973 riss die Ölkrise ein großes Loch in den Staatssäckel: Das Budget wies plötzlich ein Minus von 1,3 Prozent auf. Aus dieser internationalen Not versuchte das Duo Kreisky & Androsch eine heimische Tugend zu machen, eben die Phase des budgetexpansiven »Austrokeynesianismus«: 1975 kletterte das Nettodefizit auf 4,5 Prozent des Sozialprodukts, 1976 auf 4,6 Prozent. Der Inflationsfalle sollte die Hartwährungspolitik entgegenwirken, sichtbar an der seit 1976 gültigen Bindung des Schillings an die Deutsche Mark statt der früher europaweit üblichen Orientierung am Dollar. Nach Überwindung der Rezession 1975 – erstmals war das Bruttoinlandsprodukt gesunken, um 0,4 Prozent – kam es zwischen den beiden Politikern diesbezüglich zu einer ersten sachlichen Differenz: Androsch wollte wie Benya und Waldbrunner, damals Vizepräsident der Nationalbank, eine fixe Bindung an die Mark,

Kreisky einen flexibleren Kurs des Schillings, um die Vollbeschäftigungspolitik auch exportseitig abstützen zu können. 1977 erlitt Kreisky eine erste öffentlich registrierte Niederlage: Androsch widersetzte sich im Bündnis mit ÖGB und Nationalbank erfolgreich der von Vertretern der Exportwirtschaft unterstützten Absicht Kreiskys, den Schilling abzuwerten. Dazu kam ein erster persönlicher Rückschlag: Der extrem misstrauische Kanzler war höchst irritiert, als ihn 1974 Firnberg, Gratz und Androsch nach dem Tod von Franz Jonas zur Kandidatur für das Amt des Bundespräsidenten überreden wollten; er fasste das als Versuch auf, ihn vom Kanzlerposten wegzuloben, und verwies ungehalten auf seinen – dann höchst erfolgreichen – Plan, Rudolf Kirchschläger für dieses Amt nominieren zu lassen. Noch misstrauischer wurde er, als er wenig später eine gemeinsame Eintragung von Gratz und Androsch – die sich für den heiklen Termin vorbesprechen wollten – im Gästebuch des Wiener »Lusthauses« fand. Liselotte Palme in der Androsch-Biografie: »Als ihm dann noch hinterbracht wurde, Anton Benya wäre für den Fall seiner, Kreiskys, Bereitschaft zur Präsidentschaftskandidatur dafür eingetreten, Gratz zum Parteiobmann und Androsch zum Kanzler zu machen, fühlte er sich in seinem Verdacht vollends bestätigt.«

Die ersten Wolken verzogen sich, zumindest scheinbar, wie Hugo Portisch meint: »Wenn ein Ziehsohn in die Phase kommt, wo der Ziehvater seiner nicht mehr ganz sicher ist, dann versucht der Ziehvater zunächst einmal, den Ziehsohn doppelt und dreifach zu umarmen.« 1976 machte Kreisky Androsch zu seinem Vizekanzler (Rudolf Häuser wurde ebenso unschön »entsorgt« wie später Veselsky und Leodolter: Kreisky verweigerte ein direktes Gespräch und ließ ihnen die Demontage via Medien mitteilen), 1977 kam er in den Genuss eines seltenen Privilegs: Der Kanzler lud seinen Vize zum kurzen Sommerurlaub ins Häuschen nach Mallorca ein. Die Zeitungen waren sich sicher: Androsch war dadurch endgültig zum »Kronprinzen« gereift, eine Bezeichnung, die ihm ebenso wenig gut tat wie Leopold Gratz, den der »Sonnenkönig« (diese Bezeichnung wählte der katholische Journalist Kurt Vorhofer erstmalig 1971) dann fast ebenso rüde verstieß wie Androsch. In diesem Jahr erhob dieser offen seinen Anspruch auf den hoch dotierten Posten des Nationalbankpräsidenten. »Für Kreisky, den Homo politicus, schien damit klar, wo die wahren Interessen des erst vor kurzem zum Vizekanzler ernannten Androsch lagen« (Petritsch). Erste Berichte über dessen angebliche Verwicklung in den Korruptionsskandal um den Neubau des Wiener Allgemeinen Krankenhauses (AKH) schienen diesen Eindruck zu bestätigen. Dazu kamen noch Vorwürfe, die Androsch und seiner Mutter gehörende Steuerberatungskanzlei »Consultatio« habe während der Amtszeit des Finanzministers überproportional von öffentlichen Aufträgen profitiert und Androsch habe den Bau seiner Villa mit Schwarzgeld finanziert.

Im April 1980 wurde ein parlamentarischer AKH-Untersuchungs-ausschuss eingesetzt, Kreisky versöhnte sich äußerlich ein letztes Mal mit Androsch: Die 1979 auf Betreiben Kreiskys verschärften Unvereinbarkeitsbestimmungen für SPÖ-Funktionäre (Regierungs-mitglieder im Bund und in den Ländern dürften nicht gleichzeitig Wirtschaftsfunktionen ausüben, die Ausübung von mehr als zwei bezahlten Funktionen bedürfe einer Extra-Genehmigung durch den Parteivorstand) sollten auch für die anderen Eigentümer der And-rosch-Kanzlei gelten, die »Consultatio« keine öffentlichen Aufträge mehr annehmen. Der Friede war von kurzer Dauer. Bei einer parla-mentarischen Sondersitzung im August 1980 verteidigte Kreisky Androsch nur mehr gezählte 54 Sekunden gegen die ÖVP, gleich darauf verkündete er ein »Zehn-Punkte-Programm zur Sauberkeit im öffentlichen Leben und zur rigorosen Trennung zwischen Politik und Geschäft«. Androsch lenkte ein letztes Mal ein, verkündete die Bereitschaft, seine Kanzlei ganz zu verkaufen – und trat am 1. Jänner 1981 zurück. Am 22. Jänner 1981, exakt zu Kreiskys 70. Geburtstag, wurde der Tiroler SP-Chef Herbert Salcher sein Nachfolger als Fi-nanzminister, Fred Sinowatz als Vizekanzler. Androsch wechselte als Vize-General, bald als Generaldirektor in die CA, für ihn machte sein ehemaliger Sekretär Franz Vranitzky den Posten frei. 1989 holte ihn die Causa wieder ein: Nach der gerichtlichen Verurteilung we-gen falscher Zeugenaussage vor dem AKH-Untersuchungsausschuss musste er die Bank verlassen, er agiert seither als erfolgreicher Un-ternehmer und kluger »elder statesman«.

Zeitzeugen dieses mit der tragischen Konsequenz eines griechischen Dramas ablaufenden Konfliktes zwischen den beiden wesentlichsten Protagonisten der Kreisky-Ära versuchen persönliche und politische Motive zu trennen. Der Politologe Norbert Leser, der Ende der siebziger Jahre drei »große A« für die Probleme der SPÖ verantwortlich gemacht hatte (Androsch, AKH und AKW), sucht im Buch Palmes die Schuld ausschließlich bei Kreisky: »Diese Rivalität, dieses Bewusstsein, vom Jüngeren finanziell und lebensstilmäßig überrundet worden zu sein, nagten tief am Selbstgefühl Kreiskys und verstärkten seine Abneigung.« Petritsch sieht das grundsätzlicher: »Die Affäre Androsch konturiert auch den Wertewandel in einer politischen Bewegung, die fast 100 Jahre nach ihrer Gründung zur Staatspartei avanciert war. Die alleinige Übernahme der politischen Macht in diesem Staate durch die SPÖ wurde von manchen allzu unbekümmert aufgenommen. … Die Androsch-Affäre war letztlich auch ein notwendiges Korrektiv für die vom Erfolg teilweise überheblich und kälter gewordene Sozialdemokratie. Kreiskys überbordende Emotionen und persönliche Invektiven – auch das gehört dazu – überdeckten zuweilen das Grundsätzliche der Frage nach der Vermengung von öffentlichem Amt und privaten Interessen. … Er sah sein Lebenswerk bedroht.« Die mit beiden verbundenen Spitzenpolitiker der SPÖ reagierten hilflos. Sinowatz: »Ohne dass man recht begreifen konnte, wie, ist letztlich jeder der Akteure schuldlos schuldig geworden.«

Dieser Konflikt brach bald nach dem größten Triumph Bruno Kreiskys voll aus: 1978 hatte er ein neues Parteiprogramm initiiert, im gleichen Jahr umschiffte er geschickt die Klippe der international umstrittenen Frage der so genannten friedlichen Nutzung der Atomenergie. Kreisky hatte zwar die Parteilinie auf ein »Ja« zur Inbetriebnahme des noch unter ÖVP-Verantwortung beschlossenen Atomkraftwerks Zwentendorf festgelegt, betrieb dann aber angesichts der quer durch alle Partei- und Expertengruppen verlaufenden Fronten eine Volksabstimmung, die ein knappes Nein erbrachte. Kreisky, der während der Kampagne sein politisches Schicksal mit dem des AKW verbunden hatte (die ÖVP ging darauf mehrheitlich auf eine Nein-Linie), ließ sich vom Parteivorstand ein Alleinentscheidungsrecht geben – und blieb auf der politischen Bühne. Nachdem Kreisky so die höchst emotionalisierende Atomenergiedebatte von einer parteipolitischen Entscheidung getrennt hatte, errang er mit der SPÖ bei der Nationalratswahl am 6. Mai 1979 ihren größten Erfolg, den größten einer Partei in der Geschichte Österreichs: Sie erhielt 51,03 Prozent der Stimmen, 95 der 183 Mandate.

Ab nun ging es bergab für Kreisky und sein Team: Sosehr der Kanzler es verstanden hatte, kritische Intellektuelle und eine in den siebziger Jahren nach links driftende Jugend zu faszinieren, ohne ihnen nach dem Mund zu reden, sosehr er sich dementsprechend auch den Neuen Sozialen Bewegungen (NSB) als Gesprächs-, Streit- und Integrationsfigur anbot, konnte er nicht verhindern, dass sich ein Teil von ihnen Anfang der achtziger Jahre nicht mehr »einfingen« ließen. Die traditionellen materialistischen Werte der Aufbaugeneration – Einkommenssteigerung, Ruhe und Ordnung – wurden von postmaterialistischen Zielen ergänzt: Rettung der bedrohten Umwelt, Sicherung des Weltfriedens, Stärkung der Individualität, Selbstverwirklichung und Autonomie – auch gegenüber einem vielfach als einengend empfundenen Sozial- und Wohlfahrtsstaat mit seiner ausufernden Bürokratie, Skepsis gegenüber neuen Technologien und zentraler Machtzusammenballung. Vor diesem Hintergrund erstarkten auch in Österreich Ökologie-, Frauen- und Friedensbewegung sowie lokale Bürgerinitiativen. Kreisky berief nicht zuletzt gegen diese Konkurrenz 1979 vier Frauen als zusätzliche Staatssekretärinnen in seine Regierung (darunter die spätere Ministerin Johanna Dohnal), konnte aber gegen Ende seiner Amtszeit die Kluft zwischen etablierten und außerparlamentarischen Bewegungen nicht mehr so gut schließen wie zuvor, die Geburtsstunde der vor allem die SPÖ konkurrierenden Grünen hatte geschlagen.

Die SPÖ geriet zudem immer tiefer in den Strudel des AKH-Skandals, der Kanzler wurde persönlich geschwächt durch die Affäre Androsch und seine Krankheiten, für deren Anfang er auch den einstigen Lieblingssohn verantwortlich machte, wie er Elisabeth Horvath für ihr Kreisky-Buch schilderte: »Es war anlässlich der Eröffnung des Arlberg-Tunnels 1978. Androsch hatte Gäste im Zürcher Hof geladen. Er ließ sie eineinhalb Stunden warten und kam dann total besoffen herein. Er hat irgendetwas gefaselt: Du bist der Letzte. An diesem Abend habe ich einen Knall gespürt und bin am rechten Auge erblindet. Ich musste 1979 in die Wahl gehen als Blinder – nicht zuletzt wegen Androsch. Dann kam die Nierenkrankheit. Ich musste dialysiert werden. An all dem ist der Androsch schuld, ich musste ja immer meinen Ärger, meinen Groll unterdrücken.« Diese leicht paranoide Einstellung verstärkte sich nach dem Rücktritt Kreiskys 1983 noch. Zeitweilig verfolgte er Sinowatz und dessen Nachfolger Vranitzky mit ähnlich überbordendem Hass, erst gegen

Ende seines Lebens wurde er wieder ruhiger und versöhnlicher – allen gegenüber mit Ausnahme von Androsch. In seiner restlichen Regierungszeit vertrug er – auch höchst solidarische – Kritik kaum mehr und vertraute immer weniger Mitstreitern, am ehesten noch seinem letzten Zentralsekretär Blecha und den Ministern Erwin Lanc (Verkehrs-, Innen-, zuletzt Außenminister) und Herbert Salcher sowie seinem Kabinettschef, dem späteren Minister Ferdinand Lacina.

Entscheidend negativ wirkten sich aber die veränderten Rahmenbedingungen aus: Der Spielraum für einen eigenständigen »österreichischen Weg« wurde immer enger, der des Budgets für antizyklische Politik kleiner. Das Haushaltsdefizit des Bundes stieg zwischen 1981 und 1983 von 2,6 auf 5,4 Prozent, die Arbeitslosenrate kletterte auf mehr als 4 Prozent. Auch international begann das Rollback: Die sozialliberale Ära in der BRD ging zu Ende, in Großbritannien und in den USA begann eine Ära neokonservativer Gesellschafts- und neoliberaler Wirtschaftspolitik. 1982 versuchte die Regierung noch einmal mittels eines Investitionsprogramms für die verstaatlichte und private Industrie durchzustarten, die internationale Hochzinspolitik und der dadurch verzögerte Konjunkturaufschwung erschwerte aber die Abkoppelung von internationalen Trends. Zudem erwies sich ein scheinbarer Ausweg der verstaatlichten Industrie endgültig als Sackgasse: Bereits 1977 hatte Verteidigungsminister Lütgendorf nach illegalen Waffenexporten nach Syrien zurücktreten müssen, Kreisky selbst war dann mit heftigen Protesten gegen Panzerlieferungen der Steyr-Werke nach Chile (die verbot er 1978 noch) und Argentinien (die ließ er zu, erschrak dann aber über die gewaltsamen Auseinandersetzungen zwischen Arbeitern und friedensbewegten Demonstranten vor den Simmeringer Steyr-Werken) befasst; und die von der VOEST-Alpine Ende der siebziger Jahre gegründete Firma »Noricum« wurde nicht nur für viele Manager, sondern auch für manche seiner Mitstreiter zum Sargnagel.

1983 wollte es Bruno Kreisky noch einmal wissen. Ein Ärzteteam hatte grünes Licht für die Kandidatur des mittlerweile 72-Jährigen gegeben, der dreimal pro Woche zur Blutwäsche musste. Mit seinem Finanzminister Salcher legte er ein Konsolidierungsprogramm fürs Budget vor, das von den Medien »Mallorca-Paket« getauft wurde, im Kern eine moderate Steuererhöhung zwecks weiterer Finanzierung des »österreichischen Wegs«. Es sah unter anderem zwei sozial durchaus gerechte Maßnahmen vor: die von den Gegnern »Sparbuchsteuer« titulierte Besteuerung der Zinserträge (die Quellensteuer wurde später wie im restlichen Europa als Kapitalertragsteuer ohne größere Probleme eingeführt) und die verteilungspolitisch ebenfalls sinnvolle Aufhebung der Steuerbegünstigung für das 13. und 14. Gehalt (diese »heilige Kuh« der Österreicher traute sich seither keine Regierung mehr anzutasten). In früheren, besseren Zeiten hätte Kreisky das Programm besser »verkaufen« können, jetzt war er dazu zu krank und müde. Selbst im TV-Duell hatte er seinen neuen und jungen Herausforderer Alois Mock nicht mehr so klar distanzieren können wie dessen Vorgänger Taus. Neben der Quellensteuer war es damals vor allem um den Bau des UNO-Konferenzzentrums gegangen, gegen das die ÖVP mit einem Volksbegehren 1,3 Millionen Unterschriften gesammelt hatte, Symbol dafür, dass ein wachsender Teil der Bevölkerung auch der internationalen Orientierung ihres Kanzlers skeptisch gegenüberstand. Die SPÖ erreichte zwar immerhin 47,8 Prozent der Stimmen und 90 Mandate (die ÖVP 81, die FPÖ 12) – diesmal aber hielt er seine Rücktrittsankündigung: eine neue Koalitionsregierung wollte er sich nicht mehr antun. Die Ära Kreisky ist an diesem 24. April 1983 zu Ende gegangen. Auch ein typischer Coup Kreiskys hatte nichs mehr genutzt: Der damalige Obmann der SP-Jugend, Josef Cap, hatte mit einem erstmals angewandten »Vorzugsstimmenwahlkampf« für sich (und die SPÖ) mehr als 60 000 Stimmen und ein Mandat gewonnen. Die Stimmen kamen aus einem sonst SPÖ-kritischen Milieu, das honorierte, dass Cap am vorhergehenden Parteitag den burgenländischen SP-Chef Theodor Kery als Symbol für Verfilzung und Entideologisierung der SPÖ kritisiert hatte. Cap war daraufhin von einer Mehrheit der Parteitagsdelegierten von der Liste für den SPÖ-Vorstand gestrichen, auch von Kreisky kritisiert, dann aber von ihm zu seiner »Vorzugsstimmenkampagne« motiviert worden.

Für keine Regierungszeit der Zweiten Republik trifft die Bezeichnung »Ära« so zu wie auf jene Kreiskys. Unter ihm ist Österreich zu einem modernen Industriestaat geworden, dessen Eckdaten sein einzig bis heute politisch aktiv gebliebener Mitstreiter, der von ihm dennoch (deshalb?) häufig auch kritisierte heutige Nationalratspräsident Heinz Fischer so bilanziert:

- Das Bruttonationalprodukt hat sich von 1970 bis 1983 von 375 Milliarden Schilling auf 1201 Milliarden Schilling erhöht. Je Einwohner bedeutet dies eine Erhöhung von rund 50 600 Schilling auf 159 100.
- Die Zahl der Beschäftigten in Österreich hat sich im gleichen Zeitraum von 2,3 Millionen auf 2,7 Millionen erhöht.
- Die Spareinlagen haben sich von rund 131 Milliarden auf rund 720 Milliarden Schilling erhöht.
- Die Zahl der Fernsprechanschlüsse hat sich im gleichen Zeitraum von 1,19 Millionen auf 2,41 Millionen erhöht.
- Die Ausgaben für soziale Sicherheit haben sich von 1970 bis 1983 von 7,9 auf 32,5 Milliarden Schilling erhöht, die Sozialquote ist von 21,1 auf 27,1 Prozent angestiegen.
- Die Säuglingssterblichkeit ist im gleichen Zeitraum von 2,6 auf 1,2 Prozent gesunken.

Eine quantitativ beeindruckende Aufzählung. Aber: Diese Fortschritte hätte vermutlich – mit etwas anderer Akzentsetzung – auch eine andere Regierung erreichen können. Was die 13 Jahre unter Kreisky besonders auszeichnete, war die qualitative Klimaveränderung, die er zuließ, förderte, durchsetzte: Der »große Kommunikator« mit seinem besonderen »G'spür« für neue Strömungen und Probleme, für die wachsende gesellschaftliche Bedeutung von Frauen, Künstlern und Intellektuellen, von direkterer Demokratie, Medien und Umweltschutz, hat aus einem besonders verzopften, provinziellen Land ein liberaleres, demokratischeres, weltoffeneres gemacht. Im »Überbaubereich« gelangen dementsprechende Reformen: Das Strafrecht wurde liberalisiert, die Universitäten wurden intern demokratisiert, der Zugang zu ihnen ebenso wie zu den höheren Schulen entprivilegisiert.

Vor allem wurde ein Land selbstbewusster. Es glaubte nicht mehr nur an seine dauerhafte Lebensfähigkeit, sondern auch – bis zur Grenze der Selbstüberschätzung – an seine internationale Bedeutung, an die Möglichkeit, abseits von Energiekrisen und Weltrezessionen, unabhängig vom sich gegen Ende seiner Ära verschärfenden Kalten Krieg einen »österreichischen Weg« zu gehen. Durch die »austrokeynesianischen«, wirtschaftspolitischen Instrumente des antizyklischen »deficit-spending« und den gezielten Einsatz der Verstaatlichten Industrie konnte bis Anfang der achtziger Jahre die Arbeitslosenraten europaweit einmalig niedrig gehalten werden, eine schon aus Gründen der sozialen Stabilität trotz aller negativen Auswirkungen für die folgenden Budgetjahre anerkennenswerte Leistung. Durch die von Kreisky betriebene Aufwertung Wiens zur dritte UNO-Stadt sowie durch das große Gewicht seiner Außenpolitik (vor allem im Nahen Osten) wurde aus einer von der Bevölkerung eher passiv erduldeten Neutralität eine bis heute mit großen Mehrheiten unterstützte aktive Neutralitätspolitik. Und diese wiederum zu einem voll akzeptierten Baustein des voll erwachten positiven österreichischen Nationalgefühls. Kreisky inszenierte die Außenpolitik wie niemand seit der Zeremonie des Staatsvertrags 1955 und niemand bis zum »EU-Marathon« 1994. Und er ließ die Österreicher dementsprechend daran teilhaben. Die Troika der damals noch wirksamen SI (Sozialistische Internationale) – Kreisky, Brandt, Palme – wurde von der Opposition zwar bisweilen kritisiert, ebenso das gute Gesprächsklima, das der deklarierte Antikommunist Kreisky mit den Ostblockführern pflegte, noch mehr die internationale Aufwertung Arafats, Khomeinis oder Gaddafis durch den Kanzler – aber auch nicht zu sehr, schließlich fiel vom internationalen Glanz genug ab für alle Österreicher. Und schließlich behielt er gerade außenpolitisch oft genug Recht, auch noch Jahre, nachdem Kritiker über die von ihm angeblich hinterlassenen »Altlasten« zu räsonieren begonnen hatten – gerade außenpolitisch wird Kreisky heute oft herbeigewünscht. Kreiskys Erfolge wären aber undenkbar gewesen ohne Beachtung der und Konzession an die innenpolitische »Realverfassung«, die schon die Krisen der ersten großen Koalition und die kurze ÖVP-Alleinregierung zwischen 1966 und 1970 überdauert hatte: In den meisten Bundesländern regierten die Parteien weiter in ihren von Landesverfassungen zwanghaft vorgeschriebenen Proporz- oder Allparteienregierungen, die Sozialpartnerschaft funktionierte unbeeindruckt. Kreisky war ein Reformer, kein Revolutionär: Die SPÖ fungierte unter Bruno Kreisky als Partei der liberalen Nachziehverfahren, der ökonomischen Modernisierung und der sozialen Stabilisierung, als »linke Volkspartei«.

Kreisky war ein Profi-Politiker erster Güte, der als Sozialdemokrat durch alle Höhen und Tiefen ging, durch Polizeigefängnisse und Schauprozesse, durch Emigration nur knapp am KZ vorbei, schließ-

lich zu den einsamen Gipfeln internationaler Besonderheit, anerkannt von vier Wahltriumphen. Profi-Politik dieser Art verhärtet:
Kreisky konnte maßlos ungerecht sein, demagogisch, er war kein
guter Menschenkenner. Dennoch: Diese Verhärtungen wurden niemals zu menschlicher Deformation. Die letzten Begegnungen mit
ihm berührten besonders: Das war ein kluger, alter Mann mit zer-
brechlicher Figur, doch hellem Geist, stolz, doch nie unangenehm
eitel, ein bisschen schrullig bei seiner Fixiertheit auf bestimmte Themen, doch nie ein Sonderling. Mit seiner Ära zu Ende gegangen war
auch die Prägung einer ganzen Generation: Bruno Kreisky, das war
die völlig unbestrittene Nummer eins der siebziger Jahre, der Wahlslogans wie »Zuhause ist es doch am schönsten« nicht provinziell
wirken ließ, weil er vorher dieses Österreich aus seiner Provinzia-
lität emporgehoben hatte. Kreisky, das waren Schülerfreifahrten und
Fristenlösung, Nahostfriedensplan und Marshallplan für die Dritte
Welt, Mitbestimmung am Arbeitsplatz und an den Schulen, Programme gegen die Arbeitslosigkeit, gegen Filz und Bürokratie. Und
wenn ihm auch viel nicht gelang, wenn er auch irrte – Beispiel
Zwentendorf – und doch noch siegte – die folgende Wahl 1979 –,
wenn er auch keineswegs alles machte, sondern viel sein Team, er
stand für das Gesamtprogramm: den österreichischen Weg liberaler
und sozialer Reformen, der die Sozialdemokratie regierungsreif
machte und Österreich europareif. Natürlich nützte sich Bruno
Kreisky ab, seine Strahlkraft, vor allem seine Gesundheit. Und
natürlich änderten sich in den achtziger Jahren die Rahmenbedingungen für seine Erfolgsrezepte. Das Ende der Ära Kreisky war logisch. Logisch, wenn auch nicht schön war die Entfremdung zwischen Kreisky und manchen Epigonen. Große Männer ertragen
schwer den Abschied, kleine schwer den Vergleich. Erst in den letzten Jahren fand Kreisky wieder Ruhe, schrieb erfolgreiche und vor
allem gescheite Erinnerungsbände, versöhnte sich mit Land und Partei.
Ich habe mit Bruno Kreisky in den folgenden sieben Jahren, die ihm
nach seinem Rücktritt noch zu leben verblieben, regelmäßig Kontakt gehabt. Als er noch im Rahmen der Sozialistischen Internationale tätig war, imponierten mir insbesondere seine klaren Worte, mit
denen er zur von Ronald Reagan personifizierten Politik der Aufrüs-
tung Stellung nahm, seine Sympathie für die zwei großen öster-

reichischen Friedensdemonstrationen mit jeweils um die 100 000 Teilnehmern (der ersten, im Mai 1982 noch in seiner Amtsperiode, stand er mit Reserviertheit gegenüber, der zweiten, im Oktober 1983, mit unverhohlener Sympathie, bei einer dritten großen, von André Heller inszenierten Kundgebung in der Wiener Stadthalle wurde er umjubelt), die Wissbegierigkeit, mit der er sich im Stockholmer SIPRI-Institut mit neuesten Daten zum Stand des Welt- und Wettrüstens informierte, die angesichts seines früher oft unsensiblen Umgangs mit der österreichischen NS-Vergangenheit nicht selbstverständliche Spontanität, mit der er das Waldheim-kritische »Neue Österreich« unterstützte, der Weitblick, mit dem er eine internationale Kommission zur Bekämpfung der Arbeitslosigkeit einrichtete. Bezüglich der innenpolitischen Entwicklung wurde er immer grantiger, unduldsamer, auch ungerechter, insbesondere nach dem Scheitern der kleinen und der Renaissance einer großen Koalition. Von Fred Sinowatz hatte er sich bald abgewandt, vor allem, weil dieser angesichts des eskalierenden Konfliktes zwischen Androsch und Salcher Letzteren aus der Regierung entlassen hatte. Als Franz Vranitzky ÖVP-Obmann Mock im Rahmen der großen Koalition das Außenministerium überließ, reichte es dem passionierten Außenminister Kreisky endgültig: Er legte die Funktion des SPÖ-Ehrenobmannes nieder. Erst gegen Ende seines Lebens wurde er wieder milder, versöhnte sich mit Vranitzky und damit mit seiner Partei, der er wie kein anderer Politiker der Zweiten Republik seinen Stempel aufgedrückt hatte.

Kreisky war sowohl historisch bewusst als auch modern, seine Erfolge wurzelten in der Auseinandersetzung mit der Geschichte, die er eifrig pflegte. Als ich Ende der siebziger Jahre als Nebenprodukt meiner Dissertation einen ersten großen Artikel über Otto Bauer verfasste, kam er während einer Parlamentsdebatte zur Journalistenloge, um mir zu gratulieren – und mich auf einen kleinen Fehler im Detail aufmerksam zu machen. Niemand außer ihm hätte es geschafft, in den siebziger Jahren den noch stark und hauptsächlich im Arbeitermilieu verhafteten »Roten« jene geistige Hegemonie zu verschaffen, die sie heute wieder verloren haben. Niemand außer dieser Reinkarnation des Monarchen Joseph II. (dieser Vergleich passt besser als der auch von ihm gern zugelassene mit dem Langzeitmonarchen Franz Joseph, einem früh vergreisten Durchschnittshabsburger), der freilich dessen Prinzip der von oben verordneten liberalen Reformen mit dem Erbe des Austromarxismus verband, dem Bemühen um intellektuelle Eigenständigkeit und Originalität, dem Werben um den Verstand der Massen, den es gleichzeitig weiterzuentwickeln gelte. Und der das Wissen um die Spielregeln moderner Demokratie perfektionierte, indem er ihre Entwicklungstendenzen in Richtung Informationsgesellschaft und Mediendemokratie vorausahnte und als Erster gekonnt benutzte. Der Chefredakteur der konservativen »Presse« kommentierte dies am Höhepunkt der Kreisky-Ära so: »Dieser Bruno Kreisky ist nun schuld am größten Wahlsieg, den die SPÖ in der Zweiten Republik erringen konnte. Er kalkulierte Sicherheit und Vaterfigur. Was heißt Vaterfigur? Er wollte Autorität, ein Kaiserimage. Dass am Vorabend des Wahltages mehrere tausend Besucher einer Operettengala in der Wiener Stadthalle jubelten, als in einer Kutsche Fred Liewehr in der Maske des alten Kaisers auf die Bühne fuhr, passt haargenau in dieses Bild. Die SPÖ siegte vor allem deshalb, weil sie einen Ersatz-Kaiser präsentierte: den seit 1945 international angesehensten Politiker« (Thomas Chorherr, 7. Mai 1979). Die Aura der Geschichte, in der solches Charisma leichter gedeihen konnte, war nicht »herbeistylebar«: »Kakanien war ein ungeheuer kluger Staat. Kreisky war ein ungeheuer kluger Nachkömmling einer versunkenen Welt. So einer kommt nicht wieder« (Peter Glotz in den »Frankfurter Heften/Neue Gesellschaft«, Juli 1995).

Vier Monate vor seinem Tod 1990 führte ich mein letztes Gespräch mit ihm, wieder im Garten jener Villa, in dem ich ihm zum ersten Mal 1972 begegnet war, als er mich mit anderen Studentenfunktionären von einer Demonstration gegen einen Plan von Verteidigungsminister Lütgendorf abzubringen trachtete. Er war eben 79 Jahre alt geworden. Wieder einmal hatte er seinen Alterssitz in Mallorca verlassen und war zu einem der seltener gewordenen Besuche nach Wien gekommen, um die 20. Wiederkehr jenes 1. März 1970 zu feiern, der Österreich erstmals seit 1945 eine sozialdemokratische Mehrheit gebracht hatte. Er wirkte körperlich gebrechlich, gleichzeitig von erstaunlicher geistiger Beweglichkeit und Ungebrochenheit. Er begann mit der Arbeit für die Fortsetzung seiner Memoiren, deren erste beide Bände zu großen Erfolgen geworden waren, die Konzentration schien ihm bisweilen schwer zu fallen. Am wenigsten dann, wenn das Gespräch auf die internationale Entwicklung kam. Man sah ihm an, wie sehr er es bedauerte, den großen Umbruch nach 1989, den Zerfall des Kommunismus, nicht mehr aktiv mitgestalten zu können. Neben allem üblichen Respekt fühlte ich damals vor allem eins: Rührung über diesen großen, alten Mann. Am 29. Juli 1990 ist er verstorben. Das Begräbnis Bruno Kreiskys am 7. August war beeindruckend und würdig, verdeckte manche Schatten, die auf das Verhältnis zwischen dem Land und jenem »jüdischen Intellektuellen mit der leisen Stimme, der Österreich verkörpert hatte« (Peter Glotz), gefallen waren.

Fred Sinowatz
oder Die Mühen der Ebene

Verwalter eines schweren Erbes

B ereits am Nachmittag der Nationalratswahl vom 24. April 1983 stellte Bruno Kreisky noch einmal die Weichen: Nachdem sich der Verlust der absoluten Mandatsmehrheit der SPÖ abgezeichnet hatte, versammelte er im Zimmer des Parteivorsitzenden in der Löwelstraße seine engsten Vertrauten um sich, darunter Heinz Fischer und Karl Blecha. Ihnen offenbarte er nicht nur, dass er bereits am Abend zurücktreten und Fred Sinowatz am nächsten Tag vom Parteipräsidium zu seinem Nachfolger designieren, sondern auch, dass er eine Koalition mit der FPÖ empfehlen wolle. Der Vizekanzler hatte den Wahltag in der Zentrale der burgenländischen SPÖ in Eisenstadt verbracht und wurde dort von Kreisky in diesem Sinne informiert. Noch in der Nacht fasste Sinowatz – wie schon bei einem ersten diesbezüglichen Gespräch im Jahre 1981 – alle Gründe zusammen, die seiner Meinung nach gegen seine Inthronisierung sprächen. Sinowatz heute: »Damit bin ich dann am nächsten Tag ins Präsidium gekommen, aber mit meinen Argumenten völlig untergegangen. Als braver Parteisoldat, wie man das damals verstanden hat, habe ich mich dem Willen der anderen gebeugt. Ich war mir völlig im Klaren, dass ich damals der kleinste gemeinsame Nenner war, auf den sich alle einigen konnten.« Normalerweise muss man mit einer solchen, fast demütig klingenden Darstellung eines Politikers vorsichtig umgehen, im Falle von Fred Sinowatz kann man ihr vorbehaltlos glauben: Der Burgenländer war im Verlauf seiner Karriere durchaus zielstrebig gewesen, auch machtbewusst. Den Kanzlerposten hatte er sich aber wirklich nicht gewünscht.

Fred Sinowatz wurde am 5. Februar 1929 in Neufeld an der Leitha als Sohn einer Arbeiterfamilie geboren, des aus kleinbäuerlichen Verhältnissen stammenden, im Bergbau tätigen Schlossers Ferdinand Szinowatz (der kroatische Name wurde später etwas »eingedeutscht«, ein Vorfahre hieß in magyarisierter Form Szinovatz, ein anderer Sinovac, auf Kroatisch »Sohn des Bruders«) und der seit Generationen aus »lupenrein« proletarischem Milieu kommenden Maria Csech, seit 1928 verehelichte Sinowatz. Fred Sinowatz, aufgewachsen in einem kleinen Häuschen der Kolonie einer Hanf-Jute-Fabrik, blieb bis heute geprägt von seiner Herkunft: Auch als Bundeskanzler pendelte er täglich jeweils eine knappe Stunde zwischen Wien und Neufeld, den während seiner Ministerschaft unternommenen Versuch, sich durch Anmietung einer kleinen Wohnung den 41 Kilometer langen Anfahrtsweg zu ersparen, gab er schon bald wieder auf: »Eigentlich lebe ich seit meiner Geburt in einem Gebiet, dessen Radius zweihundert Meter nicht überschreitet« (zitiert nach David Cambell im Sammelband von Dachs/Gerlich/Müller: »Die Politiker«).

Bleibend geprägt haben ihn auch die engen sozialen Verhältnisse: Für die Eltern, die am Höhepunkt der Arbeitslosenkrise verzweifelt versuchten, ihre Existenz durch den Aufbau einer Kohlenhandlung zu sichern, war es eine große Auszeichnung, dass ihr Sohn als Klassenbester von den Volksschullehrern für den Besuch des Gymnasiums in Wiener Neustadt vorgeschlagen wurde. Auch der Bub begriff angesichts der sozialen Enge und der Mühen, die sich die Eltern beim Lesen und Schreiben geben mussten (das Burgenland war zu Beginn des Jahrhunderts radikal magyarisiert worden, viele seiner Bewohner beherrschten 1921 beim Anschluss an Österreich die deutsche Sprache nicht oder schlecht), seine Chance. Trotz mancher Diskriminierungen wegen seiner »proletarischen« Herkunft maturierte Fred Sinowatz 1948 – in Baden, denn in Wiener Neustadt hatte der Direktor in Offiziersuniform nach der dritten Klasse dem auf kurzen Heimaturlaub weilenden Vater in Soldatenuniform »emp-

fohlen«, die schulische Ausbildung des Sohnes abzubrechen: »Der
Bub soll Schlosser wie Sie werden, zu mehr wird es ohnehin nicht
reichen« (zitiert nach der Sinowatz-Biografie von Walter Feymann).
Angesichts der späteren, fülligen Figur des Kanzlers kaum zu glauben: Sinowatz war nicht nur ein begeisterter, sondern auch ein guter
Hand- und Fußballer, noch heute kann er die Aufstellungen seines
Lieblingsvereins, der Wiener Austria, aus der Zeit vor 1938 auswen-
dig zitieren.
Sinowatz wurde auch politisch frühzeitig geprägt. Die sozialdemokratische Bewegung samt ihren Kultur- und Wehrformen war ein
wesentliches Band, das im Burgenland deutsch- und kroatischspra-
chige Dorfteile zusammenhielt, bäuerliche, proletarische und klein-
bürgerliche Milieus. Seine Eltern wandten sich zum Unterschied von
manchen Genossen, welche – erbittert über die Februarkämpfe von
1934 und radikalisiert durch die Arbeitslosigkeit – zu den Nazis
wechselten, weiter öffentlich gegen sie, sein Onkel Josef Csech war
zwischen 1934 und 1938 als illegaler Sozialist tätig und wurde 1945
Bürgermeister von Neufeld. Dieser Bruder seiner Mutter, der 1934
aus politischen Gründen seine Stelle als Leiter der Arbeiterbücherei
verloren hatte, pflanzte im Neffen eine besondere Liebe zum Buch
ein: Auch während seiner Regierungsjahre in Wien zitierte Fred Sinowatz gerne aus belletristischer und politischer Literatur, glaub-
würdiger als viele seiner Kollegen.
Nach Ende der Schulzeit in Baden wurde er Mitglied der SPÖ (anfangs mit derem linken Flügel sympathisierend), gleichzeitig inskribierte er in Wien Geschichte, Germanistik und Leibesübungen –
während dieser Jahre mietete er sich bei einer befreundeten Familie
in einem kleinen Zimmer nahe der Universität ein, einer »Koffer-
kammer einer früher herrschaftlichen Wohnung, die nicht geheizt
werden konnte« (Sinowatz). Anfang 1953 schloss er sein Studium
mit einer Dissertation über »Protestantismus und katholische Ge-
genreformation in der Grafschaft Furchtenstein und Herrschaft Eisenstadt« ab. Zu Beginn 1954 wurde er als Vertragsbediensteter des
Landes angestellt, zuerst als Sekretär des Soziallandesrates Albin
Dostal, dann im Landesarchiv. Außerdem gestaltete er die »Burgenländische Freiheit«, das Wochenorgan der burgenländischen SPÖ.
1954 heiratete er die Ebenfurther Lehrerin Hermine Semmler, die er
während der Studienzeit kennen gelernt hatte, eine bis an ihr Lebens-

ende ausnehmend warmherzige, hübsche und kluge Frau, mit der Fred Sinowatz zwei Kinder bekam, Eva, heute Juristin, und Peter, heute Elektrotechniker.

Fred Sinowatz diente sich als echter »Basisarbeiter« in der burgenländischen SPÖ hoch. 1956 wurde er als jüngster Funktionär Lokalobmann der SPÖ Neufeld, am 29. Mai 1961 wurde er als Abgeordneter zum Landtag angelobt – am gleichen Tag übrigens wie der spätere ÖVP-Minister Robert Graf, mit dem Sinowatz bis Ende seines Lebens eng befreundet war –, ein Jahr später zum Landesparteisekretär bestellt. In dieser Funktion hatte er maßgeblichen Anteil am starken Wachstum der Landespartei und wurde Architekt ihres wesentlichsten Erfolges: 1964 wurde Ludwig Bögl – Sinowatz hatte ihn in einem internen Fraktionskampf gegen Alois Wessely unterstützt – zum ersten sozialdemokratischen Landeshauptmann des Burgenlands gewählt, erstmals nach 1945 kippten die Mehrheitsverhältnisse in einem Bundesland. Der Landesparteisekretär fühlte sich nicht nur wohl als unermüdlicher Politreisender von Ort zu Ort, als gerne zuhörender, diskutierender und trinkfester »Fredl«, er impfte der Partei und dann auch dem Land neues Selbstbewusstsein ein: Der Taufscheinkatholik Sinowatz, Sohn einer religiösen Mutter und eines nicht gläubigen Vaters, machte die SPÖ zur (auch gegenüber dem früher tief verankerten katholischen Glauben) offenen »Burgenland-Partei« und galt als »Erfinder« der Burgenland-Ideologie, eines neuen, auch kulturell unterfutterten Heimatbewusstseins, wesentliches Rückgrat der Umwandlung einer einst armen Agrarregion zu einem rapid aufholenden, auch industriell durchwachsenen Bundeslandes.

Nach Meinung seines Biografen Feymann waren die Jahre in der burgenländischen Parteiorganisation »die schönsten in den vier Jahrzehnten seines politischen Wirkens. Er konnte gestalterisch tätig sein, ohne die volle Verantwortung tragen zu müssen.« Nach dem Wahlsieg Bögls wurde Sinowatz als jüngster Abgeordneter zum Landtagspräsidenten gewählt. Bögl blieb nur zwei Jahre Landeshauptmann, dann wurde er von Theodor Kery abgelöst; sein Versuch, statt Kery Sinowatz zu designieren, scheiterte. Sinowatz wurde »nur« Kulturlandesrat, blieb aber weiter Landesparteisekretär und Klubobmann und damit eindeutig die Nummer zwei der Landespartei: Der das Kulturleben des Burgenlands belebende Landes-

Weil Franz Klammer (links) 1976 die Abfahrt am Patscherkofel gewonnen hatte, musste Unterrichtsminister Fred Sinowatz (Mitte) seine verlorene Wette einlösen und zu Fuß die Siegerpiste hinaufmarschieren; mit von der Partie: Erhard Busek (rechts).

Fred Sinowatz und Norbert Steger am Weg zur Angelobung der neuen rot-blauen Koalition 1983.

Mit Karl Blecha und Leopold Gratz sitzt Fred Sinowatz 1993 beim »Noricum«-Prozess auf der Anklagebank. Er wird später freigesprochen.

rat, noch heute von Kulturschaffenden dafür gelobt, fungierte mehr als Organisator und Stratege im Hintergrund, nach außen repräsentierte der autoritäre, feudale Kery die 1968 mit absoluter Mehrheit ausgestattete Landespartei. Peter Michael Lingens schilderte 1975 im »profil« dieses ungleiche Paar: »Kery groß und asketisch, Sinowatz klein und dicklich, Kery vernarrt in technisches Spielzeug, Lehrer der Mathematik und Physik, Sinowatz ein Geisteswissenschafter, der Mathematik zu seinen Angstgegenständen zählte und alle seine Beamten wissen ließ: Pläne brauchts mir gar ned erst zeigen, i versteh s' sowieso ned, Kery ein halber Aristokrat, Sinowatz ein halber Proletarier.« Nachdem Sinowatz 1971 in die Bundespolitik gewechselt war, erstarrte die Landespartei: Sie verlor ihren Innovationsanspruch, Kery gerierte sich ohne seinen Antipoden zunehmend wie ein Feudalherr, der nur mehr kritiklose Hofschranzen duldete.

Die Burgenländer waren die erste Landespartei der SPÖ, die für Bruno Kreisky als Bundesparteivorsitzenden eintraten, Sinowatz begründete ihre Haltung beim darüber entscheidenden Parteitag. Sinowatz war Kreisky nicht erst bei diesem Anlass aufgefallen: Bereits 1956 hatte der Burgenländer den damaligen Staatssekretär im Außenministerium als Redner für eine Ortsparteiversammlung in Neufeld gewonnen, Kreisky hatte den Weg des tüchtigen Organisators seither aufmerksam verfolgt. Nach seiner zweiten, noch erfolgreicher geschlagenen Nationalratswahl 1971 stellte er sein Regierungsteam um. Den bisherigen Unterrichtsminister Leopold Gratz holte Kreisky als Klubobmann ins Parlament, als dessen Nachfolger berief er Fred Sinowatz mittels eines Anrufs, der den Kulturlandesrat während eines Empfanges für eine oberösterreichische Musikkapelle erreichte: »Der Poldi Gratz is bei mir und meint, du solltest sein Nachfolger im Unterrichtsministerium werden. Ich will keinen Lehrer dafür.« Sinowatz verband noch aus seiner Zeit als Parteisekretär eine enge Beziehung mit Gratz, den Bruno Pittermann zu einem von drei SPÖ-Zentralsekretären bestellt hatte. Sinowatz holte Gratz später als Außenminister in seine Regierung, beide schieden gemeinsam als Folge der Waldheim-Krise aus ihr aus, beide verbringen heute noch einmal jährlich einen Urlaub miteinander. Sinowatz sagte Kreisky zu – obwohl ihm sein politisch erfahrener Onkel Josef Czech vor dem glatten Wiener Parkett gewarnt hatte.

Sinowatz bekam dieses Parkett anfangs auch in seinem Ministerium

am Minoritenplatz zu spüren. Die großteils »schwarz« eingefärbte Beamtenschaft ließ sich vom bulligen Burgenländer nicht so leicht motivieren wie vom charmanten Wiener Gratz, obwohl sich Sinowatz Mühe gab: Seinen ersten Auftritt im Büro begann er mit einem »I hab an Wein mitbracht.« Auch die Medien wussten noch wenig mit dem Newcomer anzufangen, dessen äußere Erscheinung – klein, beleibt, große Nase – so gar nicht zu den damals neu auftretenden Gesetzlichkeiten der TV-gerechten Präsentation von Politik zu passen schien. Bald jedoch wurde das von Sinowatz betreute Ressort zu einem wesentlichen, wenn nicht gar dem wesentlichsten Zentrum Kreiskyscher Reformpolitik: Der Besuch einer bestimmten Schule sollte nicht mehr von der regionalen und sozialen Herkunft des Kindes abhängig sein. Der Minister setzte all sein Gewicht dafür ein, dass in jedem politischen Bezirk Österreichs eine höhere Schule gebaut wurde. Heute erinnert er sich: »Immer wenn ich mit meinen Kindern auf Urlaub gefahren bin, habe ich ihnen eine neu gebaute Schule zeigen wollen. Die haben mich schon für einen Narren gehalten.« In seinen ersten beiden Amtsjahren wurden Schulfahrten und Schulbücher unentgeltlich, mehrere Schulversuche hinterfragt, die Aufnahmeprüfung in die ehemaligen »Mittelschulen« wurde abgeschafft und die gemeinsame Ausbildung von Mädchen und Buben vorgeschrieben. Nur die Einführung der international im Vormarsch befindlichen Gesamtschule, einer gemeinsamen Schule der Zehn- bis Vierzehnjährigen, scheiterte am Veto der ÖVP, deren Zustimmung für die verfassungsgemäß nötige Zweidrittelmehrheit im Nationalrat Voraussetzung gewesen wäre. Sinowatz bedauerte dies unter Hinweis auf seine eigenen Erfahrungen: »Man kann die Förderung der Arbeiterkinder und der Landkinder nicht an Bedürftigkeit und entsprechenden Schulerfolg koppeln. Wenn ich nach dem Schulerfolg der Unterstufe eingestuft worden wäre, hätte ich nie ein Stipendium bekommen.«
Diese Schulpolitik blieb naturgemäß noch einige Zeit gesellschaftspolitisch umstritten. Kritik von »rechts« versteckte sich hinter anfänglichen Organisationsproblemen bei der Schulbuchverteilung, Kritik von »links« machte sich – in bemerkenswerter Umkehr zu den heutigen Fronten – an der sozialen Undifferenziertheit dieser Förderungsmaßnahmen fest. Sinowatz begegnete ihr mit einem Hinweis auf die psychologisch-politische Dimension dieser und anderer

Maßnahmen der Regierung Kreisky: Es gehe nicht allein um die Beseitigung rein materieller Barrieren, sondern um die Beseitigung einer emotionellen Barriere; niemand solle sich beispielsweise mehr diskriminiert fühlen müssen, weil er sich als Kind armer Eltern ein Buch aus der »Schülerlade« ausborgen müsse.

Die Popularität von Sinowatz wurde rasch und entscheidend durch seinen zweiten Kompetenzbereich gesteigert, jenen für den Sport. Sinowatz stand an der Seite von Karl Schranz, als Zehntausende Österreicher dem Skiidol nach dessen Ausschluss von der Winterolympiade in Sapporo (wegen angeblichen Verstoßes gegen das Amateurprinzip) im Februar 1972 einen begeisterten Empfang bereiteten. Er nutzte die damals entstehende nationale Hysterie (bis heute funktioniert »Kleines armes Österreich gegen den bösen Rest der Welt«) durchaus auch für sich, bremste sie aber im letzten Moment ein: Sinowatz lehnte den Vorschlag von ORF-Generalintendant Gerd Bacher ab, Schranz mit dem Hubschrauber am Heldenplatz landen zu lassen – und reflektierte den Vorgang 1975 im Gespräch mit Lingens durchaus selbstkritisch: »Ich hab damals erkannt, dass die Macht des Fernsehens noch viel größer ist, als ich dachte. Wir alle sind dagegen hilflos. Und das kann in einem anderen Fall lebensgefährlich sein.« Vor allem der spätere Pressebetreuer von Sinowatz, Hans Pusch, setzte die sportliche Ebene bei der Vermarktung seines Chefs aber weiter ein, mit unterschiedlicher Wirkung: Sinowatz im Bob mit Innsbrucks Bürgermeister Alois Lugger bei der Eröffnung der olympischen Bahn, Sinowatz mit dem neuen Skiidol Franz Klammer bei der Abfahrt vom Patscherkofel, Sinowatz als Kanzler während eines Staatsbesuchs in Finnland auf Langlaufskiern – das wirkte nicht immer vorteilhaft, obwohl er als Minister der beste Sportler in der Regierung war, ein ausdauernder Fußballspieler und Schwimmer. Sinowatz heute über die Rolle von Pusch: »Es stimmt, er hat schon in den siebziger Jahren versucht, mich in den Medien als Sportminister zu platzieren. Aber er war kein Rasputin, wie ihn später die Zeitungen hingestellt haben. Und er hat ebenso wenig wie mein späterer Pressebetreuer Gerhard Zeiler verlangt, ich solle gegen meine Überzeugung etwas für die ›Kronen Zeitung‹ sagen, um in ihr präsent zu sein.«

Bereits in den siebziger Jahren war aus Sinowatz eines der populärsten Mitglieder des Kreisky-Teams geworden, darin unverzichtbar wie der damals noch unbestrittene Sunnyboy Hannes Androsch im Finanzministerium, der bei Kreisky nie besonders beliebte Justizreformer Christian Broda und die für Universitäten zuständige »grande dame« Hertha Firnberg. Sinowatz war für Kreisky auch als erfahrener Organisator der Partei unverzichtbar: »Kreisky hat ja eine echte Affinität zur Partei gehabt, ohne in ihr wirklich groß geworden zu sein. Er hat beispielsweise immer Angst gehabt, man könne ihm vorwerfen, kein Arbeiter gewesen oder sonst wie privilegiert zu sein. Nach einem seiner zahlreichen Entprivilegierungsprogramme habe ich ihm einmal geraten, bekannt zu machen, dass er als Kanzler damals nicht mehr verdient hat als ein Minister.« Bruno Kreisky verstrickte sich dann Ende der siebziger Jahre in einem immer heftigeren Disput mit seinem anfänglichen Lieblingsschüler Hannes Androsch. Nachdem Kreisky im Jänner 1981 Androsch in Richtung Creditanstalt aus der Regierung gedrängt hatte, war Sinowatz dessen logischer Nachfolger als Stellvertreter des Bundeskanzlers. Die andere Variante, Hertha Firnberg, hatte Kreisky mit dem wenig charmanten Bonmot abgetan: »Alt bin ich selber.« Sinowatz heute dazu: »Aber die Hertha wär ihm schon deswegen nicht recht gewesen, weil sie dem Hannes zu nahe gestanden ist.« Der Unterrichtsminister wollte vor seiner Zustimmung zur neuen Zusatzaufgabe noch gesichert wissen, dass damit keine Präferierung für die Zeit nach Kreiskys Rücktritt verbunden war: »Der Bruno hat nur gebrummt, nein, das werden wir dann sehen.«

Natürlich war es aber eine Vorentscheidung. Sinowatz war nach der Wahl im April 1983 und dem sofortigen Rücktritt als Kanzler der integrierende Faktor in der SPÖ, der die Partei vor Flügelkämpfen bewahren konnte, in der Öffentlichkeit beliebt und mit dem Segen des Langzeitkanzlers ausgestattet. Die Bildung einer kleinen Koalition zwischen SPÖ und FPÖ unter ihm und Norbert Steger passte zu Kreiskys jahrelangen Bemühungen, das so genannte bürgerliche Lager durch eine Aufwertung der FPÖ und die so erhoffte Schwächung der ÖVP weiter zu spalten und eine zumindest relative Dominanz der Sozialdemokratie zu garantieren. Sinowatz: »Eigentlich haben alle in der Parteispitze Kreiskys Konzept mitgetragen, auch der Anton Benya. Bei vielen von uns hat auch die Verbundenheit mit Friedrich Peter eine Rolle gespielt, der seit Jahren mit uns engen Kontakt gepflegt hat.« Kreisky selbst führte noch die Koalitionsverhandlungen, anfangs auch mit der ÖVP. Sinowatz erinnert sich: »Die ÖVP hat sehr wohl noch gewollt, zumindest ein bisserl. Nur Mock war unklug und hat auf den Tisch gehaut, das war für Kreisky ein gefundenes Fressen. Darauf ist er Michael Graff persönlich so angegangen, dass es mir schon peinlich war.« Gegen vereinzelte Kritik altgedienter und junger Sozialdemokraten (Freiheitskämpfer und Jungsozialisten) wurde auf einem Parteitag im Mai gegen 15 Stimmen der Eintritt der SPÖ in die für die Zweite Republik völlig neue Regierungsform »kleine Koalition« beschlossen. Fred Sinowatz wurde am 24. Mai 1983 von Bundespräsident Rudolf Kirchschläger als Bundeskanzler angelobt, am 29. Oktober wurde er auch als Parteivorsitzender Nachfolger Bruno Kreiskys.

Die kleine Koalition musste von Anfang an unter extrem widrigen Rahmenbedingungen agieren: Viele Konservative attackierten die FPÖ und insbesondere den neuen Vizekanzler Steger mit besonderer Härte – sie konnten ihm und ihr nicht verzeihen, dass die so lange herbeigesehnte Abwahl der Sozialdemokratie nicht komplett gelungen war. Dazu blieben in der traditionell antifaschistischen SPÖ starke Vorbehalte gegen den neuen Koalitionspartner bestehen, der dafür auch genug Angriffspunkte bot: Immer wieder gab es Meldungen über rechtsradikale Verstrickungen lokaler FPÖ-Funktionäre, immer heftiger wurde die Kritik des neuen Kärntner FPÖ-Obmannes Jörg Haider (als Nachfolger des in die Regierung geholten Staatssekretärs Ferrari-Brunnenfeld) an der Regierungsbeteiligung seiner Partei, insbesondere an Norbert Steger. Und dann passierte ausgerechnet Friedhelm Frischenschlager, dem unter anderem durch die Vereidigung von Soldaten auf dem Gelände des ehemaligen KZ Mauthausen und im Karl-Marx-Hof liberal profilierten Verteidigungsminister, ein katastrophaler »Ausrutscher«: Am 24. Jänner 1985 begrüßte er am Grazer Flughafen den vorzeitig aus italienischer Haft entlassenen österreichischen SS-Kriegsverbrecher Walter Reder – von Rechtsextremisten als »letzter Kriegsgefangener« hofiert – mit Handschlag. Die Folge: Massive nationale und internationale Proteste und eine harte Belastungsprobe für die Koalition. Nur mit scharfen Drohungen konnten Sinowatz und sein Klubchef Sepp Wille den Widerstand vieler Abgeordneter brechen (erinnerlich sind mir diesbezügliche Klagen des bereits verstorbenen damaligen SPÖ-Programmdenkers Herbert Tieber und der jungen Abgeordneten

Brigitte Ederer), einen Misstrauensantrag der oppositionellen ÖVP gegen Frischenschlager abzulehnen. Aber auch Finanzminister Ferdinand Lacina – bereits als Student hatte er durch seine Mitschrift den Hochschulprofessor Taras Borodajkewycz antisemitischer Tiraden überführt – weigerte sich, mit dem persönlich über seinen Fauxpas höchst unglücklichen Kollegen weiter auf der Regierungsbank zu sitzen. Letztlich wechselte Frischenschlager in die Position des FP-Klubobmannes, ihm folgte Helmut Krünes und nicht der FPÖ-Staatssekretär Holger Bauer, der sich am ersten Abend nach Bekanntwerden der Affäre Sinowatz eilfertig angeboten hatte (heute vertritt er die »Schutzgemeinschaft der FPÖ-Wähler« gegen alle Kritiker Jörg Haiders). Frischenschlager war tatsächlich nicht der einzig Schuldige: Über Jahrzehnte hinweg hatten Spitzen der Gesellschaft von Kanzler Kreisky bis Kardinal König für Reders Freilassung interveniert, Außenminister Gratz hatte seinem Ressortkollegen den Auftrag gegeben, Reder am Flughafen abzuholen.

Zuvor war Sinowatz schon als parteiinterner Krisenmanager gefragt. Der Konflikt zwischen Hannes Androsch und seinem Nachfolger Herbert Salcher eskalierte 1984, nachdem dieser eine »Sachverhaltsdarstellung« über die mögliche steuerliche Verfehlung des nunmehrigen CA-Generaldirektors der Staatsanwaltschaft übergeben hatte und von diesem wegen vermuteten Amtsmissbrauchs angezeigt wurde. Was 1988 zur gerichtlichen Verurteilung von Androsch wegen falscher Zeugenaussage vor einem parlamentarischen Untersuchungsausschuss und zu seiner Abberufung aus der Bank führen sollte, versuchte Sinowatz (»Ich wollte gleich 1983 Vranitzky statt Salcher als neuen Finanzminister, aber das hätte Kreisky nicht zugelassen«) via Regierungsumbildung zu einem Befreiungsschlag gegen das immer härtere öffentliche Duell zwischen Kreisky und Androsch zu nutzen: Statt Salcher holte er am 3. September 1984 den Länderbank-Direktor Franz Vranitzky als Finanzminister in die Regierung und dazu noch den Wiener Bürgermeister Leopold Gratz (dessen Nachfolger wurde Unterrichtsminister Helmut Zilk, dem wiederum der Salzburger Herbert Moritz folgte) als Außenminister. Dass Sinowatz gleichzeitig zum ehemaligen Androsch-Sekretär Vranitzky auch den ehemaligen Kreisky-Sekretär Lacina zum Minister (für Verkehr und öffentliche Wirtschaft) machte, hinderte Kreisky nicht an immer heftigeren Attacken auf seinen Nachfolger. Noch dazu, wo Sinowatz bei diesem Emanzipationsprozess von Kreisky neben Salcher mit Ex-Außenminister Erwin Lanc auch noch einen zweiten »Kreisky-Mann« geopfert hatte. Für die SPÖ peinlich auch eine gewerkschaftsinterne Affäre: Bautenminister Karl Sekanina, einer der mächtigsten Gewerkschafter des Landes, musste unter dem Verdacht, in die Gewerkschaftskasse »gegriffen« zu haben, sämtliche Ämter zurücklegen. Seine Hausmacht, die Gewerkschaft Metall-Bergbau-Energie, veröffentlichte nie die Begleitumstände dieses Vorgangs.

Die nur drei Jahre während Koalition stand insgesamt unter einem schlechten Stern: Der Regierung schadete selbst ein »Weinskandal« um mit Glykol versetzten – noch dazu hauptsächlich aus dem Burgenland stammenden – Rebensaft. Existenzbedrohender ihr Konflikt um ein Offenhalten der Geschäfte am (staatlich anerkannten) Marienfeiertag 8. Dezember: Als der Salzburger ÖVP-Landeshauptmann Wilfried Haslauer gegen das geltende Ladenschlussgesetz per Verordnung eine Öffnung der Geschäfte in seinem Bundesland durchsetzen wollte, brachte die Bundesregierung gegen ihn eine Verfassungsklage ein; der SP-Sozialminister Alfred Dallinger, zugleich Vorsitzender der für die Handelsangestellten zuständigen Gewerkschaft GPA, hatte sich gegen den liberalen FP-Handelsminister und Vizekanzler Steger durchgesetzt. Vor allem gegen die steirische ÖVP, aber auch gegen Widerstände in der eigenen Partei musste Sinowatz dann den Ankauf schwedischer Draken-Abfangjäger für das österreichische Bundesheer und ihre Stationierung in der Steiermark durchziehen.

Zur größten staatspolitischen Krise wurden aber die Auseinandersetzungen um den Bau des umstrittenen Donaukraftwerks Hainburg: Im Dezember 1984 kam es unter heftigem Druck der Gewerkschaft Bau-Holz zu Prügeleien zwischen Besetzern des Kraftwerksgeländes und der von Innenminister Karl Blecha (als SPÖ-Zentralsekretär die stärkste organisatorische Stütze Bruno Kreiskys) geleiteten Polizei, bald darauf zu einer spontanen Demonstration Tausender, meist junger und keineswegs besonders »politischer«, vor allem von der »Krone« unterstützter Umweltschützer. Sinowatz erzählt von einem Besuch bei »Krone«-Herausgeber Hans Dichand: »Ich habe ihn damals in seiner Holzbauer-Villa besucht und habe ihn gebeten, für seine und meine Kinder das Chaos zu bedenken, das ausbrechen könne. Er hat nicht zurückgezogen, vielleicht aus Überzeugung, vielleicht auch aus Imagegründen zwecks Verjüngung seiner Leserschaft.« Die sachpolitische Folge: Die Regierung setzte den Bau aus, erst 1995 beendete Franz Vranitzky auch formell die »Nachdenkpause«.

Parteipolitisch waren die Konsequenzen des Konflikts nicht mehr zu lösen, diese symbolträchtige Geburtsstunde der österreichischen Grünen wurde durch Fehler der SPÖ- und ÖGB-Spitze noch verlängert. Die prominenten sozialdemokratischen Baugegner um die Publizisten Freda Meissner-Blau und Günther Nenning wurden erst verwarnt, dann entfernt: Meissner-Blau trat freiwilig aus der SPÖ aus und kandidierte 1986 als grüne Kandidatin für das Amt des Bundespräsidenten – und der Präsident der Journalistengewerkschaft Nenning wurde aus SPÖ wie ÖGB ausgeschlossen. Am Höhepunkt der Hainburg-Auseinandersetzungen hatte er noch im Dezember 1984 als Sprecher der Demonstranten einem krampfhaft lächelnden Bundeskanzler in dessen Amt die Hand gereicht, vier Monate später schloss ihn ein Schiedsgericht der SPÖ wegen »Aktionen gegen die SPÖ« aus. Vor allem der Ausschluss aus der überparteilichen Einheitsgewerkschaft ÖGB war auch demokratiepolitisch ein bedenklicher Vorgang. Er schadete vorrangig Sinowatz, was Kreisky entsprechend süffisant mit einem Plädoyer kommentierte: Fur mehr Toleranz in einer »offenen Partei, die ihren angestammten Platz auf der linken Seite des politischen Spektrums nicht aufgeben darf«. Gleich zwei kleine Ohrfeigen für seine Nachfolger: Fred Sinowatz propagierte soeben die »Partei der Mitte«, meinte das soziologisch, konnte das aber ideologisch nicht vermitteln. Kreisky weiter: »Ich kann mit Genugtuung sagen, dass ich nie gezwungen war, dem Parteivorstand einen Parteiausschluss vorzuschlagen. Ich kann mich überhaupt nur an zwei Ausschlüsse erinnern: An einen in Wien »gegen einen Mann, der seine furchtbare Vergangenheit verschwiegen hat« (der Psychiater Heinrich Gross, im Dritten Reich mit Euthanasieexperimenten befasst, erst im Jahr 2000 vor Gericht gestellt) und »einen begabten jungen Mann, der nach einem Gespräch mit mir dann selbst eingesehen hat, in einer falschen Partei zu sein« (der ehemalige Obmann der SP-Studenten, Karl Öllinger, heute grüner Sozialsprecher im Nationalrat). Tatsächlich versuchte Sinowatz die SPÖ damals kooperativ, aber extrem straff zu führen, gerade angesichts der permanenten Regierungskrisen: Seinem »Siebener-Komitee« gehörten neben ihm selbst noch Gratz, Fischer, Blecha, Klubobmann Sepp Wille sowie die Zentralsekretäre Fritz Marsch und Peter Schieder an.

Die internen Probleme der Koalitionsparteien überdeckten ihre Versuche, aus den geänderten Rahmenbedingungen entsprechende Konsequenzen zu ziehen: Dem vielfach übersteigernden Glauben der Kreisky-Ära an die Möglichkeiten, staatlich und national autonome Politik zu bestimmen, folgte die starke Beachtung von ökonomischen, meist internationalen »Sachzwängen« – freilich auch oft übersteigert: Denn, »die Frage, wo Sachzwänge einsetzen, ist nämlich keineswegs objektiv vorgegeben, sondern hängt ganz entscheidend von Rahmenbedingungen ab, die man – leider meist ohne dies explizit zu machen – als unabänderlich gegeben erachtet. Nimmt man zum Beispiel an, dass Steuern nicht erhöht werden können/sollen/dürfen, dann kann ein Ausbau der Sozialpolitik ›aus Sachzwängen‹ nur über zusätzliche Staatsschulden erfolgen. Besteht weiters die Annahme, dass die Staatsschuld nicht weiter zunehmen darf/kann, dann ergibt sich ein ›Sachzwang‹ zur Festschreibung oder Kürzung der Sozialausgaben« (der Ökonom Kurt Rothschild). Der Budgetsanierung wurde nun – gegen den Widerstand des besonders engagierten Sozialministers Alfred Dallinger – vorrangige, ja fast ausschließliche Priorität eingeräumt; die vor den Wahlen auch von der FPÖ so heftig bekämpfte Zinsertragsteuer mit verringerten und dann noch einmal vom Höchstgericht generell in Zweifel gezogenen Prozentsätzen wurde letztlich doch eingeführt; und dem Atomkraftwerk Zwentendorf wurde endgültig das Lebenslicht ausgeblasen (übrigens gegen den FPÖ-internen Widerstand Jörg Haiders, der diesbezüglich in seltener Eintracht mit Friedrich Peter agierte), diverse Politikerprivilegien abgeschafft, eine erste große Finanzhilfe für die Umstrukturierung und Modernisierung der verstaatlichten Industrie beschlossen.

Gerade auf diesem Feld kam aber der nächste Schlag. Der Vorstand der VOEST, des Flaggschiffs der verstaatlichten Industrie, musste im November 1985 Minister Lacina eingestehen, dass das für das laufende Jahr erwartete Defizit mit mehr als sechs Milliarden Schilling wesentlich höher ausfallen würde als erwartet. Besondere Dramatik erhielt diese Meldung noch durch die Tatsache, dass ein Teil dieses Defizits aus Spekulationsverlusten herrührte, die die VOEST-Tochter »Intertrading« am Ölmarkt hinnehmen musste. Der komplette Vorstand musste auf Betreiben Lacinas gehen, was aber nicht verhindern konnte, dass der gesamte Komplex der verstaatlichten Industrie und mit ihm die SPÖ als der geistige Hauptträger von Gemein- und Gemischtwirtschaft schwer in Mitleidenschaft gezogen war: »Es ist kaum übertrieben zu meinen, dass seit dem Verstaatlichtengesetz 1946 kein Ereignis die staatlichen Industrieunternehmen so in Misskredit gebracht hat wie die VOEST-Krise vom Herbst 1985« (der Ökonom Van der Bellen, heute Parteiobmann der Grünen). Die verstaatlichte Industrie, in den ersten Nachkriegsjahren primär ein billiger Zulieferer für die Privatwirtschaft, von der ÖVP an einer Ausdehnung in den Finalbereich gehindert, war unvorbereitet in andere Sektoren als den reinen Grundstoffbereich vorgedrungen und hatte dafür viel Lehrgeld zahlen müssen. Dazu hatte der Umbau zu einer modernen Industrieholding nicht geklappt, die Dachgesellschaft hatte gegenüber den standortspezifischen Interessen von Vorständen, Betriebsräten und Regionalpolitikern zu wenig Durchschlagskraft, die nach dem Proporzprinzip erfolgende Besetzung von Managerposten Bürokratismus und Ineffizienz verstärkt. Binnen weniger Monate wurde aus dem einstigen Stolz der österreichischen Volkswirtschaft der für alle Missstände verantwortliche Buhmann, daran konnte auch der sofortige Ausstieg aus allen experimentellen Bereichen (auch Ausflüge in den elektronischen Bereich hatten sich als Misserfolg erwiesen) nichts ändern. Die meisten verstaatlichten Betriebe und Branchen waren in einem extrem vom Weltmarktverfall betroffenen Bereich tätig: Eisen und Stahl, schwerer Maschinenbau, Kraftwerks- und Kesselbau. Waren in den siebziger Jahren noch etwa ein Drittel aller Beschäftigten in der einheimischen Privatindustrie tätig gewesen, ein Drittel in Betrieben des Auslandskapitals und ein Drittel in der verstaatlichten Industrie, so wurde dieser dritte Anteil immer geringer: Allein zwischen 1980 und 1985 sank die Zahl der dort Beschäftigten von 120 000 auf weniger als 100 000. Es war deutlich geworden, dass die verstaatlichte Industrie als Zentrum volkswirtschaftlicher Politik und damit auch des sozialdemokratischen »österreichischen Wegs« endgültig ausgedient hatte.

Dabei war damals noch gar nicht der volle Umfang von zwei weiteren Affären bekannt, die noch lange führende Politiker der kleinen Koalition, vor allem Innenminister Karl Blecha und Außenminister

Leopold Gratz, belastete: Die gleichzeitige Lieferung von Kanonen aus den verstaatlichten »Noricum«-Betrieben an die beteiligten Länder des »ersten« Golfkriegs, den Irak und den Iran, unter Verletzung des Waffenexport- und des Neutralitätsgesetzes. Neben dieser »Noricum«-Affäre sollte schließlich noch der – ebenfalls erst von Franz Vranitzky zu verdauende – »Lucona«-Skandal Österreichs ungerecht überzogenen Ruf als »Skandalrepublik« festigen. Fred Sinowatz stand diesen Entwicklungen mehr oder minder hilflos gegenüber. Seine Versuche, sich mit einer Mischung aus volksnahem Populismus und autoritärer Geste (bezeichnend ein Kim-Il-Sung-ähnliches Plakat mit ihm vor Sonnenstrahlen) vom intellektuellen »Sonnenkönig« zu emanzipieren, blieben erfolglos. Der erfolgreiche Parteisekretär der burgenländischen SPÖ, unter Kreisky ebenso erfolgreicher Unterrichtsminister, musste erfahren, wie negativ sich die voll einsetzende »Amerikanisierung« der politischen Landschaft auswirken kann, wenn man nur einmal im »negativen Lauf« ist. Seine positiven Eigenschaften wie Volksnähe, Gemütlichkeit, Vertrauen und Erfahrung wurden durch seine negativ interpretierten (schwaches mediales Auftreten, Unsicherheit, Überforderung) zunehmend in den Hintergrund gedrängt, auch durch die schnell wachsende Abwertung der Politik insgesamt.

Sinowatz stürzte als Bundeskanzler nach anfänglichen Erfolgen rasch in der Gunst der Öffentlichkeit ab. Wurde Kreisky das vorsichtige Ansprechen und Ausprobieren möglicher Projekte auf ihre Durchsetzungs- und Kompromissfähigkeit (das Steigenlassen von »Luftballons«) noch als Stärke angerechnet, wurden ähnliche Vorgangsweisen bei seinem Nachfolger nur als Zögern und Zaudern ausgelegt – vor allem nach seinem durchaus richtigen Hinweis darauf, dass Dinge »eben kompliziert« seien: »Ich weiß schon, das alles ist sehr kompliziert, wie diese Welt, in der wir leben und handeln, und die Gesellschaft, in der wir uns entfalten wollen. Haben wir daher den Mut, mehr als bisher die Kompliziertheit darzulegen, zuzugeben, dass es perfekte Lösungen für alles und für jeden in einer pluralistischen Demokratie gar nicht geben kann. Helfen wir mit, dass die simplen Denkmuster in der Politik überwunden werden können und dass wir die notwendigen Auseinandersetzungen für einen demokratischen Willensbildungsprozess ohne Herabwürdigung der Demokratie führen können« (Regierungserklärung vor dem Nationalrat, 31. Mai 1983). Medial ebenso auf den angeblichen Satz »Ohne Partei sind wir nichts« verkürzt wurde seine Bemerkung vom 13. September 1984: »Die sozialistische Bewegung kennt aber eine Moral in der Politik, die über die individuellen Verpflichtungen hinausgeht. Nämlich den vollen Einsatz für die übertragenen politischen Aufgaben und die lebendige Verbundenheit mit den Menschen, die uns gewählt haben. Die Privatheit muss zu Gunsten dieser Verpflichtung zurücktreten. Die sozialistischen Mandatare brauchen kein Armutsgelübde abzulegen, aber sie sollen das bleiben, was sie gewesen sind, alle sollen verbunden bleiben mit diesem Lebenskreis, aus dem sie kommen.« Sinowatz wurde als Fossil altsozialistischer Funktionärsmentalität gegeißelt und seine Politikauffassung dem »individualistischen« Zeitgeist entgegengesetzt. Zunehmend wurde auch über sein Aussehen gewitzelt: Sprach Kreisky selbstironisch sein auch nicht gerade TV-genehmes Aussehen mit einem Zitat aus Friedrich Torbergs »Tante Jolesch« an (»Alles, was ein Mann schöner ist als ein Aff, ist ein Luxus«), verstärkte es bei Sinowatz den unsicheren Eindruck, den er oft medial hinterließ.

Neben allen personellen Affären und objektiven Problemen musste sich Sinowatz auch noch mit einer Partei herumschlagen, die ihre Strukturschwächen lange Jahre hinter der öffentlichen Dominanz Kreiskys verbergen hatte können. Die »Amerikanisierung« der Politik hatte auch die stärkste Parteiorganisation des Landes längst erfasst: Medien hatten die Rolle der hauptsächlichen Informationslieferanten der 660 000 Mitglieder übernommen, Traditionselemente der SPÖ wie Konferenzen, Rote Nelken, die »Internationale«, Maiaufmärsche, die Anreden »Freundschaft« oder »Genosse« werden immer weniger gutgeheißen, der Verfall der Parteiapparate einschließlich ihrer Vorfeldorganisationen ging mit einem Anstieg des Fernsehens einher. Signifikant in diesen Statistiken: der Rückgang bei den jüngeren Mitgliedern. Der Verfall der Macht der Parteiapparate brachte es mit sich, dass immer häufiger Außenseiter in die Politik einsteigen konnten. Die SPÖ war wie die ÖVP am Weg von einer Mitgliederpartei zur Wählerpartei.

Es sprach für Sinowatz, dass er diese Entwicklungen sah und danach handelte. Bereits knapp nach seiner Regierungsumbildung 1984 sah er im neuen Finanzminister seinen Nachfolger als Kanzler: »Ich war mir bald der Notwendigkeit eines neuen politischen Stils und einer

Verjüngung bewusst. Franz Vranitzky schien mir dafür das richtige Signal zu sein.« Die oppositionelle ÖVP gewann 1984 und 1985 bei drei Landtagswahlen hinzu, im Jänner 1986 hatte sie nach einer Umfrage des ORF erstmals seit 1970 die SPÖ überholt: Die Demoskopen sahen sie mit 45,6 zu 44,6 Prozent voran, die FPÖ, geschwächt durch den steten Kampf Jörg Haiders gegen ihre Regierungsfraktion, grundelte – in ihrer weiteren parlamentarischen Existenz gefährdet – um die entscheidende 5-Prozent-Marke. Vor diesem Hintergrund stieg der erste und einzige bundespolitische Wahlgang, für den Fred Sinowatz als Kanzler mitverantwortlich zeichnete: Bereits am 25. April 1985 hatte die SPÖ Gesundheitsminister Kurt Steyrer als ihren Kandidaten für die Bundespräsidentschaftswahl nominiert, fast exakt ein Jahr später musste sie mit ihm eine schwere Niederlage hinnehmen. Am 4. Mai 1986 erhielt der ÖVP-Kandidat Kurt Waldheim im ersten Wahlgang 49,6 Prozent der abgegebenen Stimmen, Steyrer nur 43,7, die grüne Kandidatin Freda Meissner-Blau 5,5 und der Rechtsaußen Otto Scrinzi, langjähriger Abgeordneter der FPÖ, 1,2. Im zweiten Wahlgang, am 8. Juni, war das Debakel der SPÖ perfekt: Waldheim behielt gegen Steyrer mit 53,9 Prozent gegenüber 46,1 die Oberhand.

Dem ersten großen konservativen Sieg seit 1970 war ein aufwühlender, wahrlich historischer Wahlkampf vorausgegangen. Begonnen hatte es mit dem »normalen« Begehren der österreichischen Konservativen, 1986 endlich einen der ihren als Gegengewicht zu einem sozialdemokratischen Bundeskanzler ins Amt des Bundespräsidenten zu hieven; der parteilose Außenminister Rudolf Kirchschläger, eine »Erfindung« Bruno Kreiskys, nicht nur wegen seiner Sprechweise oft an einen Pfarrer gemahnend, konnte nach zweimaliger Wahl nicht mehr kandidieren. Die »normale« Wahlkampfstimmung schlug in der Endphase dramatisch um: Anfang März 1986 veröffentlichten amerikanische Zeitungen (erste Berichte aus den siebziger Jahren waren damals in Österreich nicht registriert worden) Artikel über angebliche NS-Verstrickungen Waldheims. Insbesondere über jene Lebensphase »eines der bestinformierten Abwehr-Offiziere der Deutschen Wehrmacht am Balkan« (so Waldheim-Biograf Hanspeter Born von der Schweizer »Weltwoche«, ähnlich auch die später von der Regierung berufene unabhängige Historikerkommission) die der ehemalige UNO-Generalsekretär in all seinen Biografien ausgeklammert hatte. Obwohl niemals eine Beteiligung Waldheims an Kriegsverbrechen im Rahmen seiner Tätigkeit im Stab der Heeresgruppe E unter dem berüchtigten Wehrmachtsgeneral Alexander Löhr nachgewiesen wurde, blieb das Faktum bestehen, dass er seine Vergangenheit »geschönt« und jeweils auch unbedeutende Vorfälle nur dann zugegeben hatte, wenn sie detailliert belegt worden waren – wie etwa seine Zugehörigkeit zu einer NS-Reiterstandarte. »In Waldheim dürfte ein Prozess des Verdrängens seiner wohl auch ihn belastenden Kriegserfahrungen, parallel zum kollektiven Verdrängungsprozess der österreichischen NS-Vergangenheit, abgelaufen sein, der erst nach einigen Jahren, mit dem Ausgang der Entnazifizierung und der Kriegsverbrecherprozesse voll zur Wirkung kam. Somit dürfte sein ›schlechtes Gedächtnis‹ über seine kritischen Jahre auch nicht in jedem Punkt von einer kühl kalkulierten Strategie herrühren. Doch steht fest, dass Dr. Kurt Waldheim systematisch versucht hat, bestimmte, von der österreichischen und internationalen Öffentlichkeit als kritisch erachtete Punkte seiner Vergangenheit zu verschleiern« (der Historiker Gerhard Botz).

Diese Debatte überdeckte alle anderen Themen des Wahlkampfes und demonstrierte, wie stark in Österreich – abgestuft in allen Parteien – nach 1945 grundsätzlichere Auseinandersetzungen mit dem NS-Erbe verdrängt worden waren. Waldheim wurde plötzlich zum Katalysator für heikle Themen und Thesen: Die »Pflichterfüllung« der »Soldatengeneration« auch gegenüber dem verbrecherischen NS-Regime, unter dem 2700 österreichische Widerstandskämpfer hingerichtet, 16 107 Österreicher in Kerkern und 81 952 Österreicher, davon 64 459 Juden in Konzentrationslagern ermordet worden waren; das lange verbreitete Leugnen jeder Mitschuld Österreichs daran; schließlich kamen von manchen Unterstützern Waldheims kaum verbrämte antisemitische Untertöne hinzu (»ehrlose Gesellen von der Ostküste«, »Weltjudentum«, »gewohnheitsmäßige Verleumder«). Am deutlichsten vom Linzer ÖVP-Vizebürgermeister Carl Hödl, der die Angriffe des Jüdischen Weltkongresses gegen Waldheim mit der Kreuzigung von Jesus Christus durch »die Juden« verglich (»wie ihre Glaubensgenossen vor zweitausend Jahren, die in einem Schauprozess Jesus Christus zum Tode verurteilt haben«). Freilich überzog auch manche Kritik, die Waldheim taxfrei zum Kriegsverbrecher ernannte. Vor allem in den USA richtete sie sich nicht nur gegen den »SS-Butcher« (Schlagzeile des Boulevardblattes »New York Post«) Waldheim, sondern auch gegen die proarabische Politik des einstigen UN-Generalsekretärs.

Im Zuge der Auseinandersetzungen kam es auch zu einer Umpolung der Österreich-Gefühle. Bis in die achtziger Jahre wurde die Entwicklung der »österreichischen Nation« politisch »progressiv« entwickelt, wie der Historiker Felix Kreissler feststellt: »Es kann keineswegs reaktionär sein, die Merkmale der nationalen Identität eines kleinen Volkes hervorzuheben und das fortschreitende Bewusstwerden einer Nation zu studieren. Was nun Österreich betrifft, so kompliziert und rechtfertigt sich sein Fall infolge eines zusätzlichen Faktors: der Macht der pangermanistischen Ideologie, der das österreichische Volk unterworfen war und den konkreten Absichten des deutschen Imperialismus, dessen Opfer Österreich 1938 wurde.« Die SPÖ erfüllte durch Überwindung früherer deutschnationaler Orientierungen eine entscheidende Rolle für die Herausbildung eines österreichischen Nationalbewusstseins: »Die österreichische Sozialdemokratie war vor eine größere Aufgabe gestellt als die Arbeiterparteien in den europäischen Ländern, deren nationalstaatlicher Charakter schon im vorigen Jahrhundert weitgehend unbestritten und selbstverständlich war – die österreichische Sozialdemokratie besorgte eine Ersatzloyalität und Ersatzidentität, die anderswo auch für Sozialdemokraten von der eigenen Nation kam« (der Politologe Anton Pelinka). Während der Waldheim-Affäre kam es 1986 erstmals zu einer entscheidenden Modifizierung. Teile des konservativen Lagers reklamierten rot-weiß-roten Patriotismus plötzlich für »Werte«, die von den früheren Hauptvertretern der »österreichischen Nation« abgelehnt wurden: Provinzialismus (»Wir Österreicher wählen, wen wir wollen«), versteckter und offener Antisemitismus, Ausländerfeindlichkeit. In den neunziger Jahren, vor allem in der aktuellen Auseinandersetzung um die Sanktionen der 14 EU-Staaten gegen Österreichs neue Regierung, glaubt vor allem Haiders FPÖ, einst Hauptkraft des Deutschnationalismus, diese Form des »Österreich-Gefühls« für sich nutzen zu können. Autor Robert Menasse, sonst von Haider gern zitiert, nennt diesen deshalb auch – sicher überspitzt – einen »Austro-Faschisten«.

Waldheim selbst trug mit seiner, von ihm selbst später bedauerten Formulierung von seiner »Pflichterfüllung« im Rahmen der Deutschen Wehrmacht dazu bei, dass viele Tabus verletzt wurden, die im Geschichtsbild der Zweiten Republik bis dahin weitgehend unangetastet geblieben waren: etwa die Tatsache, dass es schon vor 1938 100 000 illegale Nazis gab; die fast 100-prozentige Bejahung des »Anschlusses« bei der Volksabstimmung danach, die sich nicht nur aus der diktatorischen Vorbereitung des Votums erklären lässt, sondern auch durch die von Kardinal Innitzer bis Karl Renner personifizierte rasche Anpassungsbereitschaft; der überproportionale Anteil der Österreicher bei den Kriegsverbrechen der NS-Tötungsmaschinerie; die unzulängliche »Entnazifizierung« nach 1945, die in einigen Bereichen (Kultur, Medien, teilweise Justiz) überhaupt nicht und in anderen vor allem parteitaktisch (Wahlrecht für ehemalige Nazis) vollzogen wurde. In dem unter Kreisky zumindest oberflächlich »international« gewordenen Land hatte sich die Bunkerstimmung des »Jetzt erst recht« breit gemacht, die Waldheim-kritischen internationalen Medien wurden als Marionetten einer globalen antiösterreichischen Kampagne denunziert, die einheimischen Kritiker – wie vielfach jetzt – als »Nestbeschmutzer«.

Entsprechend der historischen Dimension dieser fast nur therapeutisch zu begreifenden Auseinandersetzung, entsprechend aber auch den geänderten politischen Formen und Formationen bildeten sich die Fronten in dieser Auseinandersetzung quer zu den Parteifronten: Kurt Waldheim bekam die 54 Prozent Stimmen, die ihn im zweiten Wahlgang gegen den angesichts dieser Polarisierung hilflosen SPÖ-Kandidaten Kurt Steyrer unterstützten, keineswegs nur aus dem traditionellen ÖVP-Reservoir, sondern auch von anderen Teilen der »Wehrmachtsgeneration«, die sich persönlich mit angegriffen fühlten. Die Demonstranten, die vor und noch lange nach seiner Wahl gegen ihn mobil machten, kamen keineswegs bloß aus dem SPÖ-Bereich, sondern vor allem aus den »neuen Mittelschichten« und der kulturellen Intelligenz. Die SPÖ hatte nach anfänglich klammheimlicher Freude krampfhaft versucht, während des Wahlkampfs das Thema auszuklammern, sah sie doch zu Recht Steyrers Chancen dadurch geschmälert. Sie wusste auch, dass sie selbst historisch nicht unschuldig war an diesem Klima: Man denke an ihre eigenen, im Gefolge der 2000 neu aufgerollten Causa Gross öffentlich diskutierten »braunen Flecken« – etwa ihre Bemühungen um die Integration nicht immer geläuterter Nazis, an die Ausfälle Kreiskys gegen Wiesenthal, an die parteitaktischen »Belastungen« durch die Affären Reder und Peter, vor allem aber an die von ihr lange voll mitgetragenen Mythen und Tabus der Zweiten Republik.

Die Vorsicht nutzte der SPÖ in keiner Hinsicht: Insbesondere Fred Sinowatz wurde für die »Kampagne« gegen Kurt Waldheim verantwortlich gemacht, die 1987 sogar zum Erlass eines Einreiseverbotes für den österreichischen Bundespräsidenten in die USA (»Watch list« für NS-belastete Personen) führte. Ihm wurde von politischen und publizistischen Gegnern nie eine ironische Bemerkung über Waldheim verziehen (»Wir haben zur Kenntnis genommen, dass nicht er bei der SA war, sondern nur sein Pferd«), insbesondere in seinem Kabinettschef Hans Pusch wurde der Initiator der »Jagdgesellschaft« vermutet. Sinowatz resignierte: Gleich nach der Wahl Waldheims zum Bundespräsidenten trat Fred Sinowatz als Bundeskanzler zurück und schlug Franz Vranitzky als seinen Nachfolger vor, Peter Jankowitsch folgte Außenminister Leopold Gratz. Auch die so neu formierte kleine Koalition hielt nur mehr drei Monate: Im September brach Franz Vranitzky nach dem Sturz Norbert Stegers durch Jörg Haider – Sinowatz sieht es im Rückblick als taktischen Fehler an, dem Vizekanzler und seinem Regierungsteam gegen die FPÖ-interne Rechtsopposition nicht mehr »Entfaltungsmöglichkeiten« gelassen zu haben – die Zusammenarbeit mit den Freiheitlichen ab.

Sinowatz selbst blieb von der Causa noch Jahre hindurch verfolgt. 1986, nach der Wahl Waldheims, hatte der Journalist Alfred Worm im »profil« geschrieben, Sinowatz habe bereits im Oktober 1985, vor den ersten internationalen Presseberichten über die Wehrmachtsaktivitäten Waldheims am Balkan, in einer Sitzung des burgenländischen Parteivorstands angekündigt, man werde im kommenden Wahlkampf die »braune Vergangenheit« des Kandidaten thematisieren. Schlussfolgerung vieler Sinowatz-Kritiker, nicht jene Worms (»Ich persönlich schließe nach meinem Wissensstand vollkommen aus, dass Dr. Fred Sinowatz Betreiber der Kampagne gegen Kurt Waldheim gewesen sein kann«): Der Kanzler hätte die »Kampagne« losgetreten. Sinowatz – damals nicht mehr Bundeskanzler, aber noch SPÖ-Parteivorsitzender – klagte. Worm meint heute dazu, er wäre juridisch falsch beraten gewesen (»Ich habe einen Vergleich angeboten«). Sinowatz: »Wir mussten uns im Wahlkampf gegen die Behauptung der ÖVP wehren, wir hätten uns gegen Österreich verschworen.« Worm wurde 1989 von Richter Ernest Maurer – 2000 auf Vorschlag der FPÖ ins ORF-Kuratorium bestellt – freigesprochen, nicht zuletzt wegen eines ihn bestätigenden handschriftlichen Protokolls der fragwürdigen Sitzung, verfasst von Ottilie Matysek, der inzwischen in Parteiungnade gefallenen ehemaligen Klubobfrau der SPÖ-Burgenland. Das dicke Ende kam aber erst: Gegen Sinowatz selbst wurde ein Strafverfahren wegen falscher Zeugenaussage eingeleitet, er selbst 1991 auch in zweiter Instanz verurteilt. Da nutzte es nichts, dass alle anderen 39 Parteivorstandsmitglieder gegen Matysek aussagten, dass nun selbst der Oberstaatsanwalt auf Freispruch aus Mangel an Beweisen plädierte.

Damals war Fred Sinowatz schon nur mehr Privatmann. Im Mai 1988 war Franz Vranitzky auch als Parteivorsitzender der SPÖ zu seinem Nachfolger gewählt worden, im September hatte er auch sein Abgeordnetenmandat zurückgelegt. Fünf Jahre später musste er noch einmal vor Gericht: Am 24. Juni 1993 wurde er – gemeinsam mit Gratz und Blecha – vom Vorwurf freigesprochen, im Zuge der »Noricum«-Affäre das österreichische Waffenexportgesetz verletzt und die österreichische Neutralität gefährdet zu haben. Noch heute empfindet er keine Befriedigung über diesen Freispruch, macht er den Prozess doch für den Ausbruch der Krebserkrankung seiner Frau Hermine mitverantwortlich, die 1995 mit ihrem Tod endete. Im Jahr 2000 scheint der auf einen Stock gestützte Fred Sinowatz, inzwischen als Privathistoriker tätig und noch immer als Vortragender gefragt, nicht ganz über diesen Verlust hinweggekommen zu sein, weit weniger jedenfalls als über das rasche Ende der von ihm geführten Regierung. Verständlich, wenn man seine Gattin gekannt hat. Und verständlich, wenn man berücksichtigt, dass Sinowatz vor seiner Kanzlerschaft jahrzehntelang unbestreitbare politische Erfolge erzielen hatte können.

FRANZ VRANITZKY:

mehr Therapeut als Visionär

Ein Staatsmann in heiklen Zeiten

Es lag auf der Hand, dass sich Franz Vranitzky mehr an Bruno Kreisky als an Fred Sinowatz messen wollte. Er trat wie sein Vor-Vorgänger mit dem Motto eines »Modernisierungsschubs« an, (»Vor uns das neue Österreich«, hieß die Parole seiner ersten Nationalratswahlkampagne), wohl auch, um von der spürbaren Sehnsucht nach dem »Alten« zu profitieren, ohne dessen Schwächen übersehen zu müssen: »Zu den vielen Fähigkeiten, die Bruno Kreisky besaß, gehörte auch die Fähigkeit, Kompliziertes einfach darstellen zu können, Schwieriges als leicht lösbar erscheinen zu lassen. Er tat sich dann manchmal schwer, es zu lösen. Manches blieb auch in seiner Ära ungelöst. Spricht man von der Zeit nach Kreisky, so sollte das nicht übersehen werden. ... Kreisky hinterließ ein doppeltes Erbe: einerseits Schuhe, die jedem Nachfolger zu groß sein mussten, und andererseits Probleme, die schon Kreisky nicht hatte lösen können und die zum Teil sogar auf seine Politik zurückgehen. ... Arbeitsbeschaffung mit Hilfe von Steuermilliarden« (Hugo Portisch in der Festschrift zum 10. Amtsjubiläum von Franz Vranitzky).
Vranitzkys unmittelbarer Amtsvorgänger Fred Sinowatz hatte in seiner kurzen Zeit als Kanzler viel von dem Sympathiekapital verspielt, das die Öffentlichkeit am Ende der Ära Kreisky seinem

Nachfolger zu geben bereit war, nicht (nur) aus eigenem Verschulden, nicht (nur) aus Schuld der über den Verlust ihrer überragenden Leitfigur orientierungslos gewordenen eigenen Partei, nicht (nur) wegen der Probleme mit einer ungewohnten Koalition, einem völlig zerstrittenen Partner und einer Causa, die nicht nur Biografie und Glaubwürdigkeit eines Bundespräsidenten erschütterte, sondern die des halben Landes. Fred Sinowatz hatte als Kanzler auch jede Fortune gefehlt, jenes Quäntchen Glück, das auch ein gescheiter und eifriger Politiker braucht, um zu einem erfolgreichen zu werden. Anders ausgedrückt: Fred Sinowatz war einer fast unglaublichen Pechsträhne ausgesetzt, er kam während der drei Jahre seiner Kanzlerschaft zunehmend und zusehends schlechter damit zurecht, am Ende wirkte er bisweilen wie ein Häufchen Elend. Auch das ein ungerechter Eindruck: Sinowatz hatte immerhin, diszipliniert wie stets für seine Partei den machtpolitischen Durchblick behalten, um – so Vranitzkys hart formulierender Biograf Hans Rauscher – »der abgewirtschafteten, ideenlosen, skandalzerfressenen SPÖ die Möglichkeit zu geben, ihre Führungsrolle im Land beizubehalten«. Sinowatz hatte dafür – mit einer für sich ganz anderen Begründung – zum richtigen Zeitpunkt den richtigen Mann auserkoren.

Das war eben jener Franz Vranitzky, den er 1971 als neuer Unterrichtsminister im Büro seines Ressortkollegen Hannes Androsch kennen gelernt hatte, in einer Schar von Menschen, die ganz anders waren als die altgedienten Parteifunktionäre in ganz Österreich, nicht nur im Burgenland: Androsch, sein Pressesprecher Josef »Beppo« Mauhart und sein wirtschafts- und finanzpolitischer Berater Franz Vranitzky, um die drei heute noch bekanntesten zu nennen. Sie waren zwischen 30 und 40 Jahre alt, ziemlich jung für die ziemlich alte SPÖ (in der ÖVP hatte sich um Josef Klaus herum ein ähnlich junges Team von Talenten gebildet), ziemlich lässig und ziemlich selbstbewusst, mit der SPÖ zwar lange verbunden, aber nicht von ihr abhängig. Androsch wurde damals schon mit Klischees überhäuft, ein James-Dean-Typ genannt, als »eiskalter Engel« mit Alain Delon verglichen, hatte jedenfalls politisches Sexappeal. Wie es sich für einen guten und auch machtbewussten Chef gehörte, ließ er – zum Unterschied von Bruno Kreisky – seine Mitarbeiter nach einiger Zeit auch ihre eigenständige Karriere machen: Mauhart ging 1976 in die Austria-Tabak, Vranitzky im selben Jahr in die CA, beide erklommen bald höchste Positionen. Sinowatz ließ Vranitzky nicht aus den Augen.

Anfang der achtziger Jahre, als Androsch zunehmend ins Gerede kam, sah er in ihm einen »Androsch mit einer weißen Weste«.

Einen Punkt hatte Sinowatz mit dem sonst so anders wirkenden Vranitzky gemeinsam: Beide stammten zum Unterschied von Kreisky wirklich aus der Arbeiterschaft, Sinowatz aus der burgenländischen, Vranitzky aus der Urwiener Spezies. Franz Vranitzky wurde am 4. Oktober 1937 als Sohn eines Eisengießers und kämpferischen Sozialdemokraten geboren, der miterleben musste, wie ein enger Freund neben ihm im Februar 1934 auf der Straße erschossen wurde und der aus der Enttäuschung über das Ende seiner Partei eine gar nicht untypische Konsequenz zog: Er ging zu den Kommunisten, die 1934 zum ersten und einzigen Mal in Österreich eine (illegale) Massenpartei wurden. Sein Sohn wuchs in äußerst ärmlichen Verhältnissen auf, in einer Dornbacher Kellerwohnung, die Mutter war eines jener burgenländischen Mädchen gewesen, die in Wien Arbeit gesucht hatten, um überleben zu können. Während der Vater als Soldat für ein verhasstes System kämpfen musste, brachte sie die Familie (1940 wurde noch ein Mädchen geboren) mit Heimarbeiten durch. In der von Hans Rauscher verfassten Biografie über ihn schildert Vranitzky eine an den ersten »Bockerer«-Film gemahnende Episode: »Wir haben in der Schule – ich war zu klein für die Hitlerjugend – eines Tages so blaue Kappeln bekommen, mit einem Hakenkreuz oben. Meine Mutter hat gesagt, das ist ein sehr praktisches Kappel, aber das Hakenkreuz passt nicht, das schneiden wir heraus. Da hat die Mutter in die Schule gehen müssen und ist vom Direktor fürchterlich angeschrien worden, aber sie hat sich in ihrer Naiv-Überzeugung so zur Wehr gesetzt, dass die dann gesagt haben, verschwinden Sie, wir wollen Sie nicht mehr sehen.« Die Mutter war zeit ihres Lebens eine überzeugte Katholikin, die sich nur in einem Punkt nicht durchsetzte: Ihre Kinder wurden nach dem Vater protestantisch getauft. Sie blieben es nicht lange: Weil der Vater halbwegs gesund aus dem Krieg zurückkam, wurden die Kinder dem Wunsch seiner Gattin und seinem eigenen Versprechen gemäß »umgetauft«, der spätere Kanzler für kurze Zeit sogar Ministrant. Wieder nicht lange: Wegen Raufhandels wurde er vom Kirchendienst entbunden, gläubig ist er sowieso nicht gewesen. 1984 ist Franz Vranitzky aus

der katholischen Kirche ausgetreten, zwei Jahre später – nach heftigen Protesten der Familie seiner Frau – wieder eingetreten, »hin und
her gerissen zwischen gesellschaftlichen Konventionen«.

Vater Vranitzky hatte nach dem Krieg eine Anstellung beim Wasser-
werk gefunden, erst später – wann genau, weiß Franz Vranitzky
selbst heute nicht (»Das hat er ein bisschen verschleiert«) – trat er
wieder der SPÖ bei. Der Bub wurde nicht direkt politisiert, sein Interesse fast automatisch geweckt: Im Haushalt lagen mehrere Tages-
zeitungen auf, das überparteiliche »Neue Österreich« ebenso wie die
»Arbeiter-Zeitung« und die »Volksstimme«, da musste der Vater gar
nicht viel zusätzlich debattieren: »Das war ja nicht ein Intellektuel-
len-Haushalt. Da war ein Arbeiter, der am Abend heimgekommen
ist und seine Ruh haben wollte. Er hat nie gesagt, du musst einmal
ein Roter werden. Das hat sich ohnehin von selber ergeben.« Immerhin hat er seinem Sohn eine gerade auch in der Arbeiterbewegung nicht selbstverständliche Abscheu vor Fremdenfeindlichkeit
und Antisemitismus mitgegeben. Und ein »Linker« ist der Vater
auch in der SPÖ geblieben, wie sich Vranitzky erinnert: »Als ich
1970 vom Androsch ins Finanzministerium gerufen wurde, hatte ich
eine geraume Zeit mit meinem Vater etliche Debatten, weil er sagte,
zu solchen Rechten wie dem Kreisky oder dem Androsch geht man
nicht.«

Nach dem Besuch der Volksschule empfahlen Lehrer den aufge-
weckten Buben dringend zum Besuch einer Mittelschule. Das konnte sich die Familie gerade noch leisten, eine ähnliche Ausbildung der
Schwester – die vorerst in eine Schuhfabrik ging und dann Kinder-
gärtnerin wurde – nicht mehr. Franz Vranitzky maturierte 1955 im
Realgymnasium Geblergasse, das Taschengeld verdiente er sich
während der Ferien durch Arbeiten am Bau oder bei der Post,
während des sonstigen Jahres durch Nachhilfestunden in Englisch
und Latein. Vranitzky inskribierte an der Hochschule für Welthan-
del, der heutigen Wirtschaftsuniversität. Wie der um ein halbes Jahr
jüngere Androsch und der um fünf Jahre jüngere Ferdinand Lacina,
die einander später im VSSTÖ (Verband Sozialistischer Studenten)
wild bekämpften: Androsch am rechten Flügel (wie Mauhart und
der spätere Verstaatlichten- und Verkehrsminister Rudolf Streicher
in Leoben), Lacina am linken (wie der spätere Landwirtschaftsminister Erich Schmidt oder Albrecht Konecny, heute Internationaler Sek-

Franz Vranitzky mit seinen zwei »Hauptsorgen«: Bundespräsident Kurt Waldheim und Jörg Haider bei dessen ersten Angelobung als Kärntner Landeshauptmann 1989.

Franz Vranitzky bei der Eroberung der späten Zuneigung von Bruno Kreisky 1990.

Franz Vranitzky bei seinem größten politischen Erfolg: der EU-Volksabstimmung am 12. 6. 1994.

retär der SPÖ; Heinz Fischer, etwas älter, versuchte wie stets in seinem Leben als »Zentrist« Balance zu halten). Vranitzky hielt losen Kontakt, nicht mehr: »Ich habe mich durch das ewige Nebenverdienen nicht sehr viel darum gekümmert.« Im Vordergrund standen andere Dinge: Der Studienabschluss (nach fünf Jahren, 1960, konnte sich Vranitzky Diplomkaufmann nennen) – und das Basketballspiel. Der junge Mann war – für österreichische Begriffe – groß genug, um in dem damals noch wenig bekannten, von den US-Soldaten popularisierten Sport eine Spitzenrolle zu spielen, bei der »schwarzen« Union Babenberg und (42-mal) im Nationalteam. In der verfallenen Halle in der Wiener Herrengasse – heute der Prachtsaal des Palais Ferstl – lernte der damals 21-jährige Franz Vranitzky 1958 seine drei Jahre jüngere Gattin kennen: Christine Kristen, eine Spitzenleichtathletin und -basketballerin. 1962 wurde geheiratet, das Paar bekam zwei Kinder: Tochter Claudia und Sohn Robert. Was bei den meisten Politikerfamilien nur Show ist, ist bei den Vranitzkys Realität: Die Familie hält zusammen – auch wenn manche Ansichten der eigenständigen Christine ihrem Gatten später politisches Ungemach bereiten sollten. Franz Vranitzky, nicht nur wegen seiner Macht oft umschwärmt, wurde nie auch nur der Hauch einer Affäre nachgesagt – mit ein Grund dafür, dass er sich nie in männerbündischen Gruppen wohl fühlte, auch nicht in solchen im sozialdemokratischen Milieu.

Der Diplomkaufmann Franz Vranitzky fand nach Studienabschluss 1960 seinen ersten Job im Rechnungswesen der Firma Siemens-Schuckert, ein Jahr später wechselte er in die Nationalbank. Dorthin brachte ihn deren stellvertretender Generaldirektor Stefan Wirlander – und zur SPÖ: Vranitzky trat ihr zu Beginn 1962 bei. Er konnte sich als Mitarbeiter der volkswirtschaftlichen Abteilung entscheidend weiterbilden, erwarb noch den Doktortitel, verbrachte viele Monate in Großbritannien und den USA. Andreas Korp, Vizepräsident der Nationalbank, gewann Vranitzky für sein Büro, Heinz Kienzl, »Verbinder« zum neuen ÖGB-Präsidenten Anton Benya, baute ihn in die SP-Betriebsorganisation ein. Und empfahl den tüchtigen Mitarbeiter einem noch jüngeren Genossen, der 1970 dringend Mitarbeiter suchte: Hannes Androsch. Beide harmonierten damals, in einer speziell für Sozialdemokraten an den Schalthebeln der Macht extrem spannenden Periode – Hochkonjunktur, Reformeuphorie, Gestaltungsspielraum – durchaus. Vranitzky hält heute seinen ehemaligen Chef trotz der späteren Entzweiung für einen »besonders begabten Politiker« und wollte noch 1995 »die Freundschaft nicht einfach über Bord werfen«. Androsch, dessen in Schwarz-Weiß gefärbtes Freund-Feind-Denken zu seiner sonstigen analytischen Brillanz nicht zu passen scheint, wohl aber diesbezüglich der persönlichen Unduldsamkeit Kreiskys ähnelt, unter der er selber leiden musste, sieht das anders: »Dazu würde gehören, dass dieses seltene Gut zwischen uns jemals bestanden hat. Ich habe Vranitzky auf Vorschlag Heinz Kienzls in mein Kabinett geholt. Als er immer mehr auf eigene Vorteile bedacht war, habe ich ihn 1976 in die CA weggelobt. Freundschaft hat zwischen uns beiden nie bestanden.«

Es war wohl nicht nur die beginnende Entzweiung zwischen den beiden, die Vranitzky in die CA brachte, im Gegenteil: Der Finanzminister hatte durchaus Interesse, einen verlässlichen Verbündeten in die damals größte verstaatlichte Bank zu bekommen, unter Heinrich Treichl eine der letzten »bürgerlichen Bastionen«. Nach der von Rauscher zitierten Erinnerung Treichls hat sich Vranitzky dort »sehr loyal und sehr vernünftig verhalten. Er hatte den Vorteil einer sehr guten Grundausstattung mit wirtschaftspolitischen Kenntnissen, vielleicht am wenigsten ausgestattet war er mit praktischer betriebswirtschaftlicher Erfahrung. … Die meisten Entscheidungen waren auch sachbezogen vorgegeben. Wenn ein intelligenter Mensch einen Kredit beurteilt, wird die Entscheidung eines Sozialisten kaum anders aussehen als die eines Bürgerlichen. Ich glaube, er war ein Beobachter, der sicher auch dem Androsch berichtet hat.« Für die weiter existierende Loyalität Vranitzkys Androsch gegenüber spricht auch, dass er zu Jahresbeginn 1981 rasch den Posten in der CA räumte, als Kreisky – ihm war einmal sogar hinterbracht worden, Androsch hätte im Kreise seines »Clans« auf einer Papierserviette bereits seine Kabinettsliste aufgezeichnet – Androsch dorthin abschieben wollte. Vranitzky in einem Gespräch für dieses Buch: »Er hat es schließlich mir zu verdanken, dass er überhaupt in die CA kam, ich hätte ja nicht weggehen müssen.« Das hätte freilich auch zu einer ernstlichen Verstimmung Kreiskys geführt, der seinen ungeliebten Vizekanzler mit allen Mitteln aus seiner Regierung entfernen wollte.

Vranitzky fiel dieser Weggang auch aus einem anderen Grund nicht allzu schwer: Die Länderbank, in die er als Generaldirektor wechselte, musste zwar damals gerade dringlich saniert werden, sie stellte damit aber auch eine größere Bewährungsprobe dar als die CA. Treichl, der im Sommer 1981 in Pension ging und von Androsch ersetzt wurde: »Die Länderbank war wirklich in einem Führungschaos. Er hat sich sehr rasch als führender Mann durchgesetzt und dem Institut rasch ein anderes Profil gegeben. Sein Stil war elegant, weniger bieder. Die Länderbank war zu dieser Zeit, sehr hart ausgedrückt, eine Mischung aus Bürokratismus und Vulgarität. Das hat er sicher abgebaut. Als Nummer eins in der Länderbank hat der Vranitzky gezeigt, dass er auch stilprägend sein konnte.« Die Sanierung gelang, freilich unter Zuhilfenahme von staatlichen Milliardenzuschüssen. Dazu musste erst der größte Verlustbringer, Kreiskys Lieblingsprojekt Eumig – mit 2000 Arbeitsplätzen – abgestoßen werden. Im Kurort des Kanzlers, im bayerischen Bad Wörishofen, überzeugte Vranitzky Kreisky, ausgestattet mit harten Unterlagen, von der Unvermeidlichkeit dieser Entscheidung. Gattin Christine zu Rauscher: »Das war wirklich arg. Denn er ist ja in Wirklichkeit nicht der total Harte, sondern er ist ein ganz weicher Mensch.« Ähnlich sah das der »trend«, der Vranitzky wegen der »Wiedergeburt der Länderbank« 1984 zum »Mann des Jahres« wählte: »Das soll aber nicht heißen, dass Vranitzky zu feige oder zu schwach wäre, solche Sachen notfalls im Handstreich zu erledigen. Er ist nur ein Weltmeister im Vermeiden von Risiken. Er geht aus Prinzip nicht auf Konfrontationen.« Sein ehemaliger Kabinettschef Max Kothbauer, später selbst stellvertretender CA-Generaldirektor: »Er behandelt Leute überhaupt nie schlecht. … Ihm fehlt jedes erotische Verhältnis zur Macht.«

Es waren solche Eigenschaften und solche Artikel, die Fred Sinowatz dazu brachten, Vranitzky bereits 1983 als Finanzminister ins Auge zu fassen: »Aber das ging damals noch nicht. Kreisky hätte getobt.« Für den Altkanzler war Herbert Salcher »sein« Mann, Vranitzky noch immer der von Androsch – obwohl Kreisky in seiner Endphase selbst mit dem Gedanken spielte, Vranitzky als Staatssekretär die zunehmend in die Krise geratene verstaatlichte Industrie sanieren zu lassen. Als Salcher im August 1984 mit seiner Sachverhaltsdarstellung an die Staatsanwaltschaft über eine mögliche Steuerhinterziehung Androsch weiter – und wie sich später herausstellen sollte, entscheidend – zu verfolgen trachtete, versuchte Sinowatz diesen für die gesamte SPÖ zunehmend schädlichen Konflikt einzudämmen und mit einer großen Regierungsumbildung das erste, für die gesamte Koalition desaströse Jahr vergessen zu machen: Sein alter Freund Leopold Gratz ersetzte als Außenminister Erwin Lanc, Gertrude Fröhlich-Sandner Elfriede Karl als Familienministerin, neuer Verkehrsminister (samt den heiklen Agenden der verstaatlichten Industrie) wurde statt Karl Lausecker Ferdinand Lacina.

Die wesentlichste Veränderung bezog sich aufs Finanzministerium: Franz Vranitzky folgte Herbert Salcher. Josef Cap, 1988 von Vranitzky als Zentralsekretär eingesetzt und 1995 in einer für ihn typischen, weil konfliktscheuen Form zu Gunsten von Brigitte Ederer wieder abgesetzt, stimmte am 3. September 1984 im Parteivorstand der SPÖ als Einziger gegen die Regierungsumbildung, die von Kreisky wie von den SPÖ-Jugendorganisationen vehement kritisiert wurde. In der SPÖ wurde damals alles dem Konflikt der zwei gar nicht mehr in der Regierung befindlichen Ex-Giganten untergeordnet: Wer nicht für Kreisky war, war für Androsch und umgekehrt. Eine besonders für Sinowatz unangenehme Situation, die auch Vranitzky zu spüren bekam. Als er in ersten Interviews in technokratischer Unbekümmertheit die deutsche Budgetsanierung unter Helmut Kohl als Vorbild nannte, schrie die Parteilinke öffentlich gegen ihn auf. Ebenso, als er klarmachte, dass Kreiskys populäres Prinzip, ihm seien »ein paar Milliarden Schulden mehr lieber als ein paar tausend Arbeitslose mehr« für ihn keine Handlungsmaxime mehr sein könne. Die »Neue Zürcher Zeitung« wertete die Regierungsumbildung dementsprechend als eine »Verschiebung zu den pragmatischen Kräften«, die »Financial Times« witterte dahinter einen »traditionellen Konflikt zwischen ideologischen und pragmatischen Sozialisten«. Und Vranitzky galt vielen in der SPÖ endgültig und wohl allzu simpel als »Rechter«, ein Image, das der im Kern seines Wesens tatsächlich betont unideologische Pragmatiker erst abbauen konnte, als die volle Tragweite der Causa Waldheim und die volle Bedeutung des Kurswechsels beim Koalitionspartner FPÖ offenbar wurde.

Fred Sinowatz, gerade erst mit der wie der Blitz über die Regierung gekommenen Kämpfe um das Kraftwerk Hainburg halbwegs fertig geworden und mit permanenten weiteren Affären um die Koalition konfrontiert, war in die Auseinandersetzung um Kurt Waldheim mehr hineingestolpert als hineingegangen. Vorerst schien die Sache einfach: Der 1983 halb erfolgreiche, halb erfolglose ÖVP-Obmann Alois Mock versuchte mit dem bereits einmal, 1971, gescheiterten Kandidaten Kurt Waldheim, inzwischen durch sein Amt als UNO-Generalsekretär »geadelt«, die ersehnte konservative Wende in Österreich vorzubereiten. Gegen den Diplomaten schien der »volksnahe« Arzt Kurt Steyrer, seit 1981 Minister für Gesundheit und Umweltschutz, der SPÖ ein Erfolg versprechender Kandidat zu sein. Bereits 1970 war das damals kaum beachtete Gerücht aufgetaucht, Waldheim sei Mitglied einer »SS-Reiterstandarte« gewesen. Diesmal kam es anders: Der Journalist Hubertus Czernin nahm mit Waldheims Zustimmung Einsicht in die Wehrstammkarte des Kandidaten und veröffentlichte sie drei Monate vor der für den 8. Mai 1986 angesetzten Präsidentschaftswahl im »profil«. Weitere Details aus Waldheims Vergangenheit folgten, die Sache bekam rasch eine internationale Dimension. Waldheim verteidigte sich, leugnete – wie schon in seiner Autobiografie – nachweisbare Lebensabschnitte und sprach den verhängnisvollen Satz von der »Pflichterfüllung« in der Deutschen Wehrmacht.

Nach heutigem Wissensstand ist klar: Kurt Waldheim war kein Kriegsverbrecher, er hatte aber – wie viele seiner Generation – wichtige Punkte seiner Vergangenheit geschönt und/oder verdrängt. Und er hatte zugelassen, dass zu seiner Verteidigung auch antisemitische und ausländerfeindliche Töne laut wurden, speziell, nachdem er im April 1987 von den US-Behörden wie ein echter Nazi auf die »Watchlist« gesetzt worden war. Vor und nach seiner Wahl – die starke Emotionalisierung und Polarisierung während der letzten Phase des Wahlkampfes brachten Waldheim im zweiten Wahlgang am 8. Juni 1986 53,9 Prozent der Stimmen – wurde – wie 14 Jahre später – eifrig an Verschwörungstheorien gebastelt: Die SPÖ, ja Sinowatz persönlich oder zumindest sein Pressesprecher Hans Pusch, hätten die Kampagne inszeniert und via Auslandsmedien reimportieren lassen. Bis heute ist dies nicht bewiesen, auch wenn Sinowatz durch einen unklugen Presseprozess diesen Verdacht zumindest nicht ausräumen konnte und dafür später mit einer gerichtlichen Verurteilung auch persönlich einen hohen Preis zahlen musste. Aber selbst wenn die Dinge so gewesen wären, wie es die gegen Sinowatz auftretende Kronzeugin, die burgenländische SPÖ-Dissidentin Ottilie Matysek behauptet hatte, hätte dies nichts an der prinzipiellen Wertung und Bedeutung der Sache verändert: Die Causa Waldheim machte sichtbar, wie wenig Österreichs Gesellschaft gewohnt war, sich offen und selbstkritisch mit dem Erbe des Nationalsozialismus auseinander zu setzen. Waldheim wurde zum Katalysator, partiell auch zum – nicht unschuldigen – Opfer dieser geschichtlichen Last, ebenso Sinowatz: einen Tag nach Waldheims Wahl trat er zurück, an seiner Seite auch Außenminister Leopold Gratz. Sinowatz schlug den Finanzminister als seinen Nachfolger vor. Franz Vranitzky wurde am 16. Juni 1986 als Bundeskanzler angelobt, er sollte es mehr als zehn Jahre bleiben, nach jener Bruno Kreiskys die zweitlängste Amtsperiode eines Kanzlers in der Zweiten Republik.

Die von Sinowatz zur Schadensbegrenzung bewerkstelligte Lösung, seine eigene Ablöse durch die »zeitgeistige« Alternative Vranitzky im Rahmen der gleichen Koalition, hielt nicht länger als drei Monate. Jörg Haider hatte von Kärnten aus die Bundesführung seiner Partei systematisch zertrümmert. Alle Besänftigungsversuche Norbert Stegers (Vranitzky: »Bis zuletzt hat er mir versichert, eine klare Mehrheit hinter sich zu haben«) blieben erfolglos: Die »nationale« Grundströmung an der FPÖ-Basis gegen den liberalen, urbanen, mit den »Roten« verbündeten Parteiobmann wurde von einem Duo aus Oberösterreich (der dortige Parteiobmann Norbert Gugerbauer brach 1992 wie ein Jahr später die damalige Generalsekretärin Heide Schmidt mit Haider, ging aber nicht zu dem von ihr gegründeten Liberalen Forum, sondern ganz aus der Politik) und Kärnten genutzt. Gugerbauer hatte ursprünglich den einzig in die Regierung geschickten nationalen Freiheitlichen, Harald Ofner, für eine Kandidatur am Innsbrucker Parteitag im September 1986 gewinnen wollen, der Justizminister sagte aber ab. Da verbündete sich Gugerbauer mit dem »Lorenzener Kreis«, einer extrem nationalen Kaderschmiede – ihm gehörte etwa der damalige Leiter der ultrarechten Zeitschrift »Aula«, Andreas Mölzer (heute Kolumnist von »Presse« und »Krone« sowie Haiders »Kulturberater« in Kärnten) und die Kärntner Abgeordnete Kriemhild Trattnig an –, und organisierte eine Mehrheit für »seinen« Kandidaten: Jörg Haider wurde am 13. September 1986 mit 57,7 Prozent der Stimmen gegen Norbert Steger zum neuen Obmann der FPÖ gewählt.

Unter eindeutigen Begleitumständen, die ich selbst als Berichterstatter an diesem Innsbrucker Parteitag der FPÖ beobachten konnte: Mehrere (provokante?) »Sieg Heil«-Rufe, ein Delegierter, der seine Hitler-Devotionalien stolz zur Schau trug (und später ausgeschlossen werden musste), ein Parteiobmann, der als »Jud« beschimpft und mit dem »Vergasen« bedroht wurde (wohl auch Reflex auf Zeitungsberichte, wonach der jüdische Adoptivvater Norbert Stegers im KZ Theresienstadt umgebracht worden war). Der am Parteitag mit einer Herzattacke zusammengebrochene Generalsekretär Walter Grabher-Meyer (ihm folgte Gugerbauer) trat aus der FPÖ aus, ebenso 36 prominente Funktionäre der FPÖ. Steger endete nach einem vergeblichen Versuch, Helmut Krünes als Kompromissparteichef zu holen und sich selbst als Vizekanzler zu halten, mit einem ebenso misslungenen dramatischen Versöhnungsappell: »Ich reich dir die Hand, Jörg.« Haider blieb stets cool inmitten seiner tobenden Anhänger, die ihn abends dann in die Luft warfen. A star was born. Wer eine historisch so einmalige Chance für seine Partei aufs Spiel setzte wie Haider, hatte mehr vor als bloß neue Spielregeln in der eigenen Sandkiste. Der Innsbrucker Parteitag stoppte nicht nur den liberalen Wandlungsprozess der FPÖ, sondern auch das Experiment einer kleinen Koalition zwischen SPÖ und FPÖ.

Haider, der noch am Parteitag den Anschein zu erwecken versuchte, seine Wahl bedeute nicht das Ende der Regierungsbeteiligung, hält heute an der Version fest, Vranitzky habe ihm in einem Telefongespräch knapp vor dem Parteitag bestätigt, er wolle sich nicht in Internas der FPÖ einmischen – dieser dementiert auch heute dezitiert: Er habe Haider erklärt, die Koalitionsvereinbarung sei mit Steger geschlossen, hinter dessen Rücken verhandle er nicht. Der Kanzler war dann auch sofort dagegen, Haider als Vizekanzler an seiner Seite zu dulden. Am Tag nach Abschluss des FPÖ-Parteitags wurde ein Parteipräsidium der SPÖ einberufen, alle Mitglieder folgten dem Vorschlag Vranitzkys, selbst Bruno Kreisky meldete in einem Telefonat mit ihm keinen Widerspruch an: »Dann musst du es halt mit der ÖVP probieren.« Erst danach, als Vranitzky ÖVP-Obmann Alois Mock den Posten eines Außenministers zugestand, wurde Kreisky wütend und schmiss den Posten eines Ehrenvorsitzenden der SPÖ hin. Vranitzky: »Dazu muss man wissen, dass Mock überlegt hat, ob er nicht doch lieber das Unterrichtsministerium beanspruchen solle. Erst nachdem Kreisky öffentlich erklärt hat, Mock sei unfähig, das Außenministerium zu lenken, hat er sich darauf kapriziert.«

Für den 23. November 1986 wurden Neuwahlen ausgeschrieben. Franz Vranitzky gewann sie mit seiner Partei: Bis vor seiner Inthronisierung hatte die ÖVP erstmals seit 1970 den Umfragen nach die Spitze der Wählergunst erklommen, am Wahlabend war es wieder anders. Die SPÖ errang mit 43,1 Prozent der Stimmen 80 Mandate, die ÖVP mit 41,3 Prozent 77, die FPÖ legte auf 9,7 Prozent und 18 Sitze zu, die Grünen stellten mit 4,8 Prozent der Wählerstimmen erstmals 8 Abgeordnete. Dem ÖVP-Spitzenkandidaten Alois Mock war die Enttäuschung anzusehen, Vranitzky, Haider und die grüne Spitzenkandidatin Freda Meissner-Blau mussten ihn vor den TV-Kameras stützen, er erholte sich nie mehr ganz davon: Bei der nächsten Wahl am 7. Oktober 1990 kandidierte ihr neuer Obmann Josef Riegler, bei der am 9. Oktober 1994 dessen Nachfolger Erhard Busek, am 17. Dezember 1995 schließlich erstmals der jetzige Bundeskanzler Wolfgang Schüssel. Mit Franz Vranitzky blieb die SPÖ bei insgesamt vier Nationalratswahlen auf Platz 1, ihr Spitzenkandidat »verbrauchte« drei jeweils resignierende Hauptkonkurrenten.

Mit Vranitzky hatte die SPÖ zwar ihre führende Position mehrmals gerade noch behalten können, freilich aber auch viele Wähler verloren: Zwischen der Nationalratswahl 1986 und ihrem – freilich nicht ganz vergleichbaren – Tiefpunkt, der EU-Wahl 1996, der letzten, für die Vranitzky mitverantwortlich zeichnete, stürzte sie von 43 auf 28 Prozent ab. Auch die Mitgliederpartei SPÖ hat Federn lassen müssen, mehr als dein Drittel der ursprünglich 700 000 Beitragszahler. Eine internationale Tendenz zur Normalisierung (die ÖVP verlor im gleichen Zeitraum noch wesentlich mehr Stimmen), die aber durch hausgemachte Entwicklungen verstärkt wurde: Führende Kader der SPÖ waren längst Teil jener »politischen Klasse« geworden, die in allen Industriestaaten durch die enge Verfilzung mit ökonomischer und staatsbürokratischer Macht Stoff für berechtigte und/oder populistisch geschürte Empörung gegen »die da oben« lieferte. Dennoch blieb sie mit etwa einer halben Million Mitglieder in einem Sieben-Millionen-Land zumindest quantitativ die stärkste sozialdemokratische Partei der Welt. Auch ein Verdienst Vranitzkys, der sich stets eher als Therapeut eines zerstrittenen Landes (zu Beginn seiner Kanzlerjahre) und als zunehmend ermatteter Arzt einer schwächelnden Partei (an deren Ende) verstand denn als Visionär. Übrigens ein heikler Terminus: Gegen die seit nun 15 Jahren wiedergekaute Behauptung, Vranitzky habe gewitzelt, wer Visionen habe, brauche einen Arzt, hat er ebenso oft wie erfolglos angekämpft. 1999 nahm dieser Streit eine groteske Dimension an, als mehrere Personen, unter anderem der Philosoph Rudolf Burger, öffentlich um die eigene Urheberschaft dieses Bonmots stritten.

Trotz dieser relativen Erfolge: Die SPÖ war von den gravierenden Umbrüchen seit Beginn der achtziger Jahre, insbesondere dem Fast-Zusammenbruch der verstaatlichten Industrie, mindestens zehn Jahre lang besonders betroffen: »Geknickte rote Nelken und Trauerflor auf SPÖ-Fahnen – hier wurde mehr betrauert als die verloren gegangene Illusion, dass die verstaatlichte Industrie ein unsinkbares Schiff sei. Verflogen war auch der Glaube an die Steuerungsfähigkeit der Volkswirtschaften, wirtschaftliches Wachstum wurde als gesellschaftliche Zielsetzung zunehmend in Frage gestellt, die Richtung des technischen Fortschritts kritisiert« (Ferdinand Lacina, der damals davon meistbetroffene Minister, in der Festschrift zu Vranitzkys zehnjährigem Amtsjubiläum). Die »altsozialistische« Strategie eines antikapitalistischen »Frontalangriffs« mittels Verstaatlichung von Produktionseinheiten und zentralistischer Wirtschaftslenkung ist in allen hoch industrialisierten Ländern gescheitert. An den verstärkten wechselseitigen, »globalisierten« politischen und ökonomischen Abhängigkeiten, natürlich auch an den eigenen, systembedingten Fehlern. Die soziologischen Veränderungen hatten die einstige Arbeiterpartei SPÖ längst zur »linken Volkspartei« gemacht, ihr Organisationsaufbau glich aber noch der Partei der Ersten Republik, obwohl Sinn und Inhalt dieses »geschlossenen Lagers« längst verloren gegangen waren. Symptomatisch dafür waren die bereits in den achtziger Jahren erfolgten Herausnahmen des »Arbeiters« im Titel der »Arbeiter-Zeitung« (sie mutierte bereits Jahre vor ihrer Privatisierung zur bloßen »AZ«), im Namen des ARBÖ (heute »Auto-, Motor- und Radfahrerbund«) und des ASKÖ (heute »Arbeitsgemeinschaft für Sport und Körperkultur«), aber auch »Normalisierung« anderer einstiger Einrichtungen der Arbeiterbewegung wie die der ÖGB-nahen BAWAG (an der heute eine Bank unter bayerisch-konservativem Einfluss beteiligt ist) oder des ÖGB-nahen »Konsum« (der in den Konkurs geschickt werden musste).

Franz Vranitzky, dessen Ära so richtig erst am 11. Mai 1988 startete, als er mit mehr als 90 Prozent der Stimmen als Nachfolger von Sinowatz zum SP-Parteivorsitzenden gewählt wurde (die Funktionstrennung zwischen Parteivorsitzenden und Bundeskanzler existierte also nicht einmal zwei Jahre), hörte sich solche und ähnliche Thesen über die »Staatspartei SPÖ«, den »großen, unbeweglichen Tanker«, der »die Rolle eines treuen Knechts Ruprecht als Verkaufsagentur der Regierung spielt, statt autonomes Subjekt politischer Willensbildung zu sein«, stets gerne an, stimmte ihnen teilweise auch zu: Jenen über eine nötige Modernisierung von Parteithemen und -aufbau mehr, jenen von einer nötigen »Entstaatlichung« der SPÖ auch im Sinne einer stärkeren Trennung zwischen verwaltender Regierung und gestaltender Partei weniger. Gerade weil er nicht aus dem Parteiapparat kam, auch, weil er – bis heute eine seiner positivsten, für Politiker höchst seltenen Eigenschaften – zuhören will und kann. »Was mich an Franz Vranitzky immer fasziniert hat: Er ist ein nachdenklicher Mensch – und er schickt seine Gedanken gern auf Wege, die abseits der ausgetretenen Pfade liegen. Jedes Gespräch mit ihm ist ein Gewinn.« (Theo Sommer, Herausgeber der »Zeit«).

Die – meist aus früheren Perioden geerbten – Probleme rissen freilich auch unter ihm nicht ab: Von den beiden Megaskandalen der achtziger Jahre – »Lucona« und »Noricum« – konnte sich Franz Vranitzky politisch mit Recht absentieren, betrafen sie doch nicht ausschließlich seine Partei und überhaupt nicht seine »Ära«. Im Gegenteil: Er konnte darauf verweisen, dass er zwei darin verwickelte, höchst unterschiedliche Mitstreiter – den stets schulterklopfenden und augenzwinkernden »Charly« Blecha, einen einstigen »Linken« mit schneller Auffassungs- und Anpassungsgabe, heute umtriebiger Chef der SPÖ-Senioren, und den »rechten« Pragmatiker Leopold Gratz, früher fast allen Freuden des Lebens zugeneigt – im Frühjahr 1989 rasch von der politischen Bühne abberufen hatte. Dass er – vorschnell, wie parteiinterne Kritiker meinen – die beiden Zentralsekretäre Heinrich Keller und Günther Sallaberger fallen gelassen hatte, als sie Ende 1988 der Steuerhinterziehung bezichtigt wurden. Und dass er – selbst um den Preis entstehender Feindschaft – seinen einstigen Chef Hannes Androsch auf Distanz hielt, der ihm offenbar nicht verzeihen konnte, dass er weder als Finanzminister noch als Bundeskanzler in die gegen ihn laufenden Steuerverfahren eingriff.

In Vranitzkys Bilanz schlagen tief greifende strukturelle und ideologische Umbrüche seiner Partei zu Buche: Die nunmehrigen Sozialdemokraten änderten im Mai 1991 ihren Namen und ihr Parteisymbol, begannen mehrere Parteireformen und die Debatte um ein dann unter Viktor Klima 1998 beschlossenes neues Parteiprogramm. Dass es dabei zu keinen gröberen parteiinternen Differenzen kam, hängt auch mit einer Eigenschaft Vranitzkys zusammen, die gepflegten Klischees widerspricht: Der einstige Banker ist nicht nur ein begeisterter Konfliktvermeider, er war eben auch kein milieuferner Quereinsteiger, zum Unterschied von allen früheren SPÖ-Vorsitzenden von Victor Adler bis Bruno Kreisky (mit Ausnahme von Sinowatz) der erste von wirklich proletarischer Herkunft. Auch deshalb konnte er wie Bruno Kreisky vor ihm die organisatorische »Öffnung der Partei« predigen, die ideologisch längst vollzogen war. Die einst stramm »austromarxistische« SPÖ wurde unter ihm endgültig zur linksliberalen Volkspartei, der auch der Glaube an die zentrale Steuerkraft der verstaatlichten Industrie ausgetrieben wurde. Nun sind solche Umbrüche keineswegs auf die SPÖ, keineswegs auf Österreich beschränkt. In dem Maße, in dem praktisch alle großen Parteien, ob rechts, ob links, von Weltanschauungs- zu Volksparteien wurden, verlieren sie den geistigen Rahmen, der unterschiedliche, natürlich auch persönliche Interessen zusammenhalten kann. Dann driften die bisweilen kräftig auseinander und müssen von anderen Faktoren, etwa starken Führungspersönlichkeiten oder Furcht erregenden Feindfiguren, zusammengehalten werden. Oder eben von dem, was heute in allen modernen Industriegesellschaften an die Stelle ganzheitlicher Ideologien getreten ist: Von Werten, Symbolen, Lebensstilen, denen dann Parteien – in viel lockerer Form als früher Parteiprogrammen – verpflichtet sind. Und die von Personen repräsentiert werden, die dieses Gemisch dann dem Medienzeitalter entsprechend auch »verkaufen« können.

Die europäische Sozialdemokratie hat dies schon vielfach geschafft, lange Zeit etwa in Form eines Felipe Gonzales oder eines François Mitterrand, nun eines Tony Blair oder Gerhard Schröder. Gerade auch Franz Vranitzky hatte viele dieser Eigenschaften. In einer bestimmten Ähnlichkeit, wenn auch nicht Vergleichbarkeit, zu Bill Clinton übrigens: Der US-Präsident kam ebenfalls sozial von »unten«, hatte einen pragmatisch-technokratischen Zugang zu politischen Problemen, signalisierte aber offenbar glaubwürdig bestimmte Trends und Werte. Was dem US-Präsidenten sein Engagement für die sexuelle, soziale und rassische Emanzipation, war dem österreichischen Kanzler sein Eintreten für Liberalität, Modernität und Antifaschismus. Franz Vranitzky schien lange Zeit der bestmögliche SP-Chef für die späten achtziger und frühen neunziger Jahre, so wie es Bruno Kreisky für die siebziger Jahre war. Und – darin lag auch eine Erklärung für langjährige Probleme der SPÖ – niemand Vergleichbarer in der schwierigen Umbruchsphase dazwischen. Die Partei spürte lange das Desaster der Jahre zwischen 1982 und 1987, zwischen dem kranken Kreisky und dem noch politikfrischen Vranitzky. Und sie spürte – weniger schmerzhaft, aber doch – Mitte der neunziger Jahre die Ermüdung des nicht mehr frischen Vranitzky. Natürlich hatten die Schwierigkeiten der SPÖ tiefere Ursachen so wie auch die der ÖVP: Moderne Gesellschaften entwickeln immer neue Differenzierungen, die nicht bloß alten sozialen Trennungen nach Arm und Reich, schon gar nicht nach Arbeiter und Unternehmer, folgen. Die SPÖ als ursprünglich lebendigste Mitgliederpartei »zerriss« es eben besonders sichtbar.

Kein medialer Blender, kein überragender Visionär, kein historischer Stratege – wie ist es dann zu erklären, dass Franz Vranitzky mehr als zehn Jahren an der Spitze des Landes wirkte? Drei Faktoren scheinen dafür maßgeblich, die aus Vranitzky doch eine historische Figur machen: Er hat erstens als erster österreichischer Spitzenpolitiker die Vergangenheit Österreichs im Dritten Reich durch klare Aussagen zumindest offiziell »bewältigt«. Er hat zweitens damit auch wesentlich zur Internationalisierung Österreichs beigetragen, hat das Land ein gutes Stück von seinem selbstgerechten Provinzialismus in Richtung westeuropäischen Grundkonsens bewegt. Und er hat drittens der Sozialdemokratie jenen Modernisierungsschub zu verpassen versucht, ohne den ihre nun bereits mehr als hundertjährige Geschichte im Sinne des großen Liberalen Ralph Dahrendorfs tatsächlich demnächst abgeschlossen wäre. »Vielleicht«, meint der Salzburger Zeitgeschichtler Ernst Hanisch, »werden die Historiker einmal in dem Zauderer Franz Vranitzky so etwas wie einen Revolutionär sehen – zumindest in Bezug auf die SPÖ.« Dies beinhaltete vor allem auch ihre Zustimmung zum wichtigsten Schritt Österreichs seit Wiedererlangung der vollen Unabhängigkeit 1955: Den Beitritt zur EU,

Wirklichkeit geworden zu Jahresbeginn 1995, ermöglicht durch die eindeutige Pro-Zweidrittelmehrheit bei der Volksabstimmung im Juni 1994.

Franz Vranitzkys Regierungsbeginn war eng mit zwei Politikern verbunden, die auf höchst unterschiedliche Weise Österreichs historische Problematik personifizieren: Kurt Waldheim wurde zum Symbol verdrängter Mitwisserschaft und geschönter Biografie, Jörg Haider zum Symbol eines aggressiven Rechtspopulismus, einer modernen Mixtur aus demokratie- und humanitätsabträglichen Ressentiments, geschichtlich eindeutigen Zweideutigkeiten und einer perfekten Verwertung von Systemfehlern. Eine merkwürdige politische Symbiose: Haider und Vranitzky erklommen ihre obersten Karrieresprossen in Zusammenhang mit der Wahl Waldheims: Ohne dessen klaren Erfolg hätte Sinowatz zumindest nicht so rasch das Ruder an den unverbrauchten Finanzminister übergeben – seine weitest blickende politische Tat. Und auch Norbert Steger wäre ohne die weitere Belastung der kleinen Koalition durch den Sieg Waldheims und der damit zusammenhängenden emotionalen Debatte kaum so rasch seinem Konkurrenten Jörg Haider unterlegen. Siege erweisen sich bisweilen als Pyrrhussiege: Kurt Waldheims damaliger Erfolg hat ihm wie dem Land danach mehr Sorgen bereitet als Erfolgserlebnisse. Auch die ihn kandidierende ÖVP hat erst nach diesem ersten Erfolg seit 1970 ihren wirklichen Sturzflug erleben müssen. Ohne Waldheim-Sieg kein Sinowatz-Rücktritt, ohne Vranitzky-Start keine sozialdemokratische Regierungsführung bis 2000. Und keine zehn Vranitzky-Jahre bis Jahresbeginn 1997 – zehn Jahre ohne Glanz und Gloria, aber voll jener ruhigen Kontinuität, die sich eine Mehrheit der Österreicher offenbar gerade in Umbruchzeiten wünschte und die erstmals von den Turbulenzen der Waldheim-Zeit gefährdet war.

Franz Vranitzky wurde fast über Nacht Kanzler, nachdem Fred Sinowatz aus der Wahl Kurt Waldheims zum Bundespräsidenten seine honorigen Konsequenzen gezogen hatte. Dem neuen Kanzler gelang, speziell nachdem die US-Regierung Waldheim auf ihre Watchlist gesetzt und ihn damit auch außenpolitisch bewegungsunfähig gemacht hatte, eine Symbiose aus Kanzler- und Präsidentschaft. Franz Vranitzky bewegte sich innenpolitisch speziell im »Bedenkjahr« 1988, dem 50. nach der von vielen Österreichern wollüstig erduldeten Annexion des Landes durch Nazi-Deutschland, mit jener

Souveränität, mit der er den von der internationalen Bühne abgemeldeten Kurt Waldheim auch nach außen als Quasi-Staatsoberhaupt vertrat. Und er punktete zusätzlich mit jener Klarheit, mit der er bald nach Amtsantritt die kleine Koalition mit der FPÖ beendet und eine neue große mit der ÖVP geschlossen hatte. Haider hatte alle Befürchtungen Vranitzkys im Wahlkampf bestätigt: Er führte seine abschließende Kundgebung im Hitler-Geburtsort Braunau durch, deklarierte sein »Desinteresse« an jeglicher Reflexion der NS-Ära, verwies stolz auf seine finanzielle Unabhängigkeit als Großgrundbesitzer, obwohl das Areal im Kärntner Bärental, das ihm durch eine Schenkung zufiel, im Krieg arisiert worden war. Dennoch zeigten sich schon damals erste Zeichen eines gefährlichen neuen Herausforderers an der Wand: Jörg Haider hatte bei den Nationalratswahlen 1986 erstmals in der FP-Geschichte mit »sozialen« Parolen in SP-Kernwählerschichten vorzustoßen versucht; diese später forcierte Taktik kostete die SPÖ das frühere soziologische Fast-Monopol auf »Arbeiter«-Stimmen, sie hat die SPÖ diesbezüglich heute schon überrundet. Vielleicht auch, weil die Sozialdemokraten die Brisanz des so genannten »Ausländerthemas« lange unterschätzt haben, wie Vranitzky heute meint, jedenfalls keine politische Gesamtstrategie für das wachsende Migrationsproblem entwickelte. So polarisierte die recht restriktive Politik von Innenminister Franz Loschnak speziell parteiintern ebenso wie die recht liberale seines Nachfolgers Caspar Einem. Die anfängliche ideologische Hilflosigkeit der SPÖ auf diesem Gebiet dokumentierte ein inzwischen legendär gewordener, von Rechtspopulisten gern zitierter »Sager« des Anfang 1989 zusätzlich zu Josef Cap installierten Zentralsekretärs Peter Marizzi: »Das Boot ist voll.«

Nachdem im Zuge der Waldheim-Debatte ab 1986 der Mythos vom ausschließlichen Nazi-Opferland Österreich gründlich zerzaust worden war, wurde er vom offiziellen Österreich erst durch Erklärungen von Franz Vranitzky zu Grabe getragen: Österreich müsse sich auch zur anderen Seite seiner Geschichte bekennen, »zur Mitverantwortung für das Leid, das zwar nicht Österreich als Staat, wohl aber Bürger dieses Landes über andere Menschen und Völker gebracht haben« (Erklärung vor dem Nationalrat am 8. Juli 1991). Noch deutlicher die Rede des Bundeskanzlers am 9. Juni 1993 in Israel, in der er sich zur moralischen Mitverantwortung Österreichs an den Nazi-Verbrechen bekannte (»Wir bekennen uns zu allen Daten unserer Geschichte und zu den Taten aller Teile unseres Volkes, zu den guten wie zu den bösen; und so wie wir die guten für uns in Anspruch nehmen, haben wir uns für die bösen zu entschuldigen«) und auch die angesprochenen Opfer präzisierte: »Juden, Zigeuner, körperlich und geistig Behinderte, Homosexuelle, Angehörige von Minderheiten, politisch und religiös Verfolgte.«

Franz Vranitzky war die Rolle eines Bundespräsidenten mit erweiterten innenpolitischen Kompetenzen gut auf den Leib geschneidert. Er musste sie spielen, weil Kurt Waldheim bis zum Ende seiner Amtszeit 1992 nicht voll einsatzfähig war, eine Parallele zur heutigen Lage, mit umgekehrten Vorzeichen: Damals spielte ein Regierungschef außenpolitisch zusätzlich Staatsoberhaupt, diesmal spielt ein Staatsoberhaupt außenpolitisch eine weit über seine eigentliche Kompetenz hinausgehende Rolle. Thomas Klestil, der diese Funktion ähnlich gut ausübt wie Vranitzky damals seine erweiterte, brachte 1992 Vranitzky indirekt seine »größte Enttäuschung« bei, wie der kurz darauf im Gespräch mit Armin Thurnher anmerkte: Er schlug bei der Bundespräsidentschaftswahl am 24. Mai im zweiten Wahlgang Vranitzkys Freund und Kandidaten Rudolf Streicher klar mit fast 57 Prozent. Daraus erwuchs eine natürliche Rivalität zum Bundeskanzler, medial bis zur Ära Klestil die unbestrittene Nummer eins medialer Zuwendung. Politisch freilich schien anfangs die Aufteilung klar: Thomas Klestil eher fürs Repräsentieren, Franz Vranitzky eher fürs Regieren. Auf dieser Rollenteilung zwischen Kanzler und Präsident basierte die österreichische Realverfassung der Zweiten Republik.

Die Amtsvorgänger Klestils hielten sich daran: aus freien Stücken oder – so Kurt Waldheim – gelähmt durch andere Ereignisse. Thomas Klestil, der als »aktiver Bundespräsident« gewählt worden war, sah das anders und legte ein Rechtsgutachten des Salzburger Juristen Friedrich Koja vor, das ihm jene »Vertretung der Republik nach außen« bescheinigte, die ihm ohnehin niemand absprechen konnte. Weitergehende Schlussfolgerungen, hoffnungs- oder angstvoll besetzt, konnten daraus nicht gezogen werden. Auch nicht eine Antwort auf die tatsächlich bedeutende Frage, wer Österreich künftig in Sachen EG vertreten werde. Für Österreich bedeutete dies: die erste EG-Geige spielte weiter Kanzler Vranitzky, die zweite Außenminis-

ter Mock. Und Thomas Klestil hatte in einem anderen Orchester aufzutreten. Als warnende, moderierende, klimatisch bedeutsame Stimme in allen grundsätzlichen, nicht tagespolitischen Fragen. Trotz einiger eifersüchtelnden Dissonanzen (etwa bei der Unterzeichnung
des EU-Vertrags in Korfu) klappte diese Aufgabenteilung: Vranitzky
führte mit Mock und seiner EU-Staatssekretärin Brigitte Ederer die
Verhandlungen mit der Europäischen Union, Klestil unterstützte diesen Prozess. Heute verbindet die beiden Respekt: Vranitzky hatte
volles Verständnis, dass sein Nachfolger Viktor Klima 1998 Klestils
zweite Kandidatur zumindest indirekt unterstützt hat. Alle Beteiligten konnten dann das Ergebnis der Volksabstimmung am 12. Juni
1994 als Riesenerfolg feiern: Zwei Drittel der Österreicher stimmten
für den Beitritt zur EU, für Vranitzky der Höhepunkt seiner Karriere. Es hat ihn dementsprechend besonders gefreut, dass er 1995 in
Aachen mit dem internationalen Karlspreis ausgezeichnet wurde, der
höchste Preis, den Europa für Verdienste um Europa zu vergeben
hat. Vranitzky hat Jahr um Jahr seiner Kanzlerschaft mehr an außen-
politischem Profil gewonnen, scheute auch innenpolitisch diesbezüglich keine harten Auseinandersetzungen (etwa um die Neutralität
und die von ihm als einseitig befundene Balkanpolitik seines Außenministers) und setzte dieses Engagement auch nach seinem Rücktritt
fort, als Krisenmanager der OSZE (Organisation für Sicherheit und
Zusammenarbeit in Europa) in Albanien.
Bei der Nationalratswahl am 9. Oktober 1994 sollte mit diesem
Rückenwind wenig schief gehen können. Franz Vranitzky galt trotz
kontinuierlicher Stimmenverluste der SPÖ als »Teflon«-Kanzler, an
seinem persönlichen Image schienen alle Anwürfe und Probleme ab-
zugleiten. Unter Franz Vranitzky schien die SPÖ lange Zeit die langen Schatten der Ära Kreisky zu verkraften und die kurzen der Episode Sinowatz. Vranitzky war in überraschend kurzer Zeit zur Integrationsfigur geworden, hatte der SPÖ 1986, am Höhepunkt der Ver-
staatlichten-Krise, die Mehrheit gehalten und sie ihr 1990 in der
»Skandalrepublik« bewahrt. Diesmal klappte es nicht so gut: Die
SPÖ blieb zwar Erste, stürzte aber auf 34 Prozent ab. Mit ein Grund
dafür: Interviews von Christine Vranitzky, in denen sie ihr letztlich
konservatives Frauen- und Familienbild offenbart hatte. Ihr Gatte
blieb nach außen gelassen, verteidigte nicht ihre Ansichten, wohl
aber ihr Recht, sie zu äußern.

Nach der schweren Wahlniederlage holte er im Jahr darauf zu einem ebenso überraschend erfolgreichen Konterschlag aus. Gegen den – international ideologisch im Aufwind befindlichen Neo-Konservativismus und den – speziell in Österreich wahlpolitisch erfolgreichen – Rechtspopulismus scheinbar chancenlos mit dem Rücken zur Wand, gewann er – wieder eine Parallele zu Clinton – gerade in dieser Situation im Wahlkampf an sozialem Profil (auch mittels einer umstrittenen Garantie für die bestehenden Pensionen) und damit die Wahl 1995. Umso ernüchternder für ihn der Rückschlag bei der EU-Wahl im Oktober 1996: Die SPÖ fiel – freilich bei den innenpolitisch etwas atypischen, in Österreich erstmalig abgehaltenen Wahlen zum EU-Parlament – hinter die ÖVP zurück und musste den heißen Atem Haiders im Nacken spüren. Damit schien auch in dieser Hinsicht ein international spürbares Phänomen sichtbar, wenn auch mit dem spezifisch österreichischen Verzögerungseffekt wirksam: Dass nach einer Phase des Beruhigens, Integrierens, Moderierens wieder stärkere ideologische Konturen traditionellen Zuschnitts gefragt sind. Franz Vranitzky blieb es nicht erspart, Anfänge einer ersten Debatte um seine Person mitzuerleben, der mächtige Wiener SPÖ-Chef Michael Häupl etwa vermisste an ihm die »Herzlichkeit«. Gerade dabei bewies er neuerlich Fighter-Qualitäten: mit der fast ansatzlosen Inthronisierung des von ihm in die Politik geholten Viktor Klima zum Nachfolger am Ballhausplatz und in seiner Partei. Vranitzky wälzte den Plan schon länger, ähnlich wie das Fred Sinowatz zehn Jahre zuvor getan hatte. Spätestens als Klima zusammen mit ihm gegen Jahresende 1996 die CA-Privatisierung gegen den Widerstand der ÖVP zu Gunsten des Bestbieters, der Bank Austria, durchzog, stand er für ihn als Nachfolger fest: »Früher hatte ich dabei auch an Ferdinand Lacina gedacht, aber der ist mir ja abhanden gekommen.« Der ehemalige Finanzminister war 1995, nach neunjähriger Tätigkeit, zurückgetreten, sein Nachfolger Andreas Staribacher war für diesen Job ein Fehlgriff Vranitzkys und wurde nach nur neun Monaten durch Viktor Klima ersetzt.

Vranitzky war kein leichtes Objekt für Journalisten: Er regierte meist »leise« und pragmatisch, ohne die bisweilen auch mit »Luftballons« gefüllten Visionen Bruno Kreiskys, ohne die leicht verkrampfte Angestrengtheit von Fred Sinowatz, ohne das oft skandalträchtige Schillern eines Hannes Androsch, ohne die missionari-

sche Starrheit Alois Mocks, ohne die intellektuelle Verspieltheit Erhard Buseks, aber auch ohne die eindeutigen Zweideutigkeiten seines emotionalen und politischen Hauptgegners Jörg Haider. Ein solcher Politikertyp schien wenig geeignet für die »amerikanisierte« politische Kultur. Schlägt dafür vor allem seine tatsächliche oder scheinbare Entideologisierung positiv zu Buche, im Falle Vranitzky auch noch seine sportlich-dynamische Erscheinung, wirken nach solchen Kriterien seine spröd-coole Art eher negativ. Einmal im Jahr eine Bergtour, einige Male Charity-events, seltene Abende apres premiere – das war es schon. Selbst dann, wenn seine Familie, insbesondere seine Gattin, stärker als gewohnt auch politisch eine Rolle spielte, geschah dies eher gegen seinen Willen als im Rahmen eine Strategie – und zwar nicht erst nach Aufkommen entsprechender Turbulenzen. Immer wenn Image-Berater Christine Vranitzky damals bewusst »hillarysieren« wollten – wogegen eigentlich ihre selbstbewusste Persönlichkeitsstruktur spricht –, dann wurde dieser Versuch zum Eigentor. Und zwar nicht (nur) wegen der Brisanz ihrer Erklärungen, sondern weil ihr Gatte generell nicht mit dem Öffentlich-Machen seines Privatlebens einverstanden war. Dabei ist Franz Vranitzky ein Familienmensch, fügen sich seine Sprösslinge glaubhaft in das bei Politikern besonders seltene Bild eines harmonischen Zusammenlebens – doch ein Foto davon zu Stande zu bringen fällt fast ebenso schwer wie den Kanzler zu einem »zugespitzten« Sager zu bewegen. Diese spürbare, professionell oft bedauerliche, insgesamt aber verständliche Abneigung gegenüber dem Preisgeben von Allerpersönlichstem, gemixt mit einem sozialdemokratischen Puritanismus, erklärt auch Vranitzkys Verärgerung über ein Titelblatt des Nachrichtenmagazins »profil« (der Kanzler war zu einer Story mit dem Titel »Des Kanzlers neue Kleider« per Fotomontage nackt dargestellt worden).
Überhaupt war Vranitzky als Kanzler ein meist medienkonformer, nicht aber ein Medien umarmender Politiker. Insbesondere im Fernsehen wirkte seine Person sympathisch, sein Wesen gewinnend, kam seine oft diagnostizierte »Feschheit« gut »rüber«. In offiziellen Interviews oder bei Reden dominierten aber lange Zeit umständlich gedrechselte Sätze, vorsichtig abwägende Anmerkungen, hinter denen wohlmeinende Beobachter Nachdenklichkeit vermuteten, weniger wohlmeinende Tiefenschwäche. Zu den häufigst wiedergekauten

Klischees dieser Kategorie zählte der Stehsatz vom bloßen, freilich erfolgreichen »Moderator« der Politik (als sei das die schlechteste Rolle, die ein Politiker heute spielen könnte) bis zum grantigen Satz Bruno Kreiskys, er sei eine »Sphinx ohne Geheimnisse«. Erst in letzter Zeit, nicht nur nach der wider allen Unkenrufen gewonnenen Wahl 1995, sondern auch nach der schweren Niederlage bei den EU-Wahlen 1996 wirkt er im Umgang mit der Öffentlichkeit lockerer, setzte seine (selbst)ironischen Bemerkungen erfolgreich ein. Bei einem Abschiedsfest im »Hübner« im Frühjahr 1997 bogen sich die Zuhörer seiner Abschiedsrede jedenfalls vor Lachen. Er hatte sich vom Druck der medialen Öffentlichkeit emanzipiert.

Verständlich: Franz Vranitzky wurde seit dem 9. Oktober 1994 gern tot geschrieben, mit ähnlicher Glaubwürdigkeit, wie er davor bisweilen in den Himmel gehoben wurde. Sogar eine relative Stütze war ihm in jenem Wahlkampf 1995 abhanden gekommen, die größte Zeitung der Welt, die »Krone«. Relativ in doppelter Hinsicht: Sie stützte lange Zeit den SPÖ-Chef, aber nicht die SPÖ, ganz im Gegenteil. Fast alle nur irgendwie profilierten Sozialdemokraten zählen zum bevorzugten Feindrepertoire einiger Kolumnisten. Die »Krone« stützte Vranitzky primär in »menschlicher« Hinsicht, in »Adabei«-Spalten oder bei »gesellschaftlichen« Anlässen. Wurde und wird Vranitzky gar zu »politisch« (etwa bei der Befürwortung der umstrittenen »Wehrmachtsausstellung« oder bei seiner Unterstützung polarisierender Künstler wie Hermann Nitsch), womöglich gar gegen sonstige Lieblinge von »Krone« Chef Hans Dichand (Kurt Waldheim, Jörg Haider), wurde auch er heftig kritisiert, im besten Falle negiert. Kein Wunder, dass die – von beiden Seiten heftig dementierte – These aufgestellt wurde, die plötzliche Pro-EU-Wendung der »Krone« habe etwas mit möglichen Zusagen im Falle der Zulassung von österreichischem Privat-TV zu tun. Fast ein Wunder dagegen, dass die damals eindeutige Parteinahme Dichands für einen Kanzler Wolfgang Schüssel und damit für die Abwahl Vranitzkys ohne Folgen blieb: Die ÖVP scheiterte auch 1995 wieder.

Eine gewisse Ratlosigkeit prägte nicht nur Vranitzkys Medienumgang, sondern auch seine Medienpolitik. Diese Eigenschaft teilte er mit (fast) allen österreichischen Politikern, speziell mit sozialdemokratischen. 1988 hatte Vranitzky neben anderen Problemen auch jenes mit einem langjährigen Sorgenkind der SPÖ geerbt, ihrer Partei-

Tageszeitung »AZ« (vormals »Arbeiter-Zeitung«). Unbelasteter von Traditionsvorstellungen, »belasteter« dafür vom Wissen um die Finanzkrise der Partei und die Notwendigkeit von Managementprofessionalität, wagte er die Privatisierung des Blattes – historisch zu spät, aktuell wohl auch mit zu wenig begleitender Geburtshilfe. Vranitzky konnte auch später das weitergehende Zeitungssterben und die demokratiepolitisch gefährliche Konzentration am Printmedienmarkt nicht verhindern – so wie auch die zukünftige Ordnung am elektronischen Mediensektor nach wie vor ungewiss erscheint. Das ist ihm nicht persönlich und schon gar nicht allein vorzuwerfen. Es bewies nur, dass auch Vranitzky nicht die dramatische Machtverschiebung vom traditionell politischen zum medialen Sektor der Gesellschaft in voller Konsequenz erkannt hatte – oder aber, dass er sich wie fast alle Berufskollegen (Ausnahme: Erhard Busek, er hat dafür auch bezahlen müssen) mit den unbefriedigenden Zuständen arrangiert hatte.

Der gravierendste Vorwurf gegen Franz Vranitzky wurde erst im letzten Jahr seiner Kanzlerschaft in Buchform gepresst: Er sei ein »Haidermacher« gewesen (so der Titel des Buches von Hubertus Czernin), weil er den FPÖ-Obmann zwar formell ausgegrenzt, aber nicht wirklich inhaltlich bekämpft und ihn so nur noch stärker gemacht hätte. Offenbar trübte selbst einem so klugen Kopf wie Czernin, der als Herausgeber des »profil« abgelöst worden war, nachdem das Magazin mit einem nackten Männerkörper samt aufmontiertem Vranitzky-Kopf gecovert hatte, persönliche Betroffenheit die analytische Sehschärfe: Dass er die Dekade der Vranitzkyschen Kanzlerschaft so ausschließlich negativ einschätzte, schmälerte seinen wohlerworbenen Ruf eines differenzierten Betrachters der Zeitgeschichte. Sonst hätte doch gerade der einstige »Waldheim-Jäger« zumindest auch auf die gute Performance des Kanzlers in jener Affäre hinweisen müssen, auf seine historischen Verdienste in Sachen NS-Aufarbeitung, Emigranten-Heimholung und Israel-Aussöhnung, auf seinen zurecht ausgezeichneten internationalen Ruf, auf seinen angenehmen, angloamerikanisch-coolen Stil in der sonst zunehmend von Heumarkt-Sitten geprägten innenpolitischen Arena. Und sonst hätte als ehemaliger Herausgeber mit unvorsichtig-pointiertem Programm (Czernin hatte das »profil« zu Amtsantritt als Organ definiert, dessen Blattlinie jeweils konträr zu jener Haiders zu stehe habe) zumindest anmerken müssen, dass Vranitzkys Linie der scharfen, antifaschistisch und antipopulistisch argumentierten Abgrenzung zu Jörg Haider dessen Aufstieg nicht ermöglicht, sondern gebremst hat. »Manchmal hat Österreich einen Schutzengel. Man stelle sich vor, was mit dem Land und seiner Reputation geschehen wäre, wenn Franz Vranitzky nicht sofort nach der Wahl Jörg Haiders zum FPÖ-Vorsitzenden die Koalition mit dessen Partei aufgekündigt hätte« (André Heller in der Vranitzky-Festschrift von 1997 – heute können die Zeitgenossen es sich noch klarer ausmalen als damals). Das mindert nicht berechtigte Kritik an den Unzulänglichkeiten anderer Aspekte seiner Politik und die der von ihm geführten Regierungen. Vor allem hinsichtlich eines Punktes, wieder auf Haider bezogen: Was er in einem Gespräch mit Armin Thurnher zu Recht als entscheidendes Mittel gegen Haiders Aufstieg propagierte, konnte er nicht umsetzen: »Wenn es uns gelingt, die zünftlerischen Beschränkungen des österreichischen Systems im Rahmen einer Deregulierung mit Augenmaß abzuschaffen, wenn es uns gelingt, den Umbau Österreichs in eine moderne und offene Gesellschaft zügig fortzusetzen, wenn es uns gelingt, die geschützten Nester abzuschaffen, hat Haider gar keinen Platz mehr, seine Aggressivität zu entfalten. Kurz gesagt: Der Gegenzug heißt Demokratisierungsoffensive.«

Schließlich hat Vranitzky auch noch den Zeitpunkt seines Abschieds gut und den Stil elegant gewählt. Zumindest aus Sicht seiner Partei: Die ÖVP koalitionsintern nach der CA-Causa erstmals seit langem geschwächt, die FPÖ ebenfalls am falschen Fuß erwischt, jenseits von Autobahn- und Krankenscheinen keine wirklich großen Krisen im Anrollen. Vranitzky war nach der Kreisky-Ära, in der Österreich zu einer angeblichen »Insel der Seligen« (Papst Paul VI.) geworden war, nach dem gescheiterten Experiment einer kleinen Koalition der passende Mann gewesen, um Österreich in die Europäische Union, in der es keine Inseln mehr gab, zu führen: »Er hat als Banker der SPÖ wirtschaftliches Denken eingeimpft, hat Österreich für Europa geöffnet, modernisiert und in schwierigen Waldheim- und Haiderzeiten ein liberales Klima erhalten. Er war ein guter Manager, der Österreich vor gröberen Krisen bewahrte« (Abschiedskommentar von »News«-Herausgeber Wolfgang Fellner). Auf den »Öffentlichkeitsmelancholiker« folgte ein »Publicitymaniker« (Armin Thurnher).

VIKTOR KLIMA

oder Das Ende sozialdemo- kratischer Seligkeit

Siechtum und Sterben der großen Koalition

Die Amtsübergabe von Franz Vranitzky an Viktor Klima erfolgte – wie schon jene von Sinowatz an Vranitzky – zu einem für die SPÖ idealen Moment. Vranitzky war nach fast elfjähriger Kanzlerschaft, der nach jener von Bruno Kreisky längsten, müde geworden, aufgerieben in koalitionsinternen Scharmützeln und der Abwehrschlacht gegen Jörg Haider. Einen weiteren Wahlkampf wollte er sich nicht antun, deswegen hatte er bereits vor der Krise um die CA und dem wochenlangen staatspolitischen Vakuum, das vor der Jahreswende 1996/97 durch eine schwere Erkrankung von Bundespräsident Thomas Klestil entstanden war, für sich beschlossen, das Amt ehemöglichst abzugeben. Sein Favorit stand für ihn ebenfalls längst fest: Viktor Klima, seit 30. März 1992 als Nachfolger des für die Bundespräsidentschaft kandidierenden Rudolf Streicher Minister für öffentliche Wirtschaft und Verkehr, seit 2. Jänner 1996 als Nachfolger des glücklosen Andreas Staribacher Finanzminister.
Viktor Klima war 1992 als Quereinsteiger in die Politik gekommen – aber er kam aus durchaus politischem, sozialdemokratischem Milieu. Er wurde am 4. Juli 1947 als Sohn eines Berufsschuldirektors

und einer Hausfrau im niederösterreichischen Schwechat nahe Wien geboren. Sein Großvater hatte die Kartei der lokalen SPÖ-Sektion geführt, sein Vater war deren Vorsitzender, dann Stadtrat für das Schulwesen in Schwechat geworden. Einmal hätte der Vater sogar das dortige Bürgermeisteramt übernehmen können, er entschied sich aber für die weitere Tätigkeit als Schuldirektor. Viktor Klima heute: »Von diesem Lehrerhaushalt habe ich eine meiner zentralen Eigenschaften mitbekommen: Pflichtbewusstsein.« Mit dem Vater ging er im Wahlkampf plakatieren, auch nachts: »Damals, in den fünfziger Jahren wurden Plakate noch überschmiert oder runtergerissen, ihre Anbringung und Bewachung hat mir als Bub viel Spaß gemacht.« Dementsprechend lupenrein sozialdemokratisch seine weitere »Karriere«: bei den Roten Falken, den Kinderfreunden, dann während der Mittelschulzeit Vorsitzender des VSM (Verband Sozialistischer Mittelschüler). Klima ging nach Simmering ins Realgymnasium Gottschalkgasse, in Schwechat gab es damals keine entsprechende Schule.

Man war nicht arm im Hause Klima, aber auch nicht wirklich wohlhabend. Viktor Klima musste daher neben seinem Studium der Betriebs- und Wirtschaftsinformatik an der Wiener Technischen Hochschule bald nebenbei zu arbeiten beginnen, zuerst als Mitarbeiter eines »Instituts für Automationsberatung«, das er über ein Sommerausbildungsprogramm von IBM kennen gelernt hatte, ab 1969 (das Studium wurde erst 1981 abgeschlossen) bei der ÖMV (Österreichische Mineralölverwaltung). 1971 brachte seine erste Ehefrau Hannelore, die er bereits aus der Schulzeit kannte, einen Sohn, Jan, zur Welt, ein zweites Kind folgte bald. Die neue Familie kaufte eine Wohnung, auch in Schwechat, für die Politik blieb da wenig Zeit. Auch nicht für die 68er-Bewegung, die Klima »nur beobachtend und sympathisierend« erlebt hat. Politik spielte sich für ihn maximal innerhalb der ÖMV ab, wo er rasch aufstieg: 1980 wurde er Leiter der Konzernorganisation, 1986 der Zentralen Personalabteilung, 1990 wurde er in den ÖMV-Vorstand berufen, zuständig für die Bereiche Finanzen, Controlling, Rechnungswesen und Unternehmenseinkauf. Noch heute ist Klima ganz in seinem Element, wenn er seine ehemalige Tätigkeit schildert: »Ich bin als einer der Ersten im Land mit der so genannten Datenfernverarbeitung in Kontakt gekommen und habe in der ÖMV Timesharing aufgebaut, habe monatelang als

Instruktor gearbeitet. Das war eine heikle Sache, weil man Menschen, die 20 oder 30 Jahre ihr Geschäft gut gemacht hatten, überzeugen musste, dass es inzwischen bessere Methoden dafür gibt.« In der ÖMV blieb die politische Tätigkeit Klimas auf das Unternehmen beschränkt (»beispielsweise bin ich Bruno Kreisky kein einiges Mal persönlich begegnet«): Eine Funktionsperiode fungierte er als Vorsitzender der Betriebsgruppe der Fraktion Sozialistischer Gewerkschafter und regte als solcher neue Aktivitäten an: »Ich wollte die Fraktion nicht als bloßes Anhängsel des Betriebsrates verstanden wissen, wir haben ein politisches Leben mit wöchentlichen Diskussionen organisiert, unter anderem über Sozialismus und Management.«

So stieß Klima, der zur Propagierung neuer Personalentwicklungssysteme auch für die Akademie der Führungskräfte tätig war, Ende der achtziger Jahre auch zu einem einschlägigen Arbeitskreis der SPÖ-»Zukunftswerkstätte«. Deren damalige Leiterin Brigitte Ederer, heute Wiener Finanzstadträtin, berichtete ihrem Parteivorsitzenden Franz Vranitzky von dem politischen Talent – und der erinnerte sich rechtzeitig daran: Hannes Sereinig, damals Sekretär Vranitzkys, heute Vorstandsmitglied des Verbund-Konzerns, lud Klima 1992 ins Bundeskanzleramt zu einem Gespräch über die österreichische Energiewirtschaft ein. Der ÖMV-Manager kam und begegnete erstmals Vranitzky. Der fragte ihn prompt, ob er sich die Übernahme des Ministeriums für öffentliche Wirtschaft und Verkehr vorstellen könne. Klima heute: »Ich habe Vranitzky quasi als Personalchef versucht klarzumachen, dass das Anforderungsprofil für den Job mit meinem Persönlichkeitsprofil nicht übereinstimmt. Er ist aber bei seinem Plan geblieben, ich habe mir gerade noch kurze Bedenkzeit erbitten können.« Gegen die starken Bedenken seiner Frau (»Wir hatten gerade, natürlich wieder in Schwechat, ein kleines Haus gekauft, als Minister habe ich nach Abzug aller Abgaben viel weniger bekommen als als ÖMV-Vorstand«) nahm Klima an. Finanziell ergaben sich daraus für die Klimas keine Probleme – persönlich schon: Die Ehe zerbrach bald darauf auch an der zeitraubenden Belastung des neuen Ministers.

Klima ging mit viel Begeisterung in seinen neuen Job (»Wenn ich etwas übernehme, dann ganz«) und versuchte seine Erfahrungen aus dem Unternehmen auf die Politik zu übertragen. Um bald zu erkennen, »dass in der Politik das Überzeugen der Betroffenen noch viel wichtiger ist als in der Wirtschaft. Es gibt aber auch Parallelen: In beiden Bereichen muss man klare Ziele und Visionen definieren, dann muss man sie aber auch durchsetzen.« Bald haftete ihm das Image eines »Machers« an, fast stets – bis ans Ende seiner Kanzlerschaft – gekleidet mit schwarzem Anzug, weißem Hemd und roter Krawatte, seine »Arbeitskluft«, in zehnfacher Ausführung vorhanden. Als Verkehrs- und Verstaatlichtenminister musste sich Klima um heikle Materien kümmern: Die weitere Privatisierung und Sanierung der verstaatlichten Industrie, ihre Aufteilung in Branchenholdings und deren Börseneinführung, den Verkauf einzelner Firmen, die Ausgliederung der Österreichischen Bundesbahnen (ÖBB) aus dem Budget und deren Teilung in »Absatz« und »Infrastruktur«, auch die Weitertreibung des Semmering-Tunnels und der Verkehrsabkommen mit der EU. All das gelang Klima ohne größere Widerstände, auch eine Folge seines stets engen Kontaktes mit den Gewerkschaften. Er selbst sieht seine damalige Tätigkeit heute als die eines »Teamspielers, der sich immer bemüht hat, diszipliniert seine Rolle zu erfüllen, also sein Ressort gut zu leiten. Das unterschied mich etwa von Gesundheitsminister Michael Ausserwinkler, der Innenminister Franz Löschnak immer über die Medien ausrichten ließ, dass er seine Ausländerpolitik für falsch hielt.«

Einer breiten politischen Öffentlichkeit wurde Klima als Spitzenpolitiker im Wahlkampf 1995 bekannt: Vranitzky delegierte ihn zum ORF-Duell mit Jörg Haider. Der relativ unerfahrene Minister schlug sich wacker, erreichte nach Einschätzung aller Beobachter gegen den TV-erprobten »Taferlschwinger« mindestens ein Unentschieden und profilierte sich so als Nummer zwei der SPÖ hinter dem Bundeskanzler. Die Folge: Nach dem für die SPÖ überraschend positiven Wahlausgang vom Dezember 1995 (sie steigerte ihren Stimmenanteil von 35 auf 38 Prozent) stand er ganz oben auf Franz Vranitzkys »Wunschliste« zum Wechsel im Finanzministerium. Der Zeitpunkt überraschte dann mehr als die Tatsache: Dass Andreas Staribacher die Bildung einer neuen großen Koalition nicht mehr als Akteur miterleben würde, pfiffen die Spatzen seit dem vorweihnachtlichen Wahlsonntag von den Wiener Dächern. Zu viele taktische Schwächen hatte sich der smarte 38-jährige Steuerberater, der den Fehler beging, mit einem eigenen »Küchenkabinett« ohne und teil-

Szenen einer Karriere: Viktor Klima folgt 1997 Franz Vranitzky als Parteivorsitzender der SPÖ (oben), mit seinem großen Gegner Jörg Haider bei der TV-Konfrontation zur Nationalratswahl 1999 (Mitte) und in typischer Inszenierung als Politiker, der auch bei Hochwasserkatastrophen »zupackt« (unten).

weise gegen die Ministerialstruktur amtieren zu wollen, in seiner nur
neunmonatigen Amtsperiode erlaubt; zu sehr hatte sich die Volkspartei auf ihn als angeblich Hauptschuldigen an der jetzigen Budget-
misere eingeschossen. Aber der Sohn von Josef Staribacher, eines
Langzeitministers aus der Ära Kreisky, war als Bauernopfer der bei
der Wahl überraschend erfolgreichen SPÖ für den Fall erwartet
worden, dass sich die ebenso überraschend weniger erfolgreiche
ÖVP (von 27,7 auf 28,3 Prozent) mehrere Monate zieren würde, den
letztlich alternativlosen Weg auf die Regierungsbank neuerlich anzu-
treten. Doch Staribacher erklärte unter Hinweis auf die »mangelnde
Sachlichkeit in der Politik« von sich aus bereits am 2. Jänner 1996
den Rücktritt, nachdem er Vranitzky am Silvestertag vergebens für
ein härteres Sparprogramm (inklusive höhere Besteuerung des 13.
und 14. Monatsgehalts) zu gewinnen versucht hatte.
Staribachers Nachfolger Viktor Klima bot für den alten und bald
neuen Koalitionspartner der SPÖ vorerst keine Angriffsfläche: Der
48-jährige Verkehrsminister, nun Favorit bei allen Vranitzky-Nachfolgespekulationen, hatte in den fünf Jahren seiner Tätigkeit als Verkehrsminister gute Figur gemacht. Er war inzwischen in der SPÖ
weit stärker verankert als sein Amtsvorgänger, hatte einen guten
Draht zum Gewerkschaftsbund und zum starken ÖVP-Finanzpolitiker, Wirtschaftsminister Johannes Ditz. Mit diesem schnürte Klima
bald ein erstes Sparpaket, das Österreich die Erfüllung der Maastricht-Kriterien der EU und damit die Teilnahme am Euro-Projekt
ermöglichen sollte. Ditz kam ihm freilich bald abhanden: Sein »Ko
alitionszwilling« trat zurück, nachdem aus der eigenen Partei heraus
eine Beziehung zu einer Mitarbeiterin medial »gespielt« worden war.
Klima streut ihm heute noch Rosen: »Ditz ist ein Mensch, der hart
diskutiert und fightet, aber das sehr geradlinig. Er war sehr betroffen, dass ihm Schüssel im Wesentlichen die Schuld für den schwachen Wahlausgang vom Dezember 1995 zugeschrieben hat.«
Unter Klimas Verantwortung zog die Regierung dennoch – gegen
teilweise heftigen Widerstand des ÖGB, dessen Präsident Fritz Verzetnitsch einmal sogar vor dem Finanzministerium mitdemonstriert
hatte – ein Sparprogramm im Ausmaß von 100 Milliarden Schilling
durch, das Österreichs Netto-Neuverschuldungsrate von prognosti-
zierten 7 auf 2 Prozent herunterbrachte. Sach- und machtpolitisch
gut vorbereitet: Klima erarbeitete es in sechswöchiger »Klausur« mit

Wirtschaftsminister Ditz sowie den Landeshauptleuten Sausgruber (ÖVP) und Stix (SPÖ). Klimas gutes Image litt nicht darunter: Der Finanzminister präsentierte sich einerseits als pragmatisch-zupackender, andererseits als schulterklopfend-lächelnder »Macher«, der mit fast allem und jedem das Du-Wort suchte (so wie schon mit Jörg Haider bei der ersten TV-Konfrontation der beiden). Dass Sohn Jan an der Spitze des VSSTÖ gegen die Sparpläne des Vaters demonstrierte, erregte zusätzliche Aufmerksamkeit.

Diesen Stil, hart in der Sache, freundlich im Ton, wandte der Finanzminister auch bei der härtesten Auseinandersetzung während seiner einjährigen Tätigkeit als oberster Budgetherr an: Die traditionell der SPÖ nahe stehende größte Bank Österreichs, die Bank Austria (entstanden aus einer Fusion zwischen Länderbank und Wiener Zentralsparkasse), übernahm im Jänner 1997 als Meistbieter die zweitgrößte Bank, die der ÖVP nahe stehende Creditanstalt-Bankverein. Der durch das Wahlergebnis geschwächte Vizekanzler Wolfgang Schüssel hatte zuerst vergeblich versucht, ein anderes, seiner Partei genehmeres Konsortium rund um die »Erste« zum Zug kommen zu lassen. Und dann war er auch mit seinem Plan, zumindest seiner Drohgebärde, gescheitert, diesen Deal mit Hilfe der FPÖ im Parlament zu Fall zu bringen. Jörg Haider ließ die Volkspartei im letzten Moment abblitzen. Klima dementierte drei Jahre später jede parteipolitische Dimension seines Vorgehens: »Insider wissen, dass ich mir durchaus Mühe gegeben habe, der ÖVP das Gesicht wahren zu helfen, auch unter Zuhilfenahme von Thomas Klestil, Landwirtschaftsminister Wilhelm Molterer und Raiffeisen-General Christian Konrad. Aber Schüssel hat geglaubt, die Sache mit politischem Druck beeinflussen zu können. Das war nicht möglich, weil ein offizielles Verfahren nach internationalen Regeln begonnen hatte, das von der EU beobachtet wurde. Selbst wenn ich um des Koalitionsfriedens willen anders gewollt hätte, hätte ich gar nicht anders entscheiden können.« Anders sah dies damals der ehemalige ÖVP-Obmann Erhard Busek in einem Gespräch mit mir: Die SPÖ hätte wissen müssen, was sie einem Partner zumuten könne, ihre Vorgangsweise sei über diese Grenze hinausgegangen. Und Schüssel fasst heute kurz und bündig zusammen: »Damals bin ich gelegt worden.«

Unmittelbar darauf wurde die Volkspartei noch einmal »gelegt«: Franz Vranitzky sah nun keinen Grund mehr, länger im Amt zu bleiben. Wieder einmal wurde Viktor Klima von ihm »vergattert«, wie sich dieser erinnert: »Seit dem Herbst 1996 hat Vranitzky immer wieder diesbezügliche Andeutungen gemacht. Ich habe ihm immer gesagt, dass ich den Finanzminister im Kabinett Vranitzky mache und während der österreichischen EU-Präsidentschaft und der Einführung des Euro gern noch dabei wäre, dann aber aufhören wolle.« Am 15. Jänner 1997, ein Jahr und eine Woche nach der Bestellung Klimas zum Finanzminister, wurde Vranitzky deutlicher und dringlicher: Bei einem Mittagessen im Lokal »La Ninfea« (»Zuerst traf uns fast der Schlag, weil ›News‹-Aufdecker Alfred Worm am Nebentisch saß«) forderte ihn Vranitzky auf, »noch in diesem Winter zu übernehmen. Ich verließ nach dem Essen das Lokal in der Überzeugung, ihm diesen Plan ausgeredet zu haben.« Einen Tag später fuhr Klima mit dem schwedischen Finanzminister zum Heurigen nach Nussdorf »und hörte beim Heimfahren im Rundfunk die Meldung, Vranitzky wolle womöglich bald zurücktreten. Tags darauf hat mich Vranitzky um 10 Uhr angerufen und mich für 11 Uhr zu sich gebeten. Ich konnte wegen eines Frisör-Termins nicht. Gut, hat er gesagt, kommst halt um 12 Uhr. Da hat er mir dann gesagt, er habe schon seine Rücktrittsbriefe weggeschickt, ich könne gar nichts anderes tun als seine Nachfolge antreten. Im Lehrersohn hat wieder die Disziplin gesiegt, nach einigen Stunden Bedenkzeit habe ich zugesagt.« Samstag abends wurde der Kanzlerwechsel nach einer Präsidiumssitzung in der Parteizentrale offiziell verlautbart, mittags hatte sich Klima noch mit Wolfgang Schüssel getroffen – und bei einem Mittagessen gleich das Du-Wort ausgetauscht.

Der neue Kanzler Klima wurde in den Medien sofort mit großen Erwartungen konfrontiert. »News«-Herausgeber Wolfgang Fellner nannte ihn »einen jovialen, dynamischen Macher«, gebremst freilich dadurch, »dass die große Koalition alten Typs für die neue Aufbruchsstimmung, die Österreich braucht, nicht taugt«. ORF-Kommentator Paul Lendvai wünschte ihm »die Kraft eines Titanen, um die Regierung zusammenzuhalten und Haider in den Griff zu bekommen«, der damals noch beim »Kurier« tätige Hans Rauscher hielt ihn für einen »geschickten Kommunikator und Verhandler«, »Standard«-Chefredakteur Gerfried Sperl unter Anspielung auf Klimas Hobby für einen »guten Segler, der nun aber nicht nur gute Winde ausnutzen, sondern auch gegen Stürme anzukämpfen hat«, Ute Sassadeck von den »Vorarlberger Nachrichten« gab ihm gute Chancen: »Wenn er politisches und persönliches Gespür entwickelt, kann die ÖVP eigentlich nur Ja und Amen zu allem sagen, was von ihm kommt. Ihr Todestrieb ist zwar groß, aber an jetzigen Neuwahlen kann nicht einmal sie interessiert sein.« Der Wiener Politikwissenschafter Peter Gerlich sah in Klima »einen der wenigen Politiker, denen man ansieht, dass ihnen Politik Spaß macht«, und sein Innsbrucker Kollege Anton Pelinka nannte die »rechtzeitige Hofübergabe die einzig mögliche Option der SPÖ«. Demoskopen warnten freilich – Wolfgang Bachmayer (OGM): »Klima muss Tempo machen, sonst verblasst sein Bild bald.«

Klima startete mit großem Tempo – und einer Regierungsumbildung, die allzu »kantige« Minister »abschliff«: Der linksliberale Innenminister Caspar Einem, der von Teilen seines Ressorts, vor allem auch von der »Kronen Zeitung« angefeindet worden war, wechselte in ein schon 1996 um die Wissenschafts- und Forschungsagenden nicht sehr logisch erweitertes Verkehrsministerium, an seine Stelle trat der stets extrem um Harmonie bedachte Ex-Staatssekretär Karl Schlögl. Der ebenfalls von der »Krone« befehdete Rudolf Scholten musste dem politisch ähnlichen Einem weichen und ging in die »Kontrollbank«. Statt des farblos gebliebenen Eisenbahnergewerkschafters Franz Hums wurde AK-Präsidentin Lore Hostasch Sozialministerin; Barbara Prammer ersetzte die glücklose Helga Konrad als Frauenministerin; mit Wolfgang Ruttenstorfer holte sich Klima einen ebenfalls (wie übrigens auch Einem) aus der ÖMV kommenden Manager als Finanzstaatssekretär. Nur zwei Entscheidungen gerieten dem ehemaligen Personalberater nicht nach Wunsch: Der ursprünglich als Finanzminister vorgesehene Karl Stix musste absagen, weil die ÖVP angekündigt hatte, der SPÖ sonst mit Hilfe der FPÖ den Posten des burgenländischen Landeshauptmannes streitig machen zu wollen – der dann bestellte Rudolf Edlinger erwies sich für Klima freilich als gute Wahl, was man vom neuen Kultur-Staatssekretär nicht behaupten konnte: Der als Bürgermeister von Wiener Neustadt erfolgreiche Peter Wittmann erlangte nie die Akzeptanz »seiner« Klientel, ebenso wenig freilich wie in dieser Beziehung der sich selbst als »Kunstkanzler« verstehende Klima: Rudolf Burger, Rektor der Hochschule für Angewandte Kunst, mokierte sich in einer ersten Einschätzung über dessen »zähnefletschende Herzlichkeit«.

Vorerst unbestritten blieb aber die Auswahl seines engsten Mitarbeiters in der Partei: ORF-Generalsekretär Andreas Rudas, ein politischer Kommunikationsprofi, wechselte als Bundesgeschäftsführer zur SPÖ, Vorgängerin Brigitte Ederer folgte Edlinger als Wiener Finanzstadträtin.

Rudas sollte vor allem ein Defizit beheben, das die SPÖ mit ihrem Koalitionspartner teilte. Die Spitzen der beiden Regierungsparteien hatten in den vergangenen Monaten zwar angesichts ihrer Legitimationsprobleme begriffen, dass ihr Wählerschwund etwas mit ihrer Inszenierungsschwäche zu tun hat, hatten diese aber lange Zeit entsprechend oberflächlich analysiert und eher wehklagend reagiert. Von Franz Vranitzky hörte man zwar in seinen letzten Interviews zunehmend öfter Klagen über die »Schlagzeilengesellschaft«, Wolfgang Schüssel trauerte noch immer über seine angebliche Benachteiligung durch nachteilige Fotos und bewusst bösartige Fragensteller. Voll begriffen schienen sie wie die meisten anderen ihrer Führungsgarde das zentrale Problem aber nicht zu haben: Es ging nicht nur um den besseren »Verkauf« von Politik, sondern um die Berücksichtigung der Tatsache, dass mediale Inszenierung längst Bestandteil von Politik geworden war, dass – zugespitzt – nichts »ist«, was nicht medial transportiert wird. Entsprechend dem »Strukturwandel der Öffentlichkeit« hatte »politisches Marketing« längst die bewusste Politisierung der Menschen ersetzt, den Versuch, Massen für eine bestimmte Idee zu gewinnen und zu mobilisieren.

Aus dieser Perspektive schien die Bestellung von Rudas ein richtiges Rezept zu sein. »Tricky Vicky« (so ein parteiinterner Spitzname Klimas), dem der Ruf eines effizienten Personalmanagers anhaftete, hatte einen Medienmanager geholt, der wie kaum ein anderer dieses Metiers auch die Gesetze der politischen Macht kannte, der erstarrte Strukturen zum Tanzen und überkommene komplett beseitigen zu können schien. Rudas, der in Jugendorganisationen der SPÖ eine fundierte politische Sozialisation durchgemacht und danach so unterschiedliche Persönlichkeiten wie Karl Blecha (als Innenminister) und Gerd Bacher (als ORF-Generalintendanten) zu betreuen hatte, war andererseits auch zuzutrauen, nicht von einem Extrem in ein anderes, ebenso verhängnisvolles zu verfallen, nämlich die Politik ganz durch bloße PR-Aktivitäten zu ersetzen. Die Inszenierung der Politik war zwar zunehmend wichtig – die realen Verhältnisse spielten dennoch weiter mit. Auch der bestverkaufte Kanzler, die herzlichsten Umarmungen, das breiteste Lächeln, die bestgeölten Medienverbindungen konnten scheitern, wenn die Arbeitslosigkeit wuchst, die Armut, die Angst. »Moralische« Schwächen waren – siehe Bill Clinton – durch perfekte Inszenierungsarbeit auszubügeln. Jene des mangelnden »Fressens« – schlag nach bei Bert Brecht – und – man denke an die vergangenen Jahre der großen Koalition – des gesellschaftlichen »Reformstaus« nicht.

Klimas Start kam gut an. Der »Spiegel« titelte ein erstes Porträt über ihn mit »Clinton aus dem Abendland«, auch die »Krone« (ihr maß Rudas stets eine entscheidende Bedeutung bei) bejubelte seine Amtsübernahme. Kritische Kommentatoren sahen darin auch den Dank dafür, dass Klima noch als Verkehrsminister die erste private Handy-Lizenz an das »max«-Konsortium vergeben hatte, in dem neben Siemens auch die »Krone« vertreten war. Ähnlich wie Partner und Konkurrent Schüssel ein knappes Jahr zuvor bekam auch Klima gleich glänzende Umfragebenotungen: 61 Prozent und damit bald mehr als Vranitzky sahen in ihm den für diesen Zeitpunkt idealen Kanzler, die SPÖ wurde durch ihn gleich wieder von zwischenzeitlich 35 auf 38 Prozent (wie bei den Wahlen im Dezember 1995) hoch gepuscht. Im April ersetzte er – entsprechend begeistert begrüßt – Franz Vranitzky auch als Parteivorsitzenden der SPÖ, wie dieser als halber Quereinsteiger, wie dieser pragmatisch, ideologiefern, weder mit Funktionärsattitüden noch mit Visionen »belastet«. Es war nicht seine Sache, in der Debatte um Sparpakete oder die generelle Budgetpolitik mit Grundsätzen zu argumentieren – das tat in dieser Funktion freilich auch nicht der »politischere« Ferdinand Lacina, Finanzminister zwischen 1986 und 1995. Es war aber sehr wohl Klimas Sache gewesen, an der Seite Rudolf Scholtens im Jänner 1993 beim Lichtermeer für »SOS Mitmensch« und gegen das Anti-Ausländer-Volksbegehren der FPÖ aufzutreten. Nicht nur Wiens Bürgermeister Michael Häupl, der Klimas Inthronisierung mitbetrieben hatte, hielt ihn für fähig, in »herzlicherer« Art Volksnähe zu demonstrieren als Vranitzky, parteiintern integrativer zu wirken als der dort geschätzte, aber nicht geliebte Ex-Kanzler und Jörg Haider, dem Großmeister des Populismus, hemdsärmeliger entgegenzutreten. Zusätzlich lieferte Klima den Medien, die Vranitzkys Dämmerung seit 1994 mit herbeigeschrieben hatten, auch neuen Unterhaltungsstoff. Insbesondere Rudas erwies sich bald als Meister der Inszenierung seines neuen Chefs: Klima in Gummistiefeln bei Hochwasserkatastrophen, Klima mit herzigen Kindern in Schulen, Klima mit seinen Hunden (einer davon, »Grolli«, avancierte sogar in Anlehnung an Bill Clintons Hauskater »Socks« zur Hauptperson eines Polit-Cartoons) an der Seite seiner zweiten, fotogenen und engagierten Ehefrau Sonja – all das füllte bald die anfangs fast ungetrübt freundliche Berichterstattung der Medien.

Die neue Führungsfigur der SPÖ hatte weiter mit den enormen Problemen der meisten sozialdemokratischen Parteien zu kämpfen: Wie in Zeiten enger Staatshaushalte die geforderte Erhöhung sozialer Kompetenz einlösen, ohne in überholten Etatismus zu verfallen, wie die starken Reste verkrusteter Parteistrukturen auflösen, ohne den Funktionärsapparat allzu sehr zu verärgern, wie die Abwanderung vieler Blue-colour-worker zu den Rechtspopulisten einerseits, vieler Kopfarbeiter zu Grünen und Liberalen andererseits stoppen? Klima brachte eine zentrale Eigenschaft, um die bis zum Hass aufgeheizte Anti-Politik-Stimmung kalmieren zu können: Er war unverbraucht, seine stattliche Figur wirkte speziell auch am TV-Schirm gut. Ähnliches hatte 1986, am Ende der Sinowatz-Episode, für Franz Vranitzky gesprochen, der dann immerhin mehr als zehn Jahre regiert hatte. Zwar war die Sozialdemokratie – vor allem auch dank des langjährigen Strahlemanns Vranitzky – nach wie vor stärkste Kraft auf Bundesebene (nun schon seit 1970, eine international einmalige Marke), aber sie wies keineswegs mehr jene außerordentliche Qualität auf, die sie unter Bruno Kreisky in den siebziger Jahren zu haben schien: Sie war quantitativ abgesackt, mitgliedermäßig um ein gutes Viertel, wählermäßig um ein knappes Drittel, sie hatte qualitativ ähnliche Schwierigkeiten, verlor einen Großteil ihrer damaligen Attraktivität für Junge und Gebildete, ihr personelles Reservoire war arg angegriffen und sie musste inhaltlich einen immer größeren Spagat wagen.

Ein Beispiel lieferte dafür bald ihr neuer Bundesgeschäftsführer: Derselbe Andreas Rudas, der in konsequenter Fortführung der Umwandlung der SPÖ zur modernisierenden Staatspartei Nummer eins zwecks besserer Auslastung der wirtschaftlichen Kapazitäten eine Ausweitung der Sonntagsarbeit befürwortete, versuchte fast gleichzeitig seine Partei als Protestpartei gegen einen in anderen Ländern von konservativen Parteien befürworteten »Kapitalismus pur« zu positionieren. Die SPÖ musste sich mit dem Zerfall altgewohnter ideologischer Versatzstücke, staatlicher Einflusssphären und parteilicher Strukturen abfinden und auf der Suche nach neuen Formen begeben, sich als soziale Schutzbastion gegen jene »Nebengeräusche« darstellen, die eine globalisierte und liberalisierte Wirtschaft nun einmal produziert. Und durfte dabei trotz oder gerade auch wegen der rechtspopulistischen Konkurrenz Haider nicht in jenen platten nationalistischen Isolationismus verfallen, den eine FPÖ als skrupellose Oppositionspartei praktizieren konnte, nie aber eine ernst zu nehmende sozialdemokratische Regierungspartei.

Viktor Klima hatte im ersten Jahr seiner Tätigkeit mit seinem Persönlichkeitsprofil des zupackenden Reformers alle Chancen des Neustarters, das bewiesen seine hervorragenden Umfragedaten. Und selbst parteiinterne Skeptiker, um das inhaltliche Profil ihrer Partei bangend, mussten zugeben: Die ersten »ideologischen« Wortmeldungen Klimas als sozialdemokratischer Parteichef (gegen Spekulationskapital, politischen Katholizismus und NATO-Hektik) klangen besser, als sie vermutet hatten. Nur einige SPÖ-Gewerkschafter kritisierten ihn für ungewohnt grundsätzliche Aussagen zu ihren »angestammten« Arbeitsbereichen. Künftig werde man verstärkt teilen müssen, Einkommen ebenso wie Arbeit: »Gelebte Solidarität« bedeute eben auch, Arbeitszeitverkürzungen ohne vollen Lohnausgleich (genauer gesagt: mit zumindest relativen Lohnkürzungen) in Kauf zu nehmen. Nach gewerkschaftlichen Protesten präzisierte Klima: Künftige Produktivitätszuwächse würden zunehmend nicht mehr in Geld, sondern in Freizeit abgegolten werden müssen, mehr Zeit für Bildung, Familie, Pflege. Eine Überlegung, die für traditionelles österreichisches Gewerkschaftsdenken eine harte Nuss darstellte. Dazu kam das für alle Wähler spürbare Bröckeln altgewohnter Identitäten, von Neutralität, Schilling, relativer Vollbeschäftigung.

Viktor Klima und seine »spin-doctors« versuchten bereits damals vom Wahlsieg des neuen internationalen Polit-Stars Tony Blair, Führer der britischen »New Labour Party«, zu profitieren. Auch die österreichischen Genossen erhofften sich von dem in den letzten Jahren selten gewordenen Triumph eines prominenten Sozialdemokraten Aufwind. Rudas hatte plakativ Tony Blair und dessen Vorbild

Bill Clinton zu Ehrenobmännern der Partei ernannt, die originelle »Initiative 8« bereits am Vorabend der britischen Wahl zu einer Siegesparty in die SPÖ-Zentrale in der Löwelstraße geladen. Und Blair hatte tatsächlich mit landesweit 45 Prozent der Stimmen gemäß dem für österreichische Begriffe ungerechten, aber mehrheitsfördernden Wahlrecht fast eine Zweidrittelmehrheit der Mandate erreicht. Klima präsentierte sich bei Auslands-Interviews als alpenländischer Zwilling Tony Blairs. Eine verständliche, aber oberflächliche Anleihe beim neuen britischen Premier, der nach 18 Jahren Opposition gegen den harten Thatcherismus und dessen weichere Erbverwalter gesiegt hatte: In Österreich regierte seit 1970 die SPÖ, primär ihr wurden die ökonomischen, sozialen und gesellschaftlichen Probleme des Landes angelastet.

Ein tragisches Beispiel dafür war der Selbstmord des ehemaligen Sekretärs Franz Vranitzkys, Gerhard Praschak. Der Vorstand der staatsnahen »Kontrollbank« erschoss sich Ende April 1997, weil er befürchtete, an einen anderen ehemaligen Mitarbeiter Vranitzkys, Ex-Minister Rudolf Scholten, Kompetenzen zu verlieren. So unbegreiflich einem Durchschnittsbürger die beruflichen und persönlichen Ängste eines Spitzenbankers mit fünf Millionen Schilling Jahresgage vor allem angesichts seines aufrechten Vertrages sowie eines daraus erwachsenden Pensionsanspruchs und einer durchaus glücklichen aktuellen privaten Beziehung auch erschienen – Praschak musste anlässlich des Postenkarussells im Bankenbereich dennoch von unglaublichen Karriereängsten geplagt worden sein. Ich erinnere mich an jenen hoch gewachsenen Feschak, den ich vor 25 Jahren in der Studentenpolitik kennen gelernt und seither nie ganz aus den Augen verloren hatte: Kein intellektueller Blender, sondern ein solider Arbeiter, verlässlich, ruhig, fast gehemmt. Dahinter stand freilich ein flammend ehrgeiziger Aufsteiger, der diese Eigenschaft nie ausagierte, sondern viel Gram in sich hineinfraß. Ein Zwiespalt zwischen Wollen und Zweifeln, der später tödliche Dimension gewann: Je höher der Gipfel, desto dünner die Luft.

Blieb die Frage nach der Verantwortlichkeit eines politischen Systems: Zweifellos wurde Österreich noch immer – wenn auch schon weit geringer als vor 10, 15 Jahren – von (partei)politischen Einflüssen geprägt, speziell auch im Bankenbereich. Den Suizid Praschaks aber generell als Ausfluss einer proporzgeprägten Versorgungswirtschaft für Polit-Sekretäre zu deuten, griff zu kurz: Jahrelang im Zentrum, zumindest im Vorzimmer der politischen Macht gestanden zu haben gilt international durchaus als Vor-, nicht als Nachteil für eine spätere Karriere. Ob einer davon für einen wirtschaftlichen Posten geeignet ist oder nicht, ist an der konkreten Qualifikation einer Person zu messen, nicht an deren früheren Karrierestationen. So ungustiös die dem Suizid folgende politische Debatte auch war – Jörg Haiders Versuche, ihn als logische Konsequenz des »roten Filzes« (später: der »Funktionärspolitik«) zu deuten, wirkten ebenso degoutant wie seine Anbiederung an den angeblichen Anti-Euro-Kumpan Blair lächerlich –, so riskant schien auch in diesem Licht die Gratwanderung der SPÖ, das politische System modernisieren und das soziökonomische flexibilisieren zu wollen, ohne altgewohnte Einflusssphären und soziale Kompetenzen zu verlieren. À la Blair aus der Opposition heraus ließ sich eben ungleich leichter kraftvoll-populistisch, eklektizistisch-»postmodern« agieren, als es der »Staatspartei« SPÖ grundsätzlich möglich war.

Der von Klima geschätzte Sozialexperte Bernd Marin fasste in der ersten öffentlichen Debatte mit dem neuen Kanzler im Wiener Volkstheater die Probleme der SPÖ so zusammen: »Sie sind mit jenen der katholischen Kirche verglichen worden, aber in der SPÖ fehlt eine Caritas, die sie progressiv vorantreibt, etwa für eine neue Vollbeschäftigungspolitik, für einen neuen Arbeitnehmerbegriff, die Umverteilung von Arbeit und Einkommen. In Skandinavien haben die sozialistischen Frauenorganisationen die Liberalisierung der Geschäftszeiten durchgesetzt, in Österreich wird dagegen protestiert statt gleichzeitig eine Ausweitung der katastrophalen Kinderbetreuungszeiten durchzusetzen.« Andreas Khol, Ideologe der ÖVP, erweiterte gewohnt sarkastisch: »Die Ära Klima hat mit dem Regierungsprogramm 1995 begonnen, eine großartige Leistung, weil die ökosoziale Marktwirtschaft zum Regierungsprogramm wurde. Die Frage ist, ob es Klima als milden Sieger gelingen wird, so wie Kreisky links zu reden und rechts zu handeln. Nichts macht die Wandlung der SPÖ deutlicher als Wesen, Wirken und Werden des Hannes Androsch: Er hat sich privatisiert und ist zum Salzbaron geworden. Die sozialistischen Werte sind tot, es gibt nur mehr Sozialdemokraten, die am Parteitag Schilder hochhalten wie die Priester des Minotaurus auf Kreta: Der Minotaurus war auch schon lange tot, man durfte es den

Gläubigen nur nicht sagen, das wäre für die Priester schlecht gewesen.« Der neu zu den Grünen gestoßene Wirtschaftsprofessor Alexander Van der Bellen hatte »eher ein Problem mit der Praxis der SPÖ, die seit 27 Jahren die Regierung führt. Wenn sie heute auf ihre Verdienste verweist, muss sie auch die Verantwortung für die Fehlentwicklungen dieser Zeit tragen. Sie stilisiert sich zugleich als Opfer und Machthaber, sie macht sich damit lächerlich. Die SPÖ soll sich dazu bekennen, dass sie für Leute steht, die Karriere gemacht habe, für den wohlhabenden Mittelstand. Es stimmt nicht, dass sie primär für die Armen, Witwen und Waisen zuständig ist.« Und Andrea Kuntzl, eine der Autorinnen des dann 1998 beschlossenen neuen Parteiprogramms der SPÖ, heute eine ihrer zwei Geschäftsführerinnen, gab zu: »Die Gesellschaft ist viel heterogener geworden, individualisierter, unsere traditionellen Parteiformen greifen nicht mehr. Die ökonomischen Bedingungen für unsere Beschäftigungs- und Verteilungspolitik haben sich völlig verändert, es genügt nicht mehr, sich bloß als Verteidiger positiver Errungenschaften darzustellen.«

Klima antwortete auf solche und ähnliche Befunde mit »Wegweisern«, die seine Entschlossenheit zu technokratischen Reformen ebenso dokumentieren sollten wie seine an Vranitzky gemahnende Abneigung gegenüber der FPÖ: »Erstens: Wir sind durch die starke wirtschaftliche Verflechtung und neue Technologien der Telekommunikation in die Situation nationaler Erpressbarkeit gekommen. Zweitens: Wir müssen uns auf die jetzige Form der Demokratie einstellen, in der elektronische Massenkultur Leitbilder schafft, Idole statt Ideale. Drittens: Traditionelle Parteien wie die SPÖ haben es schwieriger als Initiativen für Volksbegehren punktuelle Interessen einzufangen, aber wir müssen uns für sie öffnen. Vor allem auch, um viertens einem besonders gefährlichen Trend begegnen zu können: Jenem des neuen Nationalismus, der so tut, als könnten wir Probleme durch chauvinistische Abschottung lösen. Und jener Politik, die versucht Neid- und Angstgefühle zu schüren, Feindbilder zu schaffen und Menschen gegeneinander auszuspielen. Es gibt zwei Reaktionen auf die heutigen globalen Veränderungen: Den Manchester-liberalen Ansatz, der davon ausgeht, dass sich alle Tüchtigen schon durchsetzen werden. Und unseren, der durch Veränderungen bewahren will, ohne der alten österreichischen Krankheit zu verfallen: Wir brauchen zwar Reformen, aber es darf sich nichts ändern.«

Nach dem ersten Anfangsschwung zeigte es sich aber bald, dass die große Koalition auch unter Viktor Klima von ebendieser Krankheit nicht geheilt war. Gesellschaftliche Veränderungen wurden primär von außerparlamentarischen Initiativen artikuliert, teilweise mit beachtlichen Erfolgen: Ein Volksbegehren zur Eindämmung der Gentechnik erreichte im April 1997 mehr als 1,2 Millionen Unterschriften, ein politisch wesentlich pointierter formuliertes zur Erweiterung von Frauenrechten knapp 650 000. Diese Resultate bewiesen, dass Menschen immer mehr durch Medien als durch Parteien, mehr durch – durchaus nicht »unpolitische« – Gefühle als durch papierene Programme mobilisiert werden. Gerade Klima zeigte sich solchen Initiativen demonstrativ gewogen, auch wenn Politikwissenschafter einschränkten: Diese nötige »direkte« Ergänzung der repräsentativen Demokratie mit ihren gewählten Volksvertretern zu einer monatlichen Dauereinrichtung zu machen würde eine nötige Balance verletzen – schließlich ging das in Richtung eines autoritären Führersystems, das sich seine Legitimation durch geschickt organisierte Emotionskampagnen ohne lästige parlamentarische Begleitgeräusche zu erwerben sucht. Dazu kam der mögliche Ge-(Miss?)brauch von Volksbegehren durch politische Parteien. Speziell die FPÖ neigte dazu, floppte aber damit auch im November 1997: Unter Federführung ihrer jetzigen Parteiobfrau Susanne Riess-Passer mobilisierte ihr Anti-Euro-Volksbegehren nur 254 000 Unterstützer, noch wesentlich weniger als ihr Anti-Ausländer-Volksbegehren im Jänner 1993 (450 000).

Die Regierungsparteien taten sich naturgemäß schwerer mit solch einfachen »single-issues«, unverwässert klaren Anliegen, womöglich verbunden mit populären, jedenfalls emotionalisier- und kampagnisierbaren Forderungen. Nicht zuletzt deshalb, weil sie dann auch noch verschiedener, bisweilen gegensätzlicher Meinung waren: So konnte die SPÖ, gestützt auf außerparlamentarische Initiativen von Betroffenen, erst nach jeweils spektakulären Vorfällen und mühsamen parlamentarischen Prozeduren gegen eine zögerliche bis gegnerische ÖVP eine Verschärfung des Waffengesetzes (Psychotests für Waffenscheinbesitzer) und eine Absenkung der zulässigen Alkoholgrenze für Autofahrer (von 0,8 auf 0,5 Promille) durchsetzen. In zentraleren Umbauten des Sozialstaates musste sich Klima auch mit Widerspruch aus den eigenen (Gewerkschafts-)Reihen auseinander setzen. Der ÖGB, sowohl die rote wie die schwarze Fraktion, stemmte sich gegen eine weitgehendere Pensionsreform, als sie jene erste Etappe beinhaltete, für die eine Regierungsklausur in Rust im Juni 1997 den Startschuss gegeben hatte. Kernpunkte: Die Einführung von Abschlagszahlungen für Frühpensionisten sowie die Erhöhung des Durchrechnungszeitraums für ASVG-Pensionisten. Zu prinzipielleren und mittelfristig wohl unabwendbaren Umstellungen hat sich seither noch keine Regierung entschließen können, weder zu einer kompletten Angleichung des Pensionssystems der Beamten an jenes der ASVG-Pensionisten noch zu einer generellen Erhöhung des Pensionsalters. Klima konzentrierte sich fortan vor allem auf das Problem der Arbeitslosen, deren Zahl – trotz der parallel steigenden Zahl von Beschäftigten und trotz steigender Mittel für die aktive Arbeitsmarktpolitik – auf über 300 000 anwuchs.

Dennoch stand Österreich objektiv gut da: »Austria gegen Borussia: 4:0«, resümierte die »Zeit« in einer vergleichenden Bilanz der österreichischen Pensionsreform mit dem Rentenstreit jenseits der Grenzen. Tatsächlich ging es dem Land zum Jahresende 1997 nach wie vor viel besser als den meisten anderen vergleichbaren Staaten. Die Österreicher lebten im drittreichsten Land der EU, Wien wurde von einer internationalen Jury in Sachen Lebensqualität auf Platz drei der Bestenskala gereiht und auch die gesellschaftliche Stimmung schien politisch wie wirtschaftlich besser zu sein als in den Vorjahren, trotz der – neben der Arbeitslosigkeit – offenen Probleme in der Sozial- und Sicherheitspolitik, der mangelnden Konfliktkultur und überbordenden Bürokratisierung, der ungenügenden Internationalität im Denken und Handeln. Dass der in der »österreichischen Seele« tief verankerten Mieselsucht kurzfristig etwas der Boden entzogen worden war, hing auch mit der innenpolitischen Entwicklung zusammen. Jene Partei, die am besten von realen und überspitzten Mängeln lebte, die FPÖ, schien – auch durch beginnende interne Spannungen – vorerst gebremst, die Regierungsparteien hatten sich bei der Wählergunst auf – im Vergleich zu früher niedrigem, im internationalen Vergleich hohem – Prozentniveau stabilisiert, auch die zwei kleineren, modernen Oppositionsparteien hatten ihre personellen Probleme vorläufig überwunden: die Grünen kürten Alexander Van der Bellen statt des auf Bundesebene unglücklich agierenden Christoph Chorherr zum Obmann, bei den Liberalen konnte die ihre Kandidatur für die Präsidentschaftswahl anmeldende Heide Schmidt so einen neuen Motivierungs- und Mobilisierungsschub erhoffen.

Anfang 1998 zeigten sich die Strategen der SPÖ entsprechend zufrieden. Kanzler und Parteichef Viktor Klima zog ein Jahr nach seinem Amtsantritt eine relativ positive Bilanz: Seine Partei lag völlig unangefochten auf Rang 1, der kurzfristig auf Platz 3 abgerutschte Koalitionspartner hatte sich erholt, Hauptgegner Jörg Haider war in einer ihm ungewohnten Situation: Er musste sich verteidigen, gegen erste, ohnehin noch sehr zaghafte interne Kritiker, gegen Medien, die (samt der ihm prinzipiell durchaus wohlwollend gegenüberstehenden »Krone«) seiner Eskapaden langsam müde wurden, vor allem gegen eine Entwicklung, die den extremen Narziss mehr als alles andere wurmen musste: Es drehte sich nicht mehr alles um ihn – deswegen auch der mehrmals unternommene Versuch, auch mit koketten Rücktrittsdrohungen wieder in die Schlagzeilen zu kommen. Am Bungeeseil war er schon gehangen, Bergsteigerfotos waren auch nicht mehr originell, das in die TV-Kamera gehaltene Taferl wurde bis zur Unwirksamkeit kopiert und die instrumentelle Auswechslung des Outfits drohte sich durch groteske Überdrehung abzunutzen. Natürlich lag das auch am neuen Hauptdarsteller Klima. Seine Taktik, sich von Haider ähnlich stark wie Vranitzky abzugrenzen, ihn vor allem aber zu relativieren (»Ein Oppositionsführer von dreien«) bewährte sich, in seinem ersten Jahr als Kanzler hatte er auch medial dazugelernt. Er schien für viele Wähler glaubwürdig die gewünschte Mischung aus Veränderung und Bewahrung, aus Reformbereitschaft und Stabilität zu verkörpern.

Diesem Image entsprechend versuchte Klima dem Koalitionspartner die Bereitschaft zu besonders enger und verlässlicher Zusammenarbeit zu signalisieren. So verzichtete die SPÖ Mitte November 1997 – sicher auch mangels eines Erfolg versprechenden Kandidaten – darauf, einen eigenen für die kommende Bundespräsidentschaftswahl aufzustellen. Das amtierende Staatsoberhaupt Thomas Klestil wurde zwar nicht parteioffiziell, wohl aber von namhaften Vertretern der SPÖ wie Wiens Bürgermeister Michael Häupl und seinem Amtsvorgänger Helmut Zilk unterstützt. Wider diesen taktisch eingesetzten Parteistachel löckte nur ein prominenter Sozialdemokrat: Ferdinand Lacina, der Klima auch dadurch parteiintern in Verlegenheit brachte, dass er sich um das Amt des Nationalbankpräsidenten gegen den ausgehandelten Koalitionskandidaten Klaus Liebscher – vergeblich – bemühte, engagierte sich für die protestantische Bischöfin des Burgenlands, Gertraud Knoll. Sie erhielt beim Wahlgang am 19. April 1998 13,5 Prozent der Stimmen (vor allem aus dem grünen und sozialdemokratischen Wählerreservoire), LiF-Chefin Heide Schmidt 11,1 Prozent, der lupenreine Populist Richard Lugner 9,9. Klestil wurde mit 63,4 Prozent der Stimmen (auch einer Mehrheit der SPÖ-Wähler) wieder gewählt. Klima, der sich in dieser Frage über manch parteiinterne Kritik hinweggesetzt hatte, fühlte sich damals vom Ergebnis bestätigt – und heute vom weiteren Verlauf der Innenpolitik: »Ich hielt und halte Thomas Klestil für einen parteiunabhängigen Garanten innerer Stabilität.«

Der weitere Verlauf des Jahres 1998 eröffnete Klima zusätzliche Chancen: Schüssel war zumindest anfangs noch von der gerade noch überstandenen »Frühstücksaffäre« von Amsterdam (Sommer 1997) angeschlagen. Einmal noch ließ er sich wie während der CA-Auseinandersetzung auf eine Konfrontation mit der SPÖ (und Teilen seiner eigenen Partei) ein, wieder unterlag er: Zum neuen ORF-Generalintendanten wählte das Kuratorium im Juli 1998 den trotz CV-Mitgliedschaft völlig unabhängigen erfahrenen ORF-Journalisten Gerhard Weis. Schüssel hatte dagegen bis zuletzt den ORF-Geschäftsführer Peter Radel forciert, einen persönlichen Freund. Klima heute dazu: »Ich kannte niemand, der mir klarmachen konnte, dass Radel im Stande wäre, das Gesamtunternehmen führen zu können.« Und für Jörg Haider entwickelte sich 1998 überhaupt zu einem Schreckensjahr. Höhepunkte: Die Auflösung einer ganzen freiheitlichen Landesgruppe in Salzburg und die Flucht des dann im März 2000 wegen Betrugs zu einer mehrjährigen Gefängnisstrafe verurteilten Klubkassiers der FPÖ im Parlament, Peter Rosenstingl sowie die Involvierung der Landesspitze der niederösterreichischen Freiheitlichen in diese Affäre.

Im zweiten Halbjahr 1998 hatte Österreich die EU-Präsidentschaft inne, was sowohl Klima als auch Schüssel gute Chancen zur Profilierung und Präsentierung bot. Nach außen ergriff das Regierungsduo diese Chance auch: Außenminister Schüssel erntete international Beifall, als er sich für die Osterweiterung der EU als »Europäisierung der EU« einsetzte; und Kanzler Klima nutzte seine Ratspräsidentschaft dazu, die Bekämpfung der Arbeitslosigkeit (in den EU-Ländern gab es 18 Millionen Menschen ohne Jobs) auf Platz 1 der Präsidentschafts-Agenda zu setzen. Beide versuchten sich in wahren Marathontouren durch die EU-Hauptstädte, speziell der Kanzler war aber auch stark darauf bedacht, den Eindruck erst gar nicht entstehen zu lassen, die Wahrnehmung dieser internationalen Aufgaben hindere ihn am innenpolitischen Agieren – so wurden etwa auch seine Kassandrarufe gedeutet, »Brüssel« dürfe nicht zu stark reglementieren. Solche integrationsbremsenden Töne waren freilich auch vom neuen deutschen Kanzler Gerhard Schröder zu hören, der im Herbst 1998 den konservativen deutschen Langzeitkanzler Helmut Kohl, einen Europäer der ersten Stunde, ablöste.

Klima, der Ende September – als EU-Ratsvorsitzender mit großem Beifall bedacht – Schröders Abschlusskundgebung in Berlin unterstützt hatte (noch gemeinsam mit dem damaligen SPD-Vorsitzenden Oskar Lafontaine), wollte die dann folgende Bildung einer rot-grünen Regierung in Deutschland nicht als Signal für Österreich verstanden wissen: »Wir haben ein aufrechtes Koalitionsabkommen. Ich hoffe, dass wir klar gemacht haben und noch klar machen können, dass es dabei bis zu den nächsten Wahlen um eine Zusammenarbeit im Sinne Österreichs und der nötigen Reformen geht und nicht um eine Koalition des Packelns und des Postenschachers.« In anderer Hinsicht wollten Klimas Strategen die Wahl Schröders sehr wohl nutzen: Bereits zu Beginn 1999 hingen in ganz Österreich Plakate mit der – aus Sicht dieser Propaganda – europäischen Führungstroika, allesamt Sozialdemokraten: EU-Ratsvorsitzender Klima mit Tony Blair und Gerhard Schröder; schon das erste Titelblatt des neuen Magazins »Format« im Oktober 1998 hatte ein Konterfei der drei »neuen Roten« geziert. Nach parteiinterner Kritik präzisierte Klima unter Hinweis auf einen anderen sozialdemokratischen Regierungschef (10 von 15 EU-Ländern wurden damals von Sozialdemokraten regiert), dem gegenüber der kommunitaristisch-wirtschaftsliberalen Achse Blair – Clinton »staatsinterventionistischeren« Franzosen Lionel Jospin: »Erfreulicherweise haben wir auch in Österreich eine andere Ausgangslage als Blair in Großbritannien, dessen sozialer Zusammenhalt von den Konservativen weitgehend zerstört worden war.«

Intern lief die Präsidentschaft freilich weniger gut ab. Eifersüchteleien zwischen Kanzler und Vizekanzler sowie ihren beiden Stäben waren etwa bei der Vorbereitung des EU-Gipfels in Pörtschach (Oktober 1998) spürbar, weniger beim großen Abschlusstreffen der österreichischen Präsidentschaft im Dezember 1998 in Wien. Klima heute über die damalige Rivalität zwischen Kanzler und Vizekanzler: »Ich habe Schüssel während und nach der Amsterdamer Frühstücksaffäre gestützt, nach innen wie nach außen. Dann hat er wohl geglaubt, während der EU-Präsidentschaft wieder international zum ›rising star‹ werden zu können, das hat es aber in dieser Form nicht gespielt. Da war Verärgerung spürbar, die so weit ging, dass wir den informellen Pörtschacher Gipfel allein, ohne Außenministerium vorbereiten mussten. Aber insgesamt haben wir beide von der guten Präsidentschaft profitiert, auch unsere Parteien, vor allem unser Land.« Die Demoskopen sahen das ähnlich: Zu Beginn des Wahljahres 1999 lag die SPÖ in Umfragen bei 35 Prozent, die ÖVP knapp unter 30, die FPÖ bei 25. Deren Propaganda gegen die diversen Veranstaltungen während des Halbjahres (zu teuer, zu nichts sagend, zu wenig gewichtig) hatte nicht wirklich gegriffen.

Mit Jahresbeginn 1999 ändert sich das Bild schlagartig. Klima: »Das ganze Jahr 1999 war katastrophal. Inhaltlich ging fast nichts mehr weiter, es wurden nur mehr Dissonanzen in den Vordergrund gestellt.« Zentral etwa die Differenz in der Sicherheitspolitik: Für den diesbezüglichen »Optionenbericht« der Bundesregierung konnte kein wirklicher Kompromiss zwischen der Neutralitätsbewahrerin SPÖ und der NATO-Befürworterin ÖVP gefunden werden. Auch die nach monatelangem Tauziehen im März 1999 beschlossene Steuerreform konnte der angeschlagenen Koalitionsregierung wenig helfen: Dass damit der letzte Absprunggrund für Nationalratswahlen vor dem Sommer »verpasst« wurde, hatte eher mit taktischen und emotionellen Motiven zu tun als mit der Begeisterung über ein grundlegendes Reformwerk. Das war der erzielte Kompromiss nämlich nicht, konnte er angesichts der Vorgaben auch nicht sein: Finanzminister Edlinger hatte von Beginn der Verhandlungen an klar gemacht, dass er den Budgeteinnahmen nur einen relativ geringen Betrag für eine Steuersenkung (ursprünglich: 10 Milliarden Schilling) abzwacken wollte; dazu kamen als politisch gut verkäufliches »Gerstl« jene 12 Milliarden hinzu, die sich als Erhöhung der Kinderbeihilfen (insgesamt 500 Schilling pro Kind) zu Buche schlugen. Via

Zusatzeinnahmen (durch Privatisierungen von staatlichem »Famili-ensilber« einerseits, Minderausgaben für die Länder andererseits) konnte Vater Staat seinen steuerzahlenden Kindern zwar mehr als ein »Trinkgeld« erlassen (nämlich zwischen 3500 und 7000 Schilling pro Jahr), aber doch nicht so viel, dass das Wählervolk deswegen in Begeisterung ausgebrochen wäre. Immerhin: Die Koalition hatte ei-ne – geringe – Senkung des Lohnsteuertarifs und eine – relativ größere – Erhöhung der Kinderbeihilfen zu Stande gebracht. Nor-malerweise etwas, was Regierungsparteien speziell angesichts kom-mender Wahlen helfen sollte. In diesem Fall nicht. Das hing nicht nur mit dem medialen Missbehagen über die »fade« Regierungsform zusammen, auch nicht damit, dass die Steuerzahler ihr Mehr am Konto erst ab nächstem Jahr merken sollten (ein gutes Marketing hätte auch ein bescheidenes Plus im Wahlkampf gut vermarkten können). Ein anderer Faktor pfuschte der Regierung ins Steuerhand-werk: Angesagt war eine echte Reform, Schritte zur Ökosteuer in-klusive. Dass dies im Wahljahr nicht möglich sein würde, hätte man sich früher überlegen und die Latte von vornherein nicht so hoch le-gen dürfen – oder man hätte die Realisierung eines wirklich großes Projektes bis nach den Wahlen verschieben müssen.

Vom Standpunkt beider Koalitionsparteien aus hätte eigentlich alles für eine Vorverlegung der im Herbst anstehenden Nationalratswahl sprechen müssen. Klima machte in Übereinstimmung mit Schüssel auch entsprechende Vorstöße – und scheiterte zweimal. Die ÖVP-Landeshauptleute von Tirol, Kärnten und Salzburg legten ihr Veto dagegen ein, die für 7. März 1999 terminisierten Landtagswahlen durch eine Zusammenlegung mit der Nationalratswahl bundespoli-tisch zu verzerren; und die Wiener SPÖ warnte eingedenk ihrer schlechten Erfahrung von 1996 (damals fand die Wiener Wahl am gleichen Tag wie die erste Wahl österreichischer Abgeordneter zum EU-Parlament statt) vehement davor, die Bundeswahl mit dem für den 13. Juni anberaumten neuen EU-Urnengang zusammenzulegen. Wie wichtig eine Vorverlegung gewesen wäre, bewiesen die Wahler-gebnisse des 7. März: Mit Haider als Spitzenkandidaten bekam die FPÖ in Kärnten 42 Prozent. Dieses Resultat überstrahlte erstens je-ne der beiden anderen Bundesländer (in Tirol schnitt die ÖVP rela-tiv gut ab, in Salzburg die SPÖ) – und die folgende Entwicklung (Kärntens ÖVP und SPÖ ließen trotz ihrer gegenteiligen Ankündigung vor der Wahl Haiders Kür zum Landeshauptmann zu und legitimierten damit seinen bundespolitischen Führungsanspruch) prägte entscheidend den Trend für die Nationalratswahl.

Vor allem der SPÖ schadete politisch noch ein tragischer Vorfall rund um die Abschiebung eines Asylanten: Am 1. Mai war bekannt geworden, dass der Nigerianer Marcus Omofuma in Begleitung österreichischer Beamter während des Fluges von Wien nach Sofia (von dort hätte es zurück nach Afrika gehen sollen) verstorben war. Zuvor war der an einer Erkrankung der Atemwege leidende Mann, der sich heftig gegen seine Abschiebung gewehrt hatte, am Mund verklebt worden. Kein bloßer Unfall, mindestens ein fürchterlicher Fehler der Sicherheitsbeamten. Innenminister Karl Schlögl, der im November 1997 auch für sich durch die Ergreifung des rechtsradikal motivierten Briefbombenbastlers Franz Fuchs einen Erfolg hatte verbuchen können, übernahm zwar dafür die politische Verantwortung, beschuldigte später aber Grüne und Liberale, die Affäre unnötig hochgespielt zu haben. Die SPÖ saß wieder einmal zwischen zwei Sesseln: Menschenrechtsaktivisten und zwei der drei Oppositionsparteien kritisierten sie wegen ihres Ministers; die FPÖ nutzte die Polarisierung von der anderen Seite her: ihr Chef, der gewiefte Jurist Jörg Haider, meinte lapidar und im offensichtlichen und bis heute durch nichts belegten Versuch einer Kriminalisierung Omofumas, man müsse das Risiko eines solchen Todesfalles und das Leben österreichischer Jugendlicher, die von ausländischen Händlern Drogen bekämen, gegeneinander abwägen.

So gesehen, war es schon ein halber Erfolg für Viktor Klimas SPÖ, dass sie am 13. Juni bei der zweiten Wahl der österreichischen EU-Abgeordneten den ersten Platz zurückerobern konnten: Zwar erreichte die SPÖ-Liste nur 31 Prozent (gegenüber 30 für die wieder von Ursula Stenzel angeführte Liste der Volkspartei), insbesondere das schwache Resultat der FPÖ (unter 23 Prozent) schien aber für die Sozialdemokraten ein gutes Signal für die knapp vier Monate später steigende Nationalratswahl. Vor allem angesichts der schwierigen Suche nach einem passenden Spitzenkandidaten: Hannes Swoboda schien trotz anerkannter Sachkompetenz dafür zu wenig wählerwirksam, schließlich wurde dazu intern im März Österreichs Botschafter in Belgrad, Wolfgang Petritsch, gekürt, einst enger Mitarbeiter von Bruno Kreisky, einer breiteren Öffentlichkeit gerade als

UNO-Vermittler im Kosovo-Konflikt bekannt geworden. Klima erinnert sich an die problematische Form der Absage von Petritsch: »Wir hatten ein Parteipräsidium zu seiner Absegnung für 9 Uhr angesetzt, danach eine Pressekonferenz mit ihm. Am Vorabend war er noch bei mir, er hat sich mit der Bemerkung verabschiedet, er müsse noch ins Außenministerium, um seine Karenzierung zu klären. Am nächsten Tag in der Früh habe ich dann beim Portier des Bundeskanzleramtes ein persönliches Brieferl von Petritsch vorgefunden, mit dem er seine Zusage zurückzog.« Statt seiner wurde der für Platz zwei oder drei vorgesehene Journalist Hans Peter Martin (laut Klima ursprünglich von Wiens SP-Chef Michael Häupl vorgeschlagen) als Spitzenkandidat präsentiert, eine heikle Wahl: Der Autor des Bestsellers »Globalisierungsfalle«, bis dahin Korrespondent des »Spiegel« in Wien, erwies sich zwar als blendender Diskutant, verfing sich aber auch häufig in den Fallstricken der Innenpolitik und eroberte nur mühsam das Herz der Parteifunktionäre.

Immerhin: Zu Beginn der kurzen Sommerpause hatte die SPÖ einen relativen Wahlsieg errungen und lag weiter stabil auf Platz 1 der Umfragen, rund um 35 Prozent. Ein Richtungskampf sollte diese kommende Wahlauseinandersetzung werden, tönten die Parteimanager der Regierungsparteien, die begriffen hatten, dass für sie kaum etwas schädlicher ware als der Geruch einer packelnden Einheitspartei. Zwei grundlegend verschiedene Konzepte stünden zur Wahl, meinten auch Beobachter, ein eher sozialdemokratisch-sozialliberalgrün eingefärbtes und ein eher konservativ-marktliberales. Die Strategen der Opposition vernahmen das gar nicht so gern: Die Freiheitlichen sahen sich lieber als totale Erneuerungspartei denn als Mehrheitsbeschaffer für Schüssel & Co., auch Van der Bellen und Schmidt hielten eine Rot-grün-Variante mit oder ohne liberale Einsprengsel zu Recht für unwahrscheinlich. Trotz aller Spiegelfechtereien schien die Fortsetzung der großen Koalition nach dem 3. Oktober 1999 als sicherster Tipp im Regierungslotto.

Dennoch eskalierte der verbale Schlagabtausch zwischen den Regierungspartnern. Es ging immer weniger um wesentliche Inhalte, immer mehr um maßlos gehypte Pseudothemen. Wer als Erster den aus den USA importierten und im friedlichen Österreich nicht populären Begriff »war room« verwendet habe (unter Bezug auf das räumlich von der Parteizentrale ausgelagerte Wahlkampfzentrum der SPÖ), welcher ORF-Redakteur welchen Beitrag um wie viele Sekunden gekürzt habe (Auslöser war ein Bericht über eine Affäre um eine Lehrlingsinitiative im Umfeld der SPÖ, in die am Rande auch Jan Klima verwickelt schien), was ein tatsächlich seltsam formulierender Polit-Professor der nicht besonders erfolgreichen Kärntner ÖVP geraten hatte (unter Bezug auf »wertfreie« Anleihen bei der NS-Propaganda). Das sollten die zentralen Wahlkampfthemen sein? Fast sehnte man den vergangenen EU-Wahlkampf herbei, als es »dank« des Kosovo-Kriegs via der NATO-Debatte klare, wichtige Fronten pro und contra der österreichischen Neutralität gab. Dabei existierten zwei grundsätzliche Konzepte, über die es sich ernsthafter zu diskutieren gelohnt hätte: Die vom Duo Klima & Ruttenstorfer vorgelegten »Strategien für Österreich«, technokratische Modernisierungskonzepte, und die Fortsetzung des Plädoyers für eine »Bürgergesellschaft« von Andreas Khol. Dass beide Schriften vom Ausland inspiriert worden waren, die rote von der Firma Blair & Schröder, die schwarze von den amerikanischen Kommunitariern, hätte ihrer Nützlichkeit keinen Abbruch leisten müssen. Natürlich waren Grundsatzpapiere speziell in Wahlkampfzeiten schwer »verkäuflich«. Aber eben darin bestand ja die Aufgabe politischen Marketings: Dafür zu sorgen, dass es speziell vor angeblichen Richtungswahlen um mehr ging als um reine Inszenierung und plumpe Polemik.

Diesbezüglich erwiesen sich die Strategen der ÖVP als erfolgreicher: Es gelang ihnen, Viktor Klima als eine Art virtuellen Politiker darzustellen, als ausschließliches Produkt seines geschickten »spin doctors« Andreas Rudas. Entsprechend parodierte etwa der Politikwissenschafter Peter Ulram, ein enger Berater Wolfgang Schüssels, im »Wiener Journal« die Erscheinung des Bundeskanzlers unter Zitierung eines Buches über »Polittheater«: »Eventpolitik, die planlose Erzeugung von Scheinereignissen, ist einer der Grundsteine von Politik und politischer Kommunikation in der Mediengesellschaft. ... Jede Lage lässt mehrere Stücke und mehrere Heldentypen zu, wenn sie glaubhaft inszeniert sind und den gegebenen Rahmen füllen. Über kurz oder lang ist Abwechslung gefragt, je strapaziöser die Inszenierung, umso früher die Sättigung.« Dazu kam noch die persönliche Abwertung des Kanzlers: Ein Spitzenpolitiker der ÖVP erzählte mir am 7. März während einer Flugreise, bei der wir zufällig

nebeneinander zu sitzen kamen, erschreckt über das schlechte Wahlergebnis in Kärnten, vom irreparablen Riss, den es seiner Meinung nach zwischen Bundes- und Vizekanzler gebe: »Der Wolfgang nimmt Klima intellektuell nicht ernst, das kann nicht gut gehen.«
Klima und Rudas erkannten die Gefahr dieser Flüsterpropaganda: Der Kanzler suchte etwa beim Sommergespräch mit »News« sichtlich neue Themen für die letzte Phase des Wahlkampfes, mehr als die von ihm nach amerikanischem Vorbild gewählte Hauptparole »Jobs, Jobs, Jobs«; sein Stratege versuchte, die angloamerikanischen Begriffe »war room,« und »spin doctor« aus der Debatte zu bekommen – vergeblich. Rudas wurde deshalb später – zu Unrecht – parteiintern zum Hauptverantwortlichen für das enttäuschende Wahlergebnis gestempelt, Klima analysiert heute: »Im EU-Wahlkampf ist es uns gelungen, den drohenden Absturz auf den dritten Platz abzuwenden und wieder den ersten zu belegen. Das hat viel Kraft gekostet, persönliche und inhaltliche.« Tatsächlich: Die Rückbesinnung auf einen »Richtungswahlkampf« via Plakaten (»Der richtige Weg« in Rot, der »falsche Weg« in Schwarz) wirkte kraftlos. So war etwa das zentrale Polarisierungsthema Neutralität schon im EU-Wahlkampf abgehandelt worden, zudem setzte sich die ÖVP vorsichtig von ihrer unpopulären NATO-Linie ab. Und dem zweiten SP-Hauptanliegen, Frauen dürften nicht »zurück an den Herd« gedrängt werden, setzten die beiden Hauptwidersacher populär klingende Slogans entgegen: Die ÖVP ihr Plädoyer für »Karenzgeld für alle«, die FPÖ ihre Forderung nach einem »Kindergeld«.
Für das letztlich schwache Ergebnis der SPÖ am 3. Oktober 1999 (33 Prozent, nur 6 Prozent mehr als die fast Kopf an Kopf liegenden FPÖ und ÖVP) war aber eine Stimmung verantwortlich, die nur wenig mit den aktuell handelnden Personen zu tun hatte: Viele Österreicher waren trotz der objektiv guten ökonomischen und sozialen Lage des Landes der seit 1986 neuerlich regierenden großen Koalition überdrüssig, speziell auch der seit 1970 dominierenden SPÖ. Vor allem junge Wähler (die FPÖ wurde in diesem Wählersegment stärkste Partei) wollten Abwechslung; demokratiepolitisch eigentlich eine Selbstverständlichkeit, wäre da nicht der Sonderfaktor Jörg Haider gewesen, der beide Parteien über das normale zeitliche und inhaltliche Maß zusammengekettet hatte. Die SPÖ war nicht mehr führende Arbeiterpartei des Landes (1999 wählten sie 35 Prozent der Arbeiter

gegenüber 47 Prozent, welche die FPÖ vorzogen), litt darüber hinaus an ihren hausgemachten Problemen: Den latenten Konflikt zwischen Modernisierern und Traditionalisten, zwischen mehr Markt- und mehr Staatsgläubigen gibt es nicht nur in Österreich und nicht nur in sozialdemokratischen Parteien; aber in der Ära Klima erreichte die interne Zerrüttung mancher Landesparteien und die personelle Austrocknung auf Bundesebene eine dramatische Dimension. Deutlichstes Beispiel: Die suizidale Entwicklung in der SPÖ Kärntens, die Haider den Weg an die Landesspitze leicht gemacht hat. Höhepunkt: Klima hatte noch zu Silvester 1998 Michael Ausserwinkler während eines kurzen Winterurlaubs zu Gunsten des Villacher Bürgermeisters Manzenreiter zum Verzicht auf seine Spitzenkandidatur für die Landtagswahlen im März 1999 bewegen wollen – vergeblich. Der persönlich höchst ehrenwerte Ex-Minister wollte nicht wahrhaben, dass er – nicht zuletzt »dank« interner Intrigen – nach allen Daten keine Chance mehr gegen den FPÖ-Chef hatte.

Es war auch nicht verwunderlich, dass Haiders FPÖ (übrigens auch die Grünen Van der Bellens, dem inhaltlichen Aufsteiger des Jahres 1999) bei der Wahl und anfangs auch in Umfragen danach weiter zulegte. Sie profitierte von der Agonie der Regierungsparteien, konnte das Blaue vom Himmel ver- (Kinderscheck) und die dunklen Seiten der österreichischen Seele ansprechen (Anti-Ausländer-Apartheidkarte). Ihr wurden auch nach der Wahl von immer mehr Wählern haarsträubende Skandale (Rosenstingl) und peinliche internationale Auftritte (Haiders gescheiterte PR-Tour) verziehen. Haider glich seit 1986 immer mehr der böse züngelnden Schlange, vor der rote und schwarze Kaninchen erstarrten. Klima wie Schüssel schienen nach der Wahl vom 3. Oktober nur mehr eine Chance zu haben, ihrem absehbaren politischen Tod zu entkommen: doch noch ein glaubwürdiges Reformprogramm für eine Koalition wirklich neuen Typs zusammenzubringen. Bekanntlich gelang dies nicht, beide scheiterten auch an simplem Dilettantismus, an der Tatsache, dass führende Exponenten von SPÖ und ÖVP – setzt man ihre prinzipielle Bereitschaft zur weiteren Zusammenarbeit voraus – das politische Handwerkszeug nicht zu beherrschen schienen. Wie konnte es passieren, dass beide Parteien gegen harte innerparteiliche Widerstände ein Abkommen beschlossen, das auch dem eigenen Klientel entsprechend schmerzende Wunden bereitet hätte, tags darauf aber an Personalfragen scheiterten? Wie konnte es passieren, dass wochenlang zwischen SPÖ und ÖVP sondiert wurde, ohne dass parallel zum Programm über eine Aufteilung von Ressorts beraten wurde? Wie konnte es passieren, dass in der allerletzten Phase auf beiden Seiten psychische und physische Anspannung zu politisch letalen »Ausrutschern« führten (dazu zählte vor allem die Begehrlichkeit der ÖVP in Richtung Finanzministerium, aber auch die Bemerkung von Noch-Finanzminister Edlinger, er würde lieber seinem Hund eine Knackwurst anvertrauen als der ÖVP das Budget). Vor allem aber: Warum war nicht von vornherein viel radikaler und fantasievoller an die Zusammensetzung der »Koalition neu« herangegangen worden, mit einem Komplettumbau bestehender Ressorts und einem völlig neuen personellen Mix? Konfrontiert man die beiden Hauptexponenten der Verhandlungen mit dieser Frage, bekommt man natürlich gegensätzliche Antworten. Viktor Klima glaubt heute das, wovor der erfahrenste Politiker seines Verhandlungsteams, Nationalratspräsident Heinz Fischer, bereits zu Beginn der Gespräche gewarnt hatte: Die ÖVP, insbesondere Wolfgang Schüssel selbst, habe von Beginn an eine Koalition mit den Freiheitlichen im Auge gehabt und nur Scheingespräche mit den Sozialdemokraten geführt. Genau das bestreitet Schüssel: Schuld am Ende der Koalition habe die Unbeweglichkeit und Reformunfähigkeit der SPÖ gehabt.

Die SPÖ wurde auf die Oppositionsbank geschickt. Im internationalen Maßstab keine Besonderheit, eher eine Normalisierung: Dass eine Partei seit 1970 den Bundeskanzler stellte, zwischen 1970 und 1983 sogar mit einer Alleinregierung, dass sie unter Bruno Kreisky bei den Wahlen 1971, 1975 und 1979 absolute und jeweils steigende Mehrheiten errang, dass sie danach mit wechselnden Partnern (1983 bis 1986 mit der FPÖ vor Jörg Haider, danach mit der ÖVP) regieren konnte, war in demokratischen Ländern eine Einmaligkeit. Aus demokratiepolitischen Gründen muss also wegen des bloßen Regierungswechsels niemand Sorge um das Land haben, auch nicht eine nun in die Opposition gedrängte Sozialdemokratie. Was freilich Sorge bereiten muss und bereitet, sichtbar im Ausland ebenso wie im Inland, ist der Charakter der zweiten Regierungspartei, speziell ihres Obmannes: Jörg Haider wird eben in weiten Teilen der Welt nicht als »normaler« Politiker wahrgenommen und das liegt primär an niemand anderem als an ihm selbst. Insofern muss sich jede Partei –

übrigens auch seine eigene, nun zu Ministerehren gekommene FPÖ, aber vor allem die von Haider speziell herausgeforderte SPÖ als nun stärkste Oppositionspartei – der Frage stellen, wie man ihn einzuschätzen hat, auch wenn der Kärntner Landeshauptmann angeblich bis auf weiteres in dieser Funktion verbleiben will.

Jörg Haiders Siege sind vor allem Niederlagen der Etablierten, der christlichsozialen wie der sozialdemokratischen. Die beiden ehemaligen Staatsparteien befinden sich ebenso in der Defensive wie das verkrustete Kammer- und Verbändesystem der Sozialpartnerschaft. Rascher als jemals zuvor seit 1945 geraten nun die etablierten Strukturen ins Wanken. Nicht nur wegen dieses Regierungswechsels – schließlich hat sich Wolfgang Schüssel als harter Taktierer gerade auf den Kanzlersitz gerettet und damit seiner Partei das Überleben –, aber auch. Das politische System Österreichs wird nie mehr so funktionieren wie bisher, die Sozialpartnerschaft ist noch dramatischer geschwächt als die traditionelle Zusammenarbeit zwischen SPÖ und ÖVP, die FPÖ ist endgültig als große Regierungskraft etabliert. Dazu kommen die im Fluss befindlichen gesellschaftlichen Transformationen: EU-Integration, Globalisierung, Entideologisierung, Wertewandel, Parteilagerverfall. Begleitumstände: allgemeine Desorientierung, ungerichteter Hass auf »die da oben«, Politikfrust und Parteienverweigerung. In dieser Situation will Jörg Haider auch als indirekter Kanzler weiter den Stimmensammler spielen, in der Maske der »neuen sozialen Demokratie«, flexibler als die Rechtspopulisten vom Schlage LePens oder Schönhubers, nicht so eindeutig rechtsradikal, aber stets polarisierend, das »Volk« gegen Außenfeinde mobilisierend, einem simplen Schwarz-Weiß-Denken und verbaler Aggressivität verhaftet. Als Person scheint Haider keine Gefahr für die unterentwickelte Demokratie in Österreich. Wohl aber als Rezept. Die Säuberung von Skandalen und Machthabereien sollte man nicht ihm überlassen. Und noch weniger die fällige »Reform« der alten Strukturen, auch im eigenen Bereich. Was Österreich braucht, sind aufgeklärte Citoyens, ist eine wieder selbstbewusste Arbeiterschaft, ist eine wache Intelligenz, die der geistigen Provinzialisierung Paroli bietet. Unter solchen Voraussetzungen, und nur unter solchen, spielen »zeitgeistige« Politiker eine progressive und keine reaktionäre Rolle. Solche Politiker wird die SPÖ nicht von heute auf morgen entwickeln. Dazu scheinen ihre Personalreserven zu dünn, dazu ist sie auf die ungewohnte Oppositionsrolle zu wenig vorbereitet, dazu ist ihre Identität zu wenig geklärt. Simple Rezepte werden zur Wiedergewinnung der geistig-kulturellen Hegemonie, die stets Vorbedingung zur Wiedererlangung einer politischen ist, nicht taugen. Das gilt für die direkte Übernahme neoliberaler Positionen – etwa als Übernahme des »Dritten Weg«-Papiers von Blair & Schröder – ebenso wie für einen allfälligen Rückzug zu trutzig-traditionalistischen Positionen. Es gibt kein Zurück zur »Arbeiterpartei«, übrigens auch nicht zur »bürgerlichen«. Moderne Parteien sind nur dann erfolgreich, wenn sie unterschiedliche Interessen und Milieus für bestimmte Zeitstrecken bündeln und wenn sie Bündnisse innerhalb und außerhalb ihres Rahmens schmieden können. Nicht mit scheinbar geschlossenen und international überall überholten Ideologien, sondern mit Werten und Zielen, für die jene einer modernen Sozialdemokratie – freilich ohne Alleinvertretungsanspruch – durchaus taugen: soziale Gerechtigkeit in der Gesellschaft, Wiedergewinnung eines Gleichgewichts zwischen Politik und Ökonomie, Verteidigung eines liberalen Klimas im Lande.

Viktor Klima muss man zugute halten, dass er nach der Wahlniederlage diese Zeichen der Zeit relativ rasch erkannt hat. Einige Tage nur blieb er nach der Angelobung der neuen Regierung unschlüssig, ob er auch in Oppositionszeiten den Parteivorsitz behalten solle. Am 18. Februar 2000 bereits stellte er der Öffentlichkeit seinen vom Parteipräsidium designierten Nachfolger vor: Alfred Gusenbauer, eben 40 Jahre geworden, einst Obmann der Sozialistischen Jugend. Der niederösterreichische Nationalratsabgeordnete war gerade erst zum Bundesgeschäftsführer der SPÖ als Nachfolger von Andreas Rudas bestellt worden, der zum Magna-Konzern des Austrokanadiers Frank Stronach wechselte. Zuvor hatte sich Ex-Innenminister Karl Schlögl, Chef der niederösterreichischen SPÖ, medial als möglicher Klima-Nachfolger präsentiert; vier Tage vor der dann anders ausfallenden Entscheidung der SPÖ traf er den Vorsitzenden der größten Landesorganisation, Wiens Michael Häupl. Dieser wies Schlögl auf massive Vorbehalte in seiner Gruppe hin: Ein Teil der Wiener SPÖ, ebenso deren Frauen- und Jugendorganisation, hatte gegen Schlögl wegen dessen restriktiver Ausländerpolitik und seiner guten Gesprächskontakte mit der FPÖ massive Vorbehalte. Tatsächlich hatte der Noch-Innenminister auch nach der Wahl Jörg Haider – freilich mit Wissen Klimas und Häupls – ein Angebot verstärkt, das Klima bereits im Auftrag Klestils bei seinen vom Präsidenten aufgetragenen Sondierungsgesprächen über die Chance einer von ihm geführten Minderheitsregierung allen anderen drei Parteichefs unterbreitet hatte: Falls die FPÖ eine Minderheitsregierung Klimas verlässlich toleriere, könne sie einige parteinahe Experten für solch ein Team der »besten Köpfe« nominieren. Haider verlangte das schriftlich, die SPÖ-Spitze roch rechtzeitig den Braten: Der FPÖ-Chef hätte solch ein Papier dazu verwenden können, die ÖVP noch stärker unter Druck zu setzen und die scharfe Abgrenzung der Sozialdemokraten ihm gegenüber lächerlich zu machen. Nach dem Gespräch mit Häupl zog Schlögl seine Kandidatur zurück, ebenso der ebenfalls die Partei polarisierende Caspar Einem – der Weg war frei für einen integrierenden Kandidaten.

Mit Alfred Gusenbauer vollzog die SPÖ einen echten Generationswechsel und personalisierte auch für sich eine Trendwende: Die Jahre des anständigen Verwaltens durch ein erstarrtes politischen System waren endgültig vorbei, eine Phase der Zuspitzung und des polarisierenden Engagements begann. Eine Folge des Absterbens der großen Koalition und des Aufstiegs ihres schärfsten Kritikers, gleichzeitig auch bloßen »Übertreibers« (Peter Turrini): Der einige Zeit in Österreich lehrende britische Soziologe Tony Judt analysierte Jörg Haider in der »Zeit« als Typ eines nationalistischen Populisten, die Proteste gegen ihn als »erste Anzeichen öffentlichen Lebens in Österreich seit den frühen dreißiger Jahren«. In diesem Sinne wird »die schläfrige Insel der Seligen endlich modern« (die Publizistin Barbara Coudenhove-Kalergi). Vor allem: Wieder stark politisiert, mit allen Chancen und Risiken eines solchen Prozesses. Viktor Klima, von all seinen Mitarbeitern als netter und harmoniebedürftiger Staatsmann geschildert, entschlossen an der – richtigen – Analyse der Gefahr festhaltend, welche Jörg Haider für die internationale Reputation Österreichs bedeutete, war vom erfahrenen und entschlossenen Machtpolitiker Wolfgang Schüssel geschlagen worden. Er war in solch einer Phase auch nicht mehr der richtige Mann an der Spitze einer Oppositionspartei.

WOLFGANG SCHÜSSEL:
ein Hasardeur als Dompteur

Der Mann, der Jörg Haider entzaubern will

Am 1. Februar 2000 war Wolfgang Schüssel am – vorläufigen – Ziel seiner politischen Wünsche. Bundespräsident Thomas Klestil, zweimal von Schüssels eigener Partei kandidiert und unterstützt, gelobte ihn mit sicht- und hörbarem Unbehagen als neunten Bundeskanzler der Zweiten Republik an, als ersten, den die ÖVP seit 1966 wieder stellen konnte, als ersten, nachdem Bruno Kreisky 1970 seine dreizehnjährige persönliche Ära und die 30-jährige seiner Partei eingeläutet hatte. Ein signifikanter Einschnitt in mehrfacher Hinsicht: Damit war die in dieser Form international einmalige sozialdemokratische Vorherrschaft in der Bundesregierung gebrochen; erstmals in der Geschichte der Zweiten Republik stellte eine Partei den Bundeskanzler, die nicht nur nicht die stärkste war, sondern bei der Nationalratswahl am 3. Oktober 1999 nur den drittgrößten Stimmenanteil errungen hatte; und erstmals nach ihrem radikalen Kurswechsel von 1986 war die nun rechtspopulistische Freiheitliche Partei unter Jörg Haider in eine Regierung eingebunden; ihre kurzzeitige Regierungsbeteiligung zwischen 1983 und 1986 hatte sie noch als – im Verständnis ihrer Parteispitze – rechtsliberaler Partner einer sozialdemokratischen Mehrheit absolviert.

Wolfgang Schüssel war weder besondere Freude über den persönlichen Karrieresprung oder die erfolgte Inthronisierung seines Teams anzumerken noch besonderer Ärger über die eindeutige Desavouierung durch den Bundespräsidenten oder die Tausenden Demonstranten am Ballhausplatz, welche ihn als »Judas« beschimpft und die neuen Regierungsmitglieder dazu bewogen hatten, die Präsidentschaftskanzlei durch einen unterirdischen Gang vom gegenüberliegenden Kanzleramt zu betreten. Schon in den vergangenen Wochen hatte er eiserne Nerven bei den langwierigen Verhandlungen um die Regierungsbildung bewiesen. Lange hatte Schüssel an der Oppositionsansage festgehalten, die ihm im Herbst des Vorjahres in letzter Minute des Wahlkampfes noch 3 bis 4 Prozent der Stimmen gesichert hatten, wie danach die Demoskopen analysierten: Sollte seine Partei wirklich auf Rang drei zurückfallen, würde sie in keine Regierung eintreten, hatte der damalige Vizekanzler und Außenminister kurz vor dem 3. Oktober angekündigt und damit Tausende Wähler (zurück)gewonnen, die genau das nicht, sondern die ÖVP weiter als Partner der Sozialdemokraten in einer Koalition sehen wollten. Speziell diese Wähler hatte Wolfgang Schüssel nun durch sein Regierungsbündnis mit Haiders FPÖ verärgert.

Verärgern müssen, merkte Schüssel eine Woche vor seiner Angelobung und eine Woche, nachdem die Verhandlungen mit den Sozialdemokraten geplatzt waren, im Gespräch mit mir an: Die SPÖ habe nicht wirklich das bereits beschlossene Koalitionsabkommen mittragen wollen, meinte er und verwies auf deren mangelnde Bereitschaft, das Finanzministerium einem unabhängigen Experten anzuvertrauen, sowie auf den Widerstand der von Sozialdemokraten geführten Gewerkschaft gegen einzelne Punkte des Paktes, etwa die geplante Erhöhung der Altersgrenze für Frühpensionierungen. Gleichzeitig wandte er sich dagegen, Repräsentant der lange herbeigeschriebenen »Wende« sein zu wollen, im Gegenteil: »Ich stehe für die Kontinuität der österreichischen Politik. Ich habe mich wirklich um eine tragfähige Vereinbarung mit der SPÖ bemüht. Die ist daran gescheitert, dass die sozialdemokratischen Gewerkschafter nicht unterschrieben haben. Daher verhandeln wir jetzt mit den Freiheitlichen. Die FPÖ wird, wenn sie in der Regierung ist, einen Veränderungsprozess erleben. Und Jörg Haider wird sicher nicht in der Regierung sitzen.« Das war drei Tage, ehe die anderen 14 Mitgliedsstaaten der

EU androhten, Österreich unter Quarantäne zu stellen, sollte Wolfgang Schüssel ernst machen und die FPÖ in seine Regierung nehmen. Der ließ sich äußerlich davon nicht beeindrucken: Nur einen Tag später verkündete er spätabends im Parlament 200 Journalisten den Koalitionspakt mit den Freiheitlichen. An seiner Seite: Jörg Haider. Demonstrativ vor beiden am Tisch platziert: die Fahne der EU. Und während der Kärntner Landeshauptmann – wie immer, wenn er sich bedrängt fühlt, mal gezwungen lächelnd, mal aggressiv formulierend – seine früheren Verharmlosungen der NS-Ära, seine antieuropäischen und ausländerfeindlichen Äußerungen interpretierte, dementierte und entschuldigte, formulierte Schüssel – fast väterlich-milde auf den undisziplinierten Sprössling an seiner Seite blickend – entspannt, locker, staats- und weltmännisch zugleich.

Wie fast immer während seiner 30-jährigen Laufbahn als Berufspolitiker: Der kleine Mann verzieht fast nie die Miene, artikuliert sich fast stets druckreif, hält seit Jahren mit äußerster Disziplin einen 16-Stunden-Arbeitstag durch. Das war nur einmal nicht so: Im Sommer 1997 wäre Wolfgang Schüssel beinahe über eine seiner seltenen Flapsigkeiten gestolpert, über die »Amsterdamer Frühstücksaffäre«. Der »kleine Prinz«, wie Schüssel nach seinem Lieblingsbuch des Franzosen Saint-Exupéry genannt wird, stand sie aber durch – und stand zweieinhalb Jahre später vor seiner größten Herausforderung. Die damalige Lektion hat er nicht vergessen: Der jetzige Bundeskanzler achtet seither noch mehr auf Distanz zu Journalisten, verbietet sich seither auch im ärgsten Stress jeden Sarkasmus, jede Ironie, jene Kameraderie, die nach stundenlangen Sitzungen oder Verhandlungen oft zwischen Akteuren und Rapporteuren der Politik entsteht.

Das fällt auch einem sonst so disziplinierten Menschen wie Wolfgang Schüssel nicht leicht. Schon in der Schule, dem Wiener Elitegymnasium der Benediktiner (»Schottengymnasium«) brillierte er durch Redegewandtheit, Ironie und Witz, bisweilen auch auf Kosten seiner Mitschüler. Allein der Besuch der damals noch streng katholischen Schule wurde ihm nicht leicht gemacht, denn die Eltern des am 7. Juni 1945 geborenen Buben aus kleinbürgerlichem Milieu – ein Journalist (beim »Abendexpress« und der »Neuen Tageszeitung«, später als Direktor von »Sport und Toto«) und eine Handarbeitslehrerin – ließen sich noch während seiner Kindheit scheiden, der Sohn machte mehrere erfolglose Versuche, sie wieder zusammenzubringen. Psychologen wittern darin den Grund für die enge Familienbindung, die Schüssel bis heute hat: Trotz manch in jüngster Zeit kolportierter Gerüchte gilt die seit 1969 existierende Beziehung zwischen Wolfgang und Krista Schüssel als besonders eng, »Gigi«, wie die promovierte Kinderpsychologin genannt wird, als – einzig (?) – maßgebliche Ratgeberin des Kanzlers, auch wenn die sensible und auch deshalb den Medien besonders vorsichtig gegenübertretende zweifache Mutter (Tochter Nina, geboren 1973, Sohn Daniel, Jahrgang 1987) der jetzigen Liaison ihres Mannes mit den Freiheitlichen sehr kritisch gegenübersteht. In einem Porträt des Wirtschaftsmagazins »trend« aus dem Jahr 1989 wird der damals frisch gebackene Wirtschaftsminister mit der Einschätzung zitiert, seine – dort als »grün angehaucht« titulierte – Gattin habe auf ihn »die Zauberwirkung eines Gurus«. Sie wiederum bedauert dort, dass »man mit Wolfgang einfach nicht streiten kann. Sobald sich ein Konflikt anbahnt, zieht er sich zurück, um erst einmal seine Gedanken zu sammeln und zu ordnen. In unserer 20-jährigen Beziehung hat er mich leider noch nie angebrüllt – ich ihn dagegen schon öfters.«

1968, gleich nach seiner Promotion zum Doktor juris, wechselte er in den von Hermann Withalm mit strenger Hand geleiteten Parlamentsklub der gerade noch allein regierenden Volkspartei. Verleitet wurde er dazu von einem Freund, der damals aus dieser Funktion in den Wirtschaftsbund (als stellvertretender Generalsekretär) wechselte: Erhard Busek, später auch der Amtsvorgänger Schüssels als Obmann der ÖVP und als Vizekanzler. Schüssel, Busek und dessen Amtsvorgänger Josef Riegler waren – mit Ausnahme des aus dem »nationalen« Milieu stammenden Schleinzer – die ersten Obleute der Volkspartei, die ihre politische Sozialisation nicht im Cartellverband (CV) erhielten, sondern in der insgesamt liberaleren Katholischen Hochschuljugend (KHJ). Als progressiver Katholik hatte sich Schüssel auch in seinem studentischen Nebenjob in der politischen Jugendredaktion der »Musicbox« des damals neuen Pop-Senders Ö3 präsentiert, neben heutigen Kritikern seines schwarz-blauen Regierungsbündnisses wie dem Entertainer André Heller, dem Arzt Werner Vogt und dem Politikwissenschafter Anton Pelinka. Dazu passend sein Outfit und Hobby: Der – relativ – langmähnige Schüssel brillierte als Sänger und Gitarrist bei Jazzmessen in diversen Wiener Pfarren.

*Wolfgang Schüssels
Weg ins Bundes-
kanzleramt: 1995
übernimmt er von
Erhard Busek das
Amt des ÖVP-Ob-
manns (oben), wird
Vizekanzler unter
Viktor Klima (Mit-
te) und mit Hilfe
der FPÖ auch als
Obmann der dritt-
stärksten Partei
Bundeskanzler
(unten zusammen
mit FP-Vizekanzle-
rin Susanne Riess-
Passer am Opern-
ball 2000).*

Die Karriere ließ er dabei nicht aus den Augen. 1975 folgte er neuerlich Erhard Busek in einer – wichtigeren – Funktion nach: Nach siebenjähriger Tätigkeit als Jurist im Parlamentsklub der Volkspartei wurde Wolfgang Schüssel Generalsekretär des Wirtschaftsbundes; Busek war vom neuen ÖVP-Obmann Josef Taus (der dem tödlich mit seinem Auto verunglückten Karl Schleinzer folgte) als Generalsekretär in die Parteizentrale geholt worden. Der legendäre Wirtschaftsbund-Chef Rudolf Sallinger, der mit seinem ÖGB-Pendant Anton Benya über Jahrzehnte eine neue Sozialpartnerschafts-Achse repräsentierte, holte das unkonventionelle ÖAAB-Mitglied Schüssel als Buseks Nachfolger. Sallinger 1989: »Vom Erscheinungsbild hat mir der Schüssel mit seinen karierten Hemden und den poppigen Anzügen eigentlich gar nicht gefallen; darüber hinaus war er mir auch zu linkslastig. Dennoch schien er mir zur geistigen Blutauffrischung notwendig – denn altmodische Bürokraten hatten wir ja schon genug.« Busek über die für Schüssels weiteren Weg entscheidende Beziehung zu Sallinger: »Es war fast eine Vater-Sohn-Beziehung. Der Papa meist geduldig, der Bub manchmal vorlaut.« Schüssel selbst nennt Sallinger eine für ihn »sehr prägende Persönlichkeit, aber nicht die einzige«. In diesem Zusammenhang nennt er noch Heinrich Drimmel (»eine intellektuell wie rhetorisch ungeheuer starke Figur, die mich bereits als Jugendlicher in einem Arbeitskreis fasziniert hat«), ferner seine zwei Chefs als parlamentarische Klubobleute: Hermann Withalm und Stephan Koren.

Der 1992 verstorbene Patriarch Sallinger erinnerte sich drei Jahre vor seinem Tod im »trend« an den Querdenker, der ihn heute noch als politischen Lebensmenschen bezeichnet: »Ich ließ Schüssel zwar eine lange Leine – er hat sie jedoch stets gespürt. Wir haben wohl offen miteinander diskutiert, aber irgendwann kommt der Punkt, wo der Chef ein Machtwort spricht und sagt: So wird es gemacht – und so wurde es dann auch immer gemacht.« Die »lange Leine« Sallingers bezog sich vor allem auf Schüssels Lieblingsthema, die Privatisierung des damals noch großen öffentlichen Sektors: »Mehr privat – weniger Staat« lautete nicht nur damals der Titel einer seiner programmatischen Schriften, sondern sein bis zur jetzigen Regierungserklärung spürbares gültiges Credo. Damals auch im Wirtschaftsbund keine Selbstverständlichkeit: Sallinger, ein Steinmetz, symbolisierte – ähnlich wie »Baumeister« Julius Raab – die stark dem Korporatismus verhaftete staatsinterventionistisch orientierte Arbeitgeberseite der Sozialpartnerschaft, Schüssel brachte neue, »wirtschaftsliberale«, später auch »grüne« Thesen ein, ohne freilich bis heute die Sozialpartnerschaft als System in Frage zu stellen. Der Ökonom Ewald Nowotny, ein langjähriger Wegbegleiter auf der sozialistischen Seite des Parlaments, charakterisierte sein damaliges Wesen so: »Schüssel ist ein kluger Bursche, der langfristig denken kann; außerdem ist er weder Säufer noch Jäger und auch sonst jeder Art von Männerbündelei abhold.«

Zwei Tage vor seinem 34. Geburtstag wurde Schüssel 1979 als Abgeordneter zum Nationalrat angelobt. Generalsekretär des einflussreichen Wirtschaftsbundes blieb er weiter. Allein dessen über die personelle Stärke hinausgehender Einfluss in der Volkspartei (nach den Wahlen 1986 stellte er 21 der 76 ÖVP-Mandatare) machte Schüssels weiteren Aufstieg zwingend, obwohl er 1986 eine erste Niederlage erlitten hatte: Er unterlag dem ÖAAB-Mann Fritz König in der Wahl zum Obmann des ÖVP-Parlamentsklubs. 1989 wurde er als Nachfolger des im Kampf gegen die Beamtenschaft ermüdeten »Oldtimers« Robert Graf auf dessen eigenen Vorschlag Wirtschaftsminister. Ein Jahr später verteidigte er bei der Nationalratswahl im Oktober 1990 mit einem unkonventionellen Persönlichkeitswahlkampf locker sein Mandat in seinem Wiener Wahlkreis. Im Zuge des Wahlkampfes hatte ich ihn erstmals in seinem Ministerbüro bei einem Interview persönlich kennen gelernt, bunt in jeder Hinsicht: Mit rot gefasster Brille, buntem »Mascherl« (bis heute sein Markenzeichen), vor einem modernen Gemälde Max Weilers, auf einem Ledersessel von Boris Podrecca, neben einem Glastisch Marke Philippe Starck, seinen Kaffee aus von Studenten der Angewandten Kunst designten Tassen nippend, eine »Zeitgeistmischung aus Armani, Boss und Trussardi« (Marga Swoboda in der Zeitschrift »Wiener«). Von ihm wurde dieses Klischee bereits bei seinem Amtsantritt als Minister relativiert: »Wenn ich unkonventionell wirke, dann liegt das eher an den schlecht sitzenden Anzügen und dem mangelnden Kunstverständnis meiner Politikerkollegen und weniger an mir.« Schüssel – damals noch nicht ahnend, dass im Februar 2000 eine seiner meistkommentierten ersten Maßnahmen als Bundeskanzler der Umzug von einem düsteren Büro in das Schüssel-adäquat bunt umgestaltete »Metternich-Zimmer« gegenüber werden sollte – zu seinen räumlichen Vorlieben: »In einer Umgebung, die mir nicht behagt, kann ich nicht arbeiten.« Damals präsentierte er auch seine ungewöhnlichen Wahlkampfmaterialien, darunter eine von ihm mit Freunden wie Erhard Busek und dem Sozialforscher Rudolf Bretschneider bespielte Märchen-CD – und seine zentrale politische Botschaft gegen den aufstrebenden Oppositionschef Haider: »Diese Koalition kann Jörg Haider nur eindämmen, wenn sie glaubwürdig Reformen schafft und weniger streitet.«

Die Bilanz des Wirtschaftsministers Wolfgang Schüssel fiel zwiespältig aus: Der »einzig wahre Thatcherist in der ÖVP, leider mehr Ideologe als Pragmatiker« (Nowotny) konnte beileibe nicht alle seine Ideen in Sachen Entbürokratisierung, Privatisierung, Flexibilisierung und Dezentralisierung realisieren. Einem eingestandenen Misserfolg bei der Privatisierung des Verkehrsbüros etwa – »er hätte beinahe ein paar hundert Millionen Schilling Staatsvermögen glatt an den Käufer des Verkehrsbüros verschenkt« (»profil«) – stand ein zentraler Erfolg, die Privatisierung Schönbrunns, gegenüber. (»Dass sie damals kritisiert worden ist, obwohl sie später Schule gemacht hat, ärgert mich jetzt noch.«) Schüssel positionierte sich programmatisch – trotz zwischenzeitlicher Besetzung seines Büros durch protestierende Gewerkschafter – auch als entschlossener Streiter für liberalisierte Ladenöffnungszeiten. Und blieb im korruptionsanfälligen Wirtschaftsressort fast gänzlich von einschlägigen Vorwürfen verschont, wie sein Amtsvorgänger Graf prognostiziert hatte: »Erstens ist der Wolfgang im Grunde seines Wesens völlig bedürfnislos – und zweitens ist er noch zu jung, um in die Verlegenheit einer Versuchung gekommen zu sein.«

Schüssel spielte auch eine wichtige Rolle bei den Koalitionsverhandlungen von 1990 und 1994. Da brillierte der inzwischen gereifte Profipolitiker mit seinen vor allem im Geflecht der Sozialpartnerschaft erprobten Verhandlungsstärken: Pokern, junktimieren, abwarten, dann zuschlagen. Palme und Woltron 1995 über Schüssel: »Taktische Schneisen in unwegsames Gelände zu schlagen ist eine Kunst, die Wolfgang Schüssel ebenso aus dem Effeff beherrscht wie die Kunst des Balanceaktes zwischen allen wichtigen Gruppen innerhalb der Partei.« Dieses Geschick sollte sich bald bewähren: Die ÖVP fühlte sich nach der Wahl am 9. Oktober 1994 – sie verlor gegenüber 1990 zwar 5 Prozent der Stimmen und damit etwas weniger als die SPÖ, lag aber mit 27 Prozent noch immer um vergleichsweise kommode knapp 5 Prozent vor den Freiheitlichen – wieder »reif« für eine ihrer selbstmörderischen Obmanndebatten. Vergessen schienen die Erfolge, die sie mit ihrem Obmann Erhard Busek miterrungen hatte, der klare Sieg seines Kandidaten Thomas Klestil bei der Präsidentschaftswahl 1992, die Zweidrittelmehrheit, mit der sich die Österreicher am 12. Juni 1994 für den Beitritt zur EU ausgesprochen hatten. Vergessen war bald auch der Rütlischwur, den die Parteigranden noch zu Jahresbeginn 1995 bei ihrem Dreikönigstreffen Busek geleistet hatten. Busek schien einem Großteil von ihnen zu intellektuell, zu »volksfern«, einem Teil davon, der – wie Buseks bereits von seiner Krankheit gezeichneter Vor-Vorgänger Außenminister Alois Mock – eine mögliche Koalition mit Jörg Haiders FPÖ ins Auge fasste, auch zu »liberal«. Vor allem: zu nachgiebig gegenüber dem sozialdemokratischen Koalitionspartner, hatte er sich doch einmal für eine Fortsetzung der großen Koalition »ohne Wenn und Aber« ausgesprochen.

Diesmal zog Niederösterreichs ÖVP-Obmann Erwin Pröll, Vorsitzender einer 15-köpfigen Wahlkommission zur Sichtung von Obmannkandidaten für den bevorstehenden Parteitag die Ablöseregister. Er hatte bereits zu Jahreswechsel in einem »Kurier«-Interview angekündigt, er wolle »den Herrschaften in der Bundespartei kräftig ins Ruder greifen«. Am 25. März teilte er gemeinsam mit den Landeshauptleuten Josef Krainer (Steiermark) und Josef Pühringer (Oberösterreich) Busek – der sich seine neuerliche Kandidatur offen gehalten hatte – mit, er hätte das Vertrauen der Partei verloren. Bald kristallisierten sich die vier chancenreichsten Kandidaten für seine Nachfolge heraus: Klubchef Andreas Khol, ein harter Konservativer mit – damals – deutlicher Distanz zur FPÖ, die er mehrmals sogar außerhalb des Verfassungsbogens sah; der oberösterreichische Wirtschaftslandesrat Christoph Leitl, seit 2000 Chef des Wirtschaftsbundes; Johannes Ditz, Staatssekretär im Finanzministerium, vom ehemaligen Obmann und Vizekanzler Alois Mock in den achtziger Jahren wegen Kritik an ihm aus der Regierung geworfen; und schließlich Wirtschaftsminister Schüssel, dem anfangs nur geringe Chancen zugebilligt wurden. Im Gegenteil: Er wurde als potenzieller »Auswechsler« eines umzubildenden ÖVP-Regierungsteams gehandelt. Am 8. April brachte Pröll in einem Gespräch mit Wirtschaftsbundpräsident Leopold Maderthaner noch einen Überraschungskandidaten ins Spiel: Johann Hengstschläger, Rektor der Linzer Universität. Ihn schlug Pröll seiner Kommission am Ostermontag, den 17. April, als seinen persönlichen Favoriten vor – und blieb allein. Nach neunstündiger Sitzung wurde Schüssel letztlich einstimmig für den am folgenden Wochenende tagenden Parteitag als Obmannkandidat nominiert. Der arme Hengstschläger wartete stundenlang und sinnlos im Café Landtmann auf den Ruf der Kommission.

Schüssel hatte nachweislich – und ausnahmsweise – keine Weichen hinter den Kulissen gestellt: Er war erst am Ostermontag von einer Dienstreise aus Peking eingeflogen, in einem Gespräch mit Hubert Wachter schilderte er in »News«: »Kaum war ich heimgekommen, läutete das Telefon und man informierte mich, dass ich der einzige Kandidat wäre, der eine Mehrheit bekommen könnte. Da sagte ich noch: Ich trete unter keinen Umständen gegen Busek an, ich will auch nicht, dass er meinetwegen verzichtet.« Schüssel musste nicht gegen Busek antreten, der war heilfroh, dass sein Jugendfreund und nicht der konservative Khol – der für den Fall seiner Wahl bereits Ministerlisten aufgestellt und verteilt hatte – das Rennen machen sollte. Schüssel wurde dann am 22. April 1995 mit überraschend vielen Stimmen (95,5 Prozent der Delegierten am ÖVP-Parteitag) zum Parteiobmann der Volkspartei gewählt, die schwarz-blauen Anhänger um Ex-Obmann Mock und Ex-ÖAAB-Chef Josef Höchtl hatten resigniert. Sein Versprechen (»Ich will die Nummer eins und Bundeskanzler werden«) wurde frenetisch beklatscht. Kurz darauf wurde Schüssel auch Vizekanzler. Beim ersten Interview nach seiner Wahl schien er noch zu zögern, ob er – wie ihm das etwa Bundespräsident Thomas Klestil riet – auch ins Außenministerium wechseln oder wie bisher im Wirtschaftsressort verbleiben solle. Er wählte die erste Variante – wohl auch, um mit Mock einen potenziellen Kritiker aus der Regierung zu bekommen.

Objektiv, fürs Land, schien Schüssel eine gute Wahl, ein Exemplar der hier zu Lande seltenen Spezies »urban-liberal«, ein Intellektueller mit politischer Routine, auch ein verlässlicher Garant gegen eine ungewisse schwarz-blaue Wende. Subjektiv, für seine Partei war Schüssel keine zwingende Wahl: Er signalisierte keinen erkennbaren Kurswechsel gegenüber Erhard Busek, war wie der ein liberaler Katholik, wie der ein blendender Rhetoriker im TV und Parlament, schien wie der ein gutes Stückerl zu gescheit zu sein, um als Identifikationsobjekt für eher biedere, eher rustikale, eher konservative Parteifunktionäre zu dienen. Schüssel wurde nicht nur von Polemikern wie Jörg Haider als »Busek mit Mascherl« empfunden: nur ein paar Jahre jünger, ein paar Töne leiser und seltener arrogant wirkend. Skeptiker warnten damals, Schüssel würde kurzfristig der geschundenen ÖVP und der ebenso wackligen Koalition Stabilität verleihen, mittelfristig aber das Schicksal all seiner Vorgänger erleiden. Busek schien der geheime Sieger des Schau- und Trauerspiels der vergangenen Wochen: Er hatte nach seiner Abmontierung weiter mitgepokert, bis der einzige auch ihm genehme Kandidat akzeptiert worden war.

Mit der Kür Schüssels war ein Kurswechsel nach »rechts« verhindert worden. Zu einer kantigeren, konservativeren Linie Marke Khol oder zu einer schwammigeren, für Jörg Haider besser handhabbareren Marke Leitl. War die Ablöse von Alois Mock 1989 noch einer gewissen politischen Logik entsprungen – der knappe Wahlverlierer von 1986 und spätere Proponent einer schwarz-blauen Option hätte nach seinem deutlich sichtbaren physischen Zusammenbruch freilich schon damals abgelöst gehört und nicht erst nach einer jahrelangen scheibchenweisen Demontage –, so entsprangen die Rücknahmen von Josef Riegler 1991 und jene von Erhard Busek 1995 ausschließlich tagespolitischer Hilflosigkeit: Parteifunktionäre glaubten nicht anders als durch eine Auswechslung eines Gesichts an der Spitze der Erosion von Großparteien im Allgemeinen und von sozialen Integrationsparteien im Besonderen begegnen zu können. Mit der Wahl Schüssels wurde freilich das prinzipielle Dilemma der Volkspartei auch nicht gelöst. Sie stand weiter unter enormem, strategisch kaum bewältigbarem Zugzwang: Verhielt sie sich als konservativer, aber loyaler Partner einer insgesamt wackligen Koalition, verlor sie noch mehr als bisher an den rechten Hauptkonkurrenten FPÖ. Rückte sie diesem näher, riskierte sie den Regierungsbruch, die Abwanderung letzter liberaler Reste zu SPÖ, Liberalen und Grünen und für sich selbst desaströse Neuwahlen. Die Studien der Demoskopen Peter Ulram und Fritz Plasser belegten 1995, zum Amtsantritt Schüssels, dieses Dilemma: Nur 19 Prozent der Wähler waren für einen schwarz-blauen Rechtsblock, ein Drittel der damaligen ÖVP-Wähler lehnte ihn kategorisch ab. Die einzige Chance der

Volkspartei lag also weiter im Versuch, sich mit der, aber auch gegen die SPÖ in einer gemeinsamen Reformregierung zu profilieren.

Der neue Obmann schien anfangs voll im Trend zu liegen: Er surfte öffentlichkeitswirksam im Internet, übte sich an den »homepages« und »files« der in der Parteizentrale aufgestellten Computer, konnte zu seinem 50. Geburtstag im Schloss Schönbrunn acht Stunden lang Gratulanten begrüßen, die noch wenige Monate zuvor nicht zur ÖVP gekommen wären. Als Schüssel im Sommer 1995 hundert Tage im Amt war, überschlugen sich Journalisten und Meinungsforscher fast vor Begeisterung. Binnen kurzem hatte Schüssel seine Partei in Umfragen wieder auf den zweiten Platz geführt, hatte bezüglich persönlicher Beliebtheitswerte Jörg Haider abgehängt, setzte in fiktiven Urnengängen gar zum Sprung auf den Platz eins an: »Warum denn nicht ein schwarzer Kanzler?«, fragte Christoph Kotanko im »Kurier« und fügte aufmunternd hinzu, Kanzler könne man derzeit schon mit etwas mehr als 30 Prozent für seine Partei werden. Prinzipiell stimmte das im damaligen Parteiensystem mit drei größeren und zwei kleineren Parteien.

Schüssels Strategie war anfangs auch ganz darauf ausgerichtet, die gar nicht mehr so große Koalition mit der SPÖ fortzuführen – aber dabei Nummer eins zu werden. Freilich schien auch in einem solchen Szenario faktisch nicht allzu viel veränderbar: jede »normale« Regierung stand unter Spardruck, der Hauptkonflikt schien sich nicht mehr in ihr, sondern zwischen ihr und Pressuregroups betroffener Interessengruppen abzuspielen. Immer größere Bedeutung kam dafür schon seit den achtziger Jahren – mit bis heute steigender Tendenz – symbolischer Politik zu: Sie wurde zum Ventil, wenn scheinbar trockene Budgetprobleme und nur angedeutete soziale Auseinandersetzungen zu wenig Stoff fürs »Infotainment« lieferten, dessentwegen sich Wähler vor die politische Bühne setzen, auf der Politiker nach der medialen Regie auftreten. Während im Hauptsaal mit zunehmend direkterer Beteiligung von Publikum und Regisseuren die Politik wie ein permanenter Wahlkampf inszeniert wurde, lief auf Nebenbühnen das traditionelle Polittheater, wurden Milliarden hin und her geschoben, Einflusssphären abgesteckt, Jobs vergeben. Damit dies ruhig geschehen konnte, mussten die Akteure oft die Kleidung wechseln – raus aus dem gewohnten Nadelstreif, rein in die modisch-bunte Tennis- oder Joggingdress. Niemand hatte

dies besser begriffen als der »Feschist« Jörg Haider, dessen Selbstin-
szenierungen »Falter«-Chefredakteur Armin Thurnher so beschreibt:
»Das Wichtigste an diesem Model sind die Verwandlungsfähigkeit
und der Wille, ein gutes Bild zu bieten. Egal, ob im Kärntner Trach-
tenanzug vor SS-Veteranen, im Kletterhöschen vor Fotoreportern,
in Joggingleggins und mit Stirnband oder im grauen Tweed. Ein
Mann als Symbol seiner selbst. Ein Körper, in der Mode so wendig
und von so opportunistischer Konsequenz wie in der Politik. Es
kommt ja nicht darauf an, welche Weltanschauung er gerade aus dem
Schrank greift. Es kommt darauf an, der Sieger zu sein.«
Auch Wolfgang Schüssel versteht etwas von Inszenierung: Er liebt es
stets bunt, vom Mascherl bis zum designten Büro. Erst jüngst, Ende
März 2000 hat er das wieder bewiesen, als er zum EU-Gipfel in Lis-
sabon eine Krawatte trug und nicht die bekannte »Fliege«, die – auf
Stickers durchgestrichen – zum Markenzeichen seiner Kritiker geworden war. Der simple Erwerb einer silberblauen Krawatte genüg-
te für tagelange Berichte und zahllose Fotos – und dazu, auch ein
wenig abzulenken vom Andauern der österreichischen Isolation.
Schüssel kennt sich gut aus im Rollenwechsel, fühlt sich am Haupt-
platz ebenso wohl wie in den verstaubten, nicht gut ausgeleuchteten
Nebenräumen. Dort war er als Sozialpartner groß worden, was seinem Konsensbedürfnis entsprach, nicht aber sonstigen Neigungen.
Das neue Rollenfach auf der Hauptbühne gefiel ihm bald noch
mehr. Er ist lieber Primus inter Pares als Soloarbeiter und ein dem-
entsprechend guter Regisseur. Er hatte vom Start weg die Ex-Stars
Busek und Mock wegen ihrer Disziplinlosigkeit ins Winkerl gestellt,
arbeitete mit jüngeren Protagonisten, vor allem mit dem Routinier
Johannes Ditz. Mit ihm als Wirtschaftsminister kreierte er unter Anlehnung an Raab und Kamitz einen restriktiven Budgetkurs. Die
SPÖ mit ihrem politisch wenig erfahrenen Finanzminister Andreas
Staribacher sollte sich abrackern, ihrem diesbezüglich sensibleren
Hauptklientel ein Sparpaket nahe zu bringen, das Österreich zur
Teilnahme am Europäischen Wirtschaftsraum befähigen sollte. Freilich: Es war erst vier Jahre her, dass die ÖVP unter Erhard Busek zu
einem ähnlichen Höhenflug anzusetzen schien. Und erst sechs, dass
ein damals schon fast in Vergessenheit geratener Mann namens Josef
Riegler in den ersten Wochen seiner Obmannschaft Ähnliches zu
garantieren schien.

Noch ein halbes Jahr nach Amtsantritt, im Herbst 1995 also, befand sich Wolfgang Schüssel in einem scheinbar stabilen Hoch: Es war erstaunlich, wie rasch und zumindest relativ dauerhaft er die ÖVP aus ihrem Stimmungstief geführt hatte. Auch auf Grund dreier persönlicher Führungseigenschaften: Der Vizekanzler Schüssel agierte ähnlich wie der Wirtschaftsminister zuvor: Er kommunizierte und ideologisierte mehr, als er konzeptionell umsetzen konnte. Was man ihm dort aber als Schwäche ausgelegt hatte, wurde ihm als Chef des ÖVP-Regierungsteams eher gutgeschrieben. Der Parteiobmann Schüssel profitierte außerdem noch von seiner sozialpartnerschaftlich erworbenen Konsensfähigkeit: Niemand konnte (zumindest anfangs) dem charmanten, nur selten grantelnden Selbstdarsteller ernstlich böse sein. Ein solcher Mann war wie geschaffen als Wunderheiler für geschundene Parteiseelen. Und der Personalmanager Schüssel zeigte intern Top-Qualitäten und besetzte zwei entscheidende Rollen perfekt. Klubobmann Andreas Khol fungierte als rechtskonservativer Ideologe mit scharfer Abgrenzung zur FPÖ, Wirtschaftsminister Johannes Ditz als harter Budgetverhandler. Dazu kamen noch die Schwächen des Koalitionspartners und ihres Chefs: Erschöpft nach 25 Jahren Regierungsführung und nach zehnjähriger Kanzlerschaft, auseinander driftend wie die gesamte gesellschaftliche Struktur, geriet die zweite, noch größere Volkspartei in eine ähnliche Krise wie die erste, eigentliche, etwas später, dafür umso heftiger. Schüssel sah bald die historische Chance, nach Josef Klaus und nach 25-jähriger Absenz seiner Partei der nächste Kanzler aus den Reihen der Volkspartei zu werden. Am 13. Oktober 1995 war es so weit: Der Nationalrat beschloss seine Selbstauflösung, die Koalition war an der Budgeterstellung für das nächste Jahr zerbrochen, für den 17. Dezember wurde die Neuwahl angesetzt.

Der Wahlkampf schien für Schüssel gut zu laufen: In den TV-Duellen schlug er sich gut, teilweise sehr gut. Jörg Haider wurde von ihm »zerlegt«, Franz Vranitzky kam nicht nur wegen mehrerer, gegen eine Erkältung getrunkener Tassen Tees ins Schwitzen. Dennoch geriet das Wahlergebnis nicht nach Schüssels Wunsch: Zwar legte die ÖVP erstmals seit 1986 wieder zu, wenn auch nur geringfügig um mehrere Prozentzehntel; noch mehr aber die SPÖ, die ihren Vorsprung auf den alten und bald auch wieder neuen Koalitionspartner von 7 auf 10 Prozent steigern konnte. Immerhin: Haiders FPÖ verlor erstmals (auch nur gering, weniger als 1 Prozent) seit 1986 – und auch die beiden anderen Oppositionsparteien, vor allem die Grünen, lagen schlechter als erwartet. Die Wähler hatten Schüssels »Absprung« nach nur einem halben Jahr Obmannschaft und die von ihm erzwungenen Neuwahlen nicht wirklich goutiert; die SPÖ hatte es geschafft, die Ängste vor einem Sozialabbau, insbesondere vor einer Pensionssenkung für sich zu lukrieren; die Freiheitlichen aber litten sichtlich unter dem offensichtlich von rechtsextremen Motiven getragenen Briefbombenterror und dem dadurch offensichtlich verstärkten Wunsch nach Stabilität.

Der wurde ihnen erfüllt: Franz Vranitzky bildete eine neue Regierung, ohne seinen politisch unerfahrenen Finanzminister Staribacher. Dessen Nachfolger Viktor Klima bot für die ÖVP keinen Anlass zur Klage: Der damals 48-jährige Verkehrsminister, der damit endgültig Nummer zwei in der SPÖ-Hierarchie und Favorit bei allen Vranitzky-Nachfolgespekulationen wurde, hatte in den fünf Jahren seiner Tätigkeit als Verkehrsminister gute Figur gemacht. Er war in der SPÖ weit stärker verankert als sein Amtsvorgänger, hatte einen guten Draht zum Gewerkschaftsbund und zum starken ÖVP-Finanzpolitiker, Wirtschaftsminister Ditz. Schüssel blieb Vizekanzler und Außenminister, musste bald aber auf sein Alter Ego der vergangenen Periode verzichten: Ditz wechselte im Juni als Finanzvorstand in die Post. Sein Nachfolger Johannes Farnleitner wurde keine auch nur annähernd so starke Stütze für Schüssel, eher – siehe sein schlechtes Krisenmanagement nach dem Grubenunglück von Lassing im Juli 1998 – zur politischen Belastung. Dazu zerbrach in dieser Zeit endgültig das für die ÖVP früher wesentlichste geistige, das katholische Milieu: 1995 hatte ein kritisches »Kirchenvolks-Begehren« für seine Forderungen – unter anderem: Frauenpriestertum, Demokratisierung des Kirchenlebens und Ende für das Zölibat – mehr als eine halbe Million Unterstützungsunterschriften gewonnen; die österreichische Kirchenhierarchie konnte sich nicht auf einen einheitlichen Kurs zu diesen Wünschen einigen und zerfleischte sich zudem noch in einer heftigen Debatte über die Vorwürfe des sexuellen Missbrauchs eines Zöglings, die gegen den konservativen Exkardinal von Wien, Hans Hermann Groer, erhoben worden waren: Die Mehrheit der Bischöfe, darunter auch der neue Wiener Erzbischof Christoph Schönborn, befand diese Vorwürfe für »im Kern berechtigt«, St. Pöltens Oberhirte Kurt Krenn positionierte sich heftig dagegen und gegen den Versuch der Kirchenspitze, das Kirchenvolks-Begehren wenigstens in einen substanziellen »Dialog für Österreich« münden zu lassen. Politisch litt die ÖVP am meisten unter diesem Differenzierungsprozess: Progressive Katholiken tendieren immer stärker zu den Grünen, abgeschwächt auch zur SPÖ, reaktionäre – wie Krenn – immer stärker zur FPÖ.

Am 13. Oktober 1996 konnte Schüssel immerhin einen bemerkenswerten Erfolg für seine Partei einfahren: Bei der ersten Wahl österreichischer Abgeordneter für das EU-Parlament (Österreich war seit 1. Jänner 1995 Mitglied der Union) wurde die ÖVP erstmals seit 1966 bei einer bundesweiten Wahl wieder stärkste Partei, in erster Linie freilich ein Erfolg ihrer vom TV-Schirm bekannten Spitzenkandidatin Ursula Stenzel. Gleich darauf eskalierte der koalitionsinterne Streit um den Verkauf der zweitgrößten österreichischen Bank, der Creditanstalt-Bankverein, traditionell der »schwarzen« Reichshälfte zugeordnet. Gegen den erbitterten Widerstand der ÖVP entschied Finanzminister Klima für das finanziell günstigste Angebot der größten Bank, der »roten« Bank Austria, und gegen das von der ÖVP unterstützte Konsortium um die »Erste«. Die Volkspartei hatte vergeblich mit dem Einsatz der schwarz-blauen Parlamentsmehrheit gegen die Entscheidung von Klima und Vranitzky gedroht – die FPÖ hielt ihre bereits gegebenen Zusagen nicht ein. Schüssel saß zwischen allen Sesseln: Von der SPÖ fühlte er sich »echt gelegt«, wie er heute formuliert; das Verhältnis zu den Freiheitlichen schien nachhaltig beschädigt; und an einen Bruch der Koalition samt nötigen Neuwahlen war angesichts des Ergebnisses vom Vorjahr nicht zu denken. Dazu kam noch ein geschickter Coup des Koalitionspartners: Der nach langer Kanzlerschaft angeschlagene Franz Vranitzky übergab sein Amt an Viktor Klima, der sofort zum neuen Strahlemann der Innenpolitik wurde. Die Koalition war zudem noch durch die Durchsetzung zweier Sparpakete zur Erreichung der »Maastricht-Kriterien« aneinander gekettet: Nur durch teilweise rigide und als unsozial kritisierte Maßnahmen sicherte sich Österreich die Teilnahme am Projekt der Einführung einer einheitlichen europäischen Währung. Der »Euro« wurde dennoch überraschend rasch akzeptiert: Ein Volksbegehren der FPÖ dagegen erbrachte im November 1997 mit nur 254 000 Unterschriften ein vergleichsweise schwaches Ergebnis.

Fünf Monate zuvor hatte Wolfgang Schüssel die bisher schwerste Krise seiner Politikerlaufbahn durchzustehen gehabt. Am 17. Juni 1997 soll Schüssel am Rande einer EU-Tagung vor mehreren österreichischen Journalisten im Amsterdamer Hotel Hilton beim Frühstückskaffee den deutschen Bundesbankpräsidenten Tietmeyer eine »Sau« und einen schwedischen Kollegen einen »Trottel« genannt haben. Die Österreicher hielten sich einige Tage an die übliche Verschwiegenheit eines solchen Hintergrundgesprächs, erst das deutsche Magazin »Focus« brach den Bann und veröffentlichte am 30. Juni die brisante Story. Erst danach zogen auch hiesige Zeitungen nach, gestützt auf eidesstattliche Erklärungen von Ohrenzeugen – und glaubten sich an frühere, ähnlich flapsige Formulierungen Schüssels über ausländische Politiker (»Bloßfüßiger«, »Kümmeltürk«) erinnern zu können. Ein Sturm der Entrüstung mit dazu passenden Rücktrittsforderungen – und parteiinternen Ratschlägen der Landeshauptleute Schausberger und Weingartner, Schüssel möge einen geschäftsführenden Parteiobmann einsetzen – brach los, die ÖVP fiel erstmals in Umfragen auf Bundesebene auf Platz 3 hinter SPÖ und FPÖ zurück. Schüssel dementierte in einem Interview mit »News«-Herausgeber Wolfgang Fellner energisch: »Das war nur eine Intrige, von österreichischen Journalisten erdacht, transportiert, lanciert ... mit einem Ziel: die erfolgreiche, außenpolitische Arbeit der ÖVP und meine Erfolge als Außenminister und ÖVP-Obmann anzuschwärzen.« Ronald Barazon, Chefredakteur der »Salzburger Nachrichten«, nannte Schüssel auf der Titelseite einen »Lügner« – wurde aber – wohl auch eingedenk der schlechten Erfahrungen, die Kanzler Fred Sinowatz einst mit einem Presseprozess gemacht hatte – nicht geklagt. Kanzler Klima stellte sich hinter seinen Außenminister, der konnte bleiben, sein Verhältnis zu den Medien blieb aber längere Zeit nachhaltig getrübt.

Eigentlich ungewöhnlich für einen unbestreitbar blitzgescheiten, weltoffenen und gebildeten Mann, der neue Informationen im Schnellverfahren zu druckreifen Formulierungen vor aufgeschlagenen Notizblöcken und laufenden Kameras verarbeiten kann und der auch – etwa als Zeichner treffender Karikaturen oder als Boogiespieler am Klavier – seine mediengerechten Seiten zu pflegen versteht. Freilich: Ähnlich wie Busek zuvor passte (und passt) sich Schüssel im Unterschied zu seinen Hauptkonkurrenten Klima und

Haider, aber auch im Unterschied zu den erfolgreichen Landeshauptleuten seiner eigenen Partei, nur widerwillig den Gesetzlichkeiten der Mediendemokratie an, besuchte selten Bierzelte und hob nur ungern Babys aus ihren Kinderwägen. Und ähnlich wie sein einstiger Mitstreiter aus der Katholischen Jugend – Busek war nicht zuletzt an seiner »schlechten Presse« gescheitert – zahlte er dafür jenen Preis, den jeder Nichtpopulist zu leisten hat: Er galt bald als sehr intelligent, aber wenig populär – daran änderten auch Versuche nichts, sich als Märchenerzähler für Kinder (authentisch, denn Schüssel ist wirklich ein Familienmensch) oder als Volkslieder pflegender Akkordeonspieler (weniger authentisch, denn Schüssel ist ein urbaner Typ) zu präsentieren.

In einem unterscheidet sich Schüssel aber stark von Busek: Er ist ein harter Kämpfer, saß Affären wie von Amsterdam scheinbar locker aus, pokerte ein Stück cooler um die Macht als der »bunte Vogel« zuvor. 1995 war Schüssel – auf relativ hohem Prozentniveau – noch mit dem Plan gescheitert, als Sanierer der Staatsfinanzen die SPÖ erstmals seit 1966 wieder zu überrunden, um sie in die Rolle des koalitionären Juniorpartners zu drängen. 1996 konnte Schüssel nach dieser Schwächung trotz des die Koalition extrem belastenden CA-Deals weder eine Neuwahl noch einen fliegenden Schwenk zur FPÖ zu Stande bringen, dazu kamen Sparpakete und Euro-Vorbereitung. 1997 stellte sich die Koalitionsfrage schon deshalb nicht, weil sich »die Arbeit mit dem neuen Kanzler Klima anfangs sehr gut anließ, wir beide wollten eine neue und effektive Form der Zusammenarbeit« (Schüssel heute). 1998 brachte den letzten Honeymoon der Regierung: Im Frühjahr war der von beiden Parteispitzen unterstützte Thomas Klestil mit Zweidrittelmehrheit als Bundespräsident wieder gewählt worden, im zweiten Halbjahr ließ die EU-Präsidentschaft Österreichs die beiden Koalitionsparteien, speziell ihre Chefs Klima und Schüssel, zumindest äußerlich wieder ein Stück zusammenrücken.

1999 sah die Perspektive Schüssels vor der Nationalratswahl am 3. Oktober anders aus: In der Regierung ging nichts mehr voran, die Koalitionsparteien verstrickten sich in einen veritablen Streit um die weitere Sicherheitspolitik Österreichs. Die ÖVP, vor allem Außenminister Schüssel selbst, wollte die Perspektive einer späteren NA-TO-Mitgliedschaft Österreichs ausdrücklich festschreiben lassen;

die SPÖ, auch Bundeskanzler Klima, wollte genau das nicht. Jörg Haider, bis dahin persönlich Haupthindernis jeder schwarz-blauen Einigung, hatte sich für eine zweite Funktionsperiode als Landeshauptmann ins Kärntner Hinterland zurückgezogen. ÖVP wie SPÖ hatten seine Wahl angesichts seines Wahltriumphes am 7. März (die FPÖ erreichte bei der Landtagswahl 42 Prozent) nicht blockiert, obwohl Haiders erste Amtsperiode 1991 mit einem internationalen Skandal (Haider hatte in einer hitzigen Landtagsdebatte die »ordentliche Beschäftigungspolitik im Dritten Reich« gelobt) abrupt zu Ende gegangen war – und obwohl Haider dadurch wieder entscheidend an innenpolitischer Reputation gewann. Bei der zweiten Wahl der österreichischen EU-Abgeordneten am 13. Juni 1999 fiel die FPÖ hinter ihr Ergebnis von 1996, die ÖVP, insbesondere ihre Spitzenkandidatin Ursula Stenzel, hielt ihren relativ hohen Stimmenanteil von knapp 30 Prozent, auch wenn sie diesmal hinter die SPÖ zurückfiel. Dazu kam noch eine parlamentarische Entspannung: Der scharfmacherische FPÖ-Klubobmann Ewald Stadler wurde nach Niederösterreich abgeschoben, mit dem für Schüssel & Co. angenehm glatten Herbert Scheibner an der Spitze wurden auch die für die »Europa-Partei« ÖVP unangenehmen Anti-EU- und Anti-Ausländer-Töne der FPÖ leiser. Dennoch gab es nach Einschätzung aller Demoskopen zu Beginn des Wahlkampfes mindestens so viele potenzielle ÖVP-Wähler, die Haider misstrauten, wie solche, die um jeden Preis einen schwarzen Kanzler wollten. Deshalb gaben Schüssel und sein Oberstratege Andreas Khol die Parole aus, bis zum Wahlabend jede Koalitionsform offen zu lassen. Umwelt- und Familienminister Martin Bartenstein hätte ihnen diese Suppe beinahe versalzen: Diese extrem ehrgeizige Speerspitze der stets unberechenbaren steirischen ÖVP machte kein Hehl aus seiner Vorliebe für Schwarz-Blau. Er war damit seiner Zeit einige Wochen voraus – und wurde dementsprechend zurückgepfiffen.
Bei der Nationalratswahl am 3. Oktober 1999 erreichte die Volkspartei mit ihrem Spitzenkandidaten Wolfgang Schüssel ihr schlechtestes Ergebnis seit 1945: 27 Prozent der Stimmen, um 416 Stimmen von der FPÖ Jörg Haiders auf den dritten Platz der Wählergunst verwiesen. Dass die Sozialdemokraten unter Viktor Klima mit 33 Prozent ebenfalls ihr schwächstes Ergebnis bei einer Nationalratswahl erzielten (nur bei der EU-Wahl 1996 schnitten sie noch

schlechter ab), relativierte das Tief des Koalitionspartners nur wenig. Wohl aber der starke Endspurt ihres Spitzenkandidaten: Schüssel hatte zwei Wochen vor der Wahl, als seine Partei den Umfragen zufolge auf 22 bis 23 Prozent abgerutscht war, eine Festlegung getroffen: Entweder erreiche die ÖVP noch Platz zwei oder sie werde dem Wählervotum entsprechend in Opposition gehen. Etliche zehntausend Wähler sahen sich dadurch veranlasst, doch für die Volkspartei zu votieren, gerade um sie in der Koalition mit der SPÖ zu halten und eine solche mit der FPÖ zu verhindern. Unter Berücksichtigung des dadurch erreichten Mobilisierungseffektes für die ÖVP gab es drei Sieger bei dieser Nationalratswahl zu konstatieren, zwei arithmetische und einen strategischen: Die FPÖ Jörg Haiders hatte in jenem Maß zugelegt, das die Demoskopen prognostiziert hatten, genauso die Grünen. Der wirkliche Sieger hatte aber – leicht – Stimmen verloren: Wolfgang Schüssel.

Nur wenige hatten Schüssel zugetraut, seine Partei fast gleichauf mit den Freiheitlichen zu halten. Viele hatten bereits politische Nachrufe auf die Volkspartei verfasst, einige hatten jene, die Schüssels Schachzug mit der Oppositionsdrohung für klug gehalten haben, verlacht. Der »kleine Prinz« hatte wieder einmal seine taktische Finesse demonstriert, zuvor schon im Wahlkampf seine glänzende, vor allem am Fernsehschirm wirksame Rhetorik. Wie er den freiheitlichen Spitzenkandidaten Thomas Prinzhorn im ORF-Duell »zerlegt« hatte, war telegener Höhepunkt dieses Wahlkampfes und sicherlich für 2 bis 3 Prozent schwankender Wähler (mit)entscheidend. Mit diesem Ergebnis konnte ihn parteiintern niemand ernstlich in Frage stellen – und Schüssel hatte plötzlich strategisch viele Trümpfe in der Hand. Er konnte erstens die Oppositionsansage realisieren, musste aber nicht – der Abstand zur FPÖ war stimmenmäßig vernachlässigbar, nach Auszählung aller Wahlkarten ergab sich zwischen den beiden mandatsmäßig ein Gleichstand. Zweitens konnte er eine Neuauflage der Koalition mit der SPÖ versuchen – um einen für diese sehr hohen Preis; oder er konnte drittens doch auf Blau-Schwarz oder Schwarz-Blau umschwenken. Alle Optionen schienen Schüssel mit gutem Grund nicht risikolos: Ein Teil seiner Wähler wollte nach 30-jähriger sozialdemokratischer Kanzlerschaft eine »Wende« fast um jeden Preis, selbst mit der FPÖ als Partner, die als Oppositionskraft allen alles versprochen hatte; ein anderer, mindestens ebenso großer Teil, wollte genau das nicht. Auch der scheinbar kleinste gemeinsame Nenner, der Gang in die Opposition, war nur beschränkt beliebt: Erstens war auch die ÖVP seit 1986 längst wieder zur »Staatspartei« geworden und fürchtete um ihre Einflussmöglichkeiten auf Bundesebene. Und zweitens wurde ihr schon bald für einen solchen Fall die Verantwortung für eine demokratiepolitische Krise zugeschoben: Denn eine von SPÖ und FPÖ gebildete Regierung schien schon auf Grund der harten Wahlkampfattacken gegeneinander unvorstellbar. Die Folge: ein neuerlicher Wahlgang – mit noch höheren Verlusten für die Volkspartei.

Schüssel setzte vorerst einmal auf Zeitgewinn, verwies auf die eigene Oppositionsfestlegung und beschränkte sich darauf, andere Parteien zu »Zukunftsgesprächen« einzuladen. Mit dem von Bundespräsident Klestil zu »Sondierungsgesprächen« beauftragten Kanzler Klima traf Schüssel zwar ebenso zusammen wie die Obleute der anderen beiden Parlamentsparteien (die Liberalen waren ja aus dem Nationalrat gewählt worden), er legte aber Wert darauf, keine Koalitionsgespräche zu führen. Diese Vorgangsweise weckte keine großen Sympathien, war sie doch sehr offensichtlich von reiner (Partei-)Taktik geprägt. Schüssels Kritiker hielten ihm freilich Gegensätzliches vor: Die einen tadelten ihn wegen seiner angeblichen Zögerlichkeit (warum nicht gleich Regierungsbereitschaft, warum das lange Verharren in der oppositionellen Trotzecke?), die anderen gerade wegen seiner angeblich selbstverständlichen Kehrtwendung zur alten Koalition (»Umfaller«). Schüssel schien sich diesbezüglich in einer »no-win«-Situation zu befinden: Was immer er tun sollte, er würde einen Teil seiner Wähler vergrämen: entweder jene, die – in jeder Hinsicht blauäugig – eine »bürgerliche« Wende ausgerechnet mit einer fast proletarisch-klassenkämpferisch daherkommenden FPÖ verwirklichen wollten; oder jene, die sich vor allem in den letzten Tagen vor der Wahl für eine Stimmabgabe für die ÖVP entschlossen hatten, um eine Regierungsbeteiligung der FPÖ zu verhindern.

Einige Wochen schien die Oppositionsdrohung das einzige Band, das Schüssels derart zerklüftete Partei zusammenhalten konnte. Dann riss es, schon aus Zeit- und Budgetgründen. Vor Weihnachten mehrten sich die Kommentare, die auf irgendeine Regierungsbildung drängten und dabei auch auf die nötige Budgeterstellung für das nächste Jahr verwiesen. Klestil beauftragte Klima offiziell mit

Koalitionsgesprächen. Wolfgang Schüssel musste langsam Farbe bekennen. Seine Doppelrolle – Vizekanzler der provisorisch weiter amtierenden Regierung und angesagter Oppositionsführer – war immer schwieriger zu spielen. Ein Großteil der politischen Öffentlichkeit, darunter der Bundespräsident und mit der »Kronen Zeitung« die größte Tageszeitung des Landes, machte Schüssel für das eingetretene Patt verantwortlich und übten Druck aus, die rot-schwarze Koalition fortzusetzen. SPÖ und FPÖ trennte zu viel zur Bildung einer Regierung, beide buhlten um die ÖVP als Regierungspartner. Immerhin: Der Chef der drittstärksten Partei hatte strategisch alle Fäden in der Hand. Dass er diese zur eigenen Kanzlerkür nutzen wollte und dann auch konnte, war Schüssel nicht vorzuwerfen. Schließlich ist dies das legitime Ziel aller Parteien, schließlich war es der ÖVP auch in Kärnten gelungen, als drittstärkste Partei zwei Perioden lang mit Christoph Zernatto den Landeshauptmann zu stellen. Und schließlich wurde Schüssel nicht nur von persönlichem Ehrgeiz getrieben, sondern auch von inhaltlichen Zielen: Er machte zunehmend deutlicher, dass er die SPÖ im Allgemeinen und Viktor Klima im Besonderen für unfähig hielt, nötige Reformen umzusetzen.

Und Schüssel hielt und hält es für möglich, in einer Koalition mit der FPÖ den scheinbar unaufhaltsamen Aufstieg des rabiaten Oppositionschefs Jörg Haider stoppen, diesen auch persönlich entzaubern und seine Partei zu einer staatstragenden Kraft »erziehen« zu können – ungeachtet dessen (oder gerade deshalb dazu motiviert), dass die Freiheitlichen vor allem in Wien mit einschlägigen Plakaten (»Stopp der Überfremdung«) einen eindeutigen Anti-Ausländerwahlkampf führten und von ihrer EU- und Euro-kritischen Linie, insbesondere ihrer Gegnerschaft zu einer Osterweiterung der Union nicht abgingen. Ungeachtet dessen, dass Haider auch bei einer groß angekündigten »Klarstellung« am 12. November – am Tage einer vornehmlich gegen die Freiheitlichen gerichteten antirassistischen Demonstration am Stephansplatz mit 70 000 Teilnehmern – sich hörbar widerwillig von früheren »mir zugeschriebenen Äußerungen« distanziert hatte, von seinem Lob für die »ordentliche Beschäftigungspolitik im Dritten Reich« (1991) und für die Angehörigen der Waffen-SS (1995). Und ungeachtet dessen, dass auch Franz Fischler, der aus der ÖVP kommende EU-Kommissar, Haider bei einem Besuch in Brüssel vor laufender Kamera scharf zurechtgewiesen hatte.

Es wurde also höchste Zeit für eine Entscheidung. Schon erinnerten die Kommentatoren an die einzige Regierungsbildung der Zweiten Republik, die noch länger gedauert hatte: Die zweite schwarz-rote Koalitionsregierung unter Bundeskanzler Alfons Gorbach und seinem Vize Bruno Pittermann war erst am 27. März 1963 angelobt worden, vier Monate nach der Nationalratswahl vom 18. November 1962. Die politische Lage war im Jahr 2000 aber ungleich komplizierter als vor 37 Jahren: Aus einem System von zwei großen und einer kleinen Partei war eines mit erst fünf und dann vier Parteien geworden, die Sozialpartnerschaft war angeschlagen, die Politik im Vergleich zu anderen Machtfaktoren – Wirtschaft, Medien, »übergeordnete« EU-Instanzen – schwächer. In der Zeit zwischen Weihnachten und Neujahr begannen »echte« Regierungsverhandlungen zwischen SPÖ und ÖVP. Gleichzeitig ließen Funktionäre der Volkspartei den Kontakt mit solchen der Freiheitlichen nicht abreißen. Bereits um die Jahreswende machten in Wien Gerüchte die Runde, wonach es zwischen den beiden Parteien ein Geheimabkommen gebe: Schüssel werde Klima bei den Koalitionsverhandlungen scheitern lassen und danach eine Koalition mit Haider abschließen. Der Pakt werde auf acht Jahre abgeschlossen werden, zuerst solle Schüssel Kanzler werden, nach den nächsten Wahlen dann der Obmann der stärkeren von den zwei Parteien.

In den ersten Tagen des neuen Jahres schien es aber doch anders zu kommen: Die Verhandlungsteams von SPÖ und ÖVP einigten sich auf ein Koalitionsabkommen, das – trotz mancher Widerstände in beiden Lagern – auch von den Parteigremien abgesegnet wurde. Dennoch scheiterte – wie in der Einleitung beschrieben – die Fortsetzung der Koalition, Blau und Schwarz waren am Zug, Rot und Schwarz gescheitert. Gescheitert an demokratiepolitisch natürlichen Abnutzungserscheinungen, an strategischen Fehlern und taktischen Irrtümern, an menschlich verständlichen, politisch aber unentschuldbaren Eitelkeiten, auch an wachsenden inhaltlichen Differenzen.

Noch wurde die alternative Zusammenarbeit zwischen Volkspartei und Freiheitlichen behindert. Vor allem vom Bundespräsidenten, der den inhaltlich bald einigen Parteiobmännern Schüssel und Haider alle Prügel in den Weg legte, die er finden konnte. So viele, dass konservative Kommentatoren ihm die Ausnutzung seiner verfassungsmäßigen Macht vorwarfen. Der Chefredakteur der »Presse« fühlte sich durch die Vorgangsweise des Staatsoberhauptes an Franjo Tudjman, gar an Militärdiktatoren in Nigeria und Burma erinnert. Ausgerechnet Thomas Klestil, der immerhin von zwei Drittel der Österreicher wieder gewählte Bundespräsident, einst Kandidat der ÖVP, hatte Andreas Unterberger zu solch gewagten Vergleichen angestiftet: »Will Klestil putschen?« Und Jörg Haider hatte rund um den Marathonlauf im fernen New York Unterberger gern zitiert, freilich gleich ohne Fragezeichen. Der Vorwurf stimmte weder formal noch inhaltlich. Formal hat der Bundespräsident eben auch bezüglich der Regierungsbildung weitgehende Kompetenzen. Er kann als Kanzlerkandidaten benennen, wen er will, solange der sich eine Chance auf eine parlamentarische Mehrheit – oder zumindest eine zeitweilige Tolerierung – für sein Team ausrechnen kann. Und er kann – wie es etwa auch Klestils Amtsvorgänger Theodor Körner in den fünfziger Jahren gegen Jörg Haiders Vorläuferpartei VDU gehandhabt hat – eine ihm nicht genehme Partei oder Person nicht in einer potenziellen Regierung sehen wollen. Klestil lieferte sehr wohl auch eine Begründung für sein Tun: Er wolle eine Regierung mit tragfähiger Mehrheit im Inland und großer Akzeptanz im Ausland. Beides garantierte eine Regierungsbeteiligung der FPÖ nicht, wie man heute weiß: Sie polarisiert im Inland und isoliert im Ausland. Nicht nur (manch internationales Urteil fällt oberflächlich und oberlehrerhaft aus), aber auch (man denke an bestimmte Töne im vergangenen Wahlkampf) aus eigenem Verschulden: Wer um fast jeden Preis, mit fast jeder Methode und fast jedem Vorurteil Stimmen sammelt, muss eben in Kauf nehmen, einen solchen Preis auch zahlen zu müssen.

Die nächste Hürde für eine blau-schwarze Koalition war noch höher: Am Montag, dem 31. Jänner 2000, verkündete Portugals Regierungschef Antonio Guterres, Ratspräsident der EU, die Sanktionen der 14 anderen EU-Mitgliedsländer gegen Österreich – für den Fall einer Regierungsbeteiligung der als antieuropäisch und chauvinistisch eingeschätzten FPÖ. Die scheinbar aus heiterem Himmel kommende Erklärung der EU war tatsächlich eine »schallende Ohrfeige für die österreichische Diplomatie« (ORF-Kommentator Paul Lendvai). Schüssel wagte dennoch das Risiko, sich auch gegen den

Widerstand aller anderen EU-Mitgliedsländer mit Hilfe der FPÖ zum Kanzler küren zu lassen. Er sei von der Schärfe der sofort in Kraft gesetzten Sanktionen überrascht worden, gibt er heute zu, nicht aber vom Unwillen der anderen EU-Staaten. Man kann deren Maßnahmen, die in erster Linie als Abschreckung für nationalistische Kräfte in den eigenen Mitgliedsländern und jenen in Bewerberstaaten gerichtet waren, in Hinblick auf Österreich für überzogen halten – schließlich gibt es in anderen Mitgliedsländern viel grauslichere Zustände antieuropäischen Geistes, wenn auch keine Regierungsparteien, die mit solchen Zuständen identifiziert werden. Vielleicht erweisen sie sich für die Intentionen der EU (so weit die gegen die FPÖ als Regierungspartei gerichtet waren) sogar als kontraproduktiv – schließlich gedeihen gerade in Österreich Dolchstoßlegenden prächtig.

Man sollte nur eins nicht tun: die Bemühungen der 14 anderen EU-Länder, um Österreichs neue Regierung einen »cordon sanitaire« zu bilden, bloß als Druck des »Auslands« zu interpretieren, dem »wir Österreicher« nur mannhaft entgegentreten müssten, damit er wieder vergehe. Abgesehen davon, dass schon die Causa Waldheim anderes bewies, befindet sich Österreich in seiner schwersten außenpolitischen Krise seit Erlangung der vollen Unabhängigkeit 1955. Sie ist in jeder Hinsicht gewichtiger als die Affäre Waldheim: Dessen Problem lag in einem – für einen Teil seiner Generation typischen – Umgang mit seiner Vergangenheit, seine Politik bot keinen Anlass für internationale Sanktionen. Jörg Haiders Problem – vor allem das Problem der Umwelt mit ihm – liegt dagegen sehr wohl in seiner gegenwärtigen politischen Konzeption und seiner persönlichen Konstitution: Offenbar halten die maßgeblichen europäischen Politiker seine Entschuldigungen für »missverständliche« Ausrutscher in Sachen NS-Verharmlosung für unglaubwürdig. Und offenbar hat er sich auch nicht an der Schwelle zur Regierungs(mit)verantwortung nur einigermaßen »staatsmännisch« im Griff. Anders wären seine Attacken – wie jene anlässlich seines 50. Geburtstages – auf ausländische Kritiker nicht zu erklären, die noch dazu sachlich unsinnig waren: Die gegenwärtige belgische Regierung ist gerade deshalb gewählt worden, weil die alte das getan hat, was Haider polemisch Belgien vorwarf (Korruption, Versagen in der Kinderpornoaffäre). Und Jacques Chirac mag oft Fehler gemacht haben, hat aber – zweifach gewählt – immerhin mehr als zehn Jahre eines der bedeutendsten europäischen Ämter inne.

Wer konnte garantieren, dass Haider, der gleich darauf in der »Zeit« die EU mit einem Hühnerstall verglich und sich selbst mit einem Fuchs (was der wohl in einem Hühnerstall anfängt?), nicht bei der nächsten Gelegenheit wieder die Sprache des vernünftigen politischen Umgangs durch jene des Bierzeltes ersetzt? So wie bei seiner Aschermittwochrede 2000 in Ried, wo er Wiens Bürgermeister Michael Häupl nachsagte, er sei dick und blöd (die persönliche Verunglimpfung seiner Widersacher zählt zu Haiders Standardrepertoire), wo er über den neuen SPÖ-Vorsitzenden Alfred Gusenbauer kalauerte, dieser esse »mit Hammer und Sichel«, wo er Frankreichs Chirac indirekt, aber eindeutig als »Westentaschen-Napoleon des 21. Jahrhunderts« bezeichnete und sich ebenso diebisch wie kindisch darüber freute, bei Marathons schneller zu laufen als Deutschlands Joschka Fischer oder Amerikas Bill Clinton. Natürlich: keine Staatsaffäre, eher eine Selbstentlarvung. Mit solchen Sprüchen lieferte Haider nur bestes Material gegen sich selbst. Vor diesem Hintergrund sind auch Appelle für einen »nationalen Schulterschluss« sinnlos. So ungerecht manche Töne aus EU-Ländern gegen österreichische Zustände, so schädlich manche Maßnahmen zur Einschränkung des Kultur-, Sport- oder Schüleraustausches auch sind: Fast jeder Auftritt Haiders leistet ihnen Vorschub. Wiens Kardinal Christoph Schönborn hat in diesem Zusammenhang zu Recht vor der Suche nach Sündenböcken für die eigene Misere gewarnt: »Zur Zeit sind wir sehr in Versuchung, Sündenböcke in ganz Europa zu suchen dafür, dass man uns scheel anschaut.«

Auch Wolfgang Schüssel kann solche Töne Haiders nicht dämpfen. Dennoch glaubte er, das Risiko Haider zwecks Regierbarkeit des Landes und zwecks »Zähmung« der FPÖ in Kauf nehmen zu können. Trotz der vorhersehbaren innenpolitischen Entwicklung: 200 000 Gegner der neuen Regierung demonstrierten gegen sie am 19. Februar 2000 am traditionsreichen Wiener Heldenplatz, auf dem im März 1938 die Massen dem triumphierenden Adolf Hitler zugejubelt hatten, Tausende tun es wöchentlich weiter. Das Land scheint politisiert wie seit den Hoch-Zeiten Bruno Kreiskys nicht mehr, von einer dezentralen Welle von Widerstandsgeist erfasst, artikuliert von Schülerkundgebungen, Protestkundgebungen von Künstlern, Inseraten von Wissenschaftern, unterstützt von neuen Methoden der Diskussion und Mobilisierung, die Thomas Macho, Professor für Kulturgeschichte an der Berliner Humboldt-Universität, in der »Zeit« auch als Antwort auf die digitalen Konstruktionen künstlicher Persönlichkeiten (»Avataren«) und die diesbezüglich politisch bahnbrechenden Methoden Jörg Haiders einschätzt: »In wenigen Wochen sind im österreichischen Web zahlreiche neue Seiten aufgetaucht, die den Widerstand gegen die schwarz-blaue Regierungskoalition unterstützen und verbreitern. Daraus lässt sich die Hoffnung ziehen: Womöglich ist eine künftige Mediendemokratie nicht ausschließlich auf die Modelle der Werbung, des Star- und Prominentenkults oder der Propagandakünste politischer Avataren angewiesen. Die mediendemokratischen Verhältnisse implizieren auch die Etablierung zentraler, subversiver Netzwerke und vielleicht kann der Kärntner Avatar mit seinen eigenen Waffen geschlagen werden.« Wolfgang Schüssel, durchaus sensibel für neue Technologien und Trends, durchaus auch sensibel für die gefährliche Unberechenbarkeit Haiders und mancher seiner Mannen (der neue Infrastrukturminister Michael Schmid hatte Schüssel noch wenige Tage vor der Wahl als »Feindbild der FPÖ« bezeichnet), spürt die Gefährlichkeit dieser Strömung für seine Regierung. Sie ist derzeit dennoch auf Gedeih und Verderb von der Gunst Haiders abhängig, der auch als »einfaches Parteimitglied« (nach seinem taktisch motivierten Rücktritt als Parteiobmann) in der FPÖ (fast) alle Fäden zieht. In einer ersten Reaktion versuchte Schüssel die Großdemonstration am 19. Februar als »letztes Austoben von Alt-68ern und der Internetgeneration« abzutun, heute ironisiert er diese, auch in seiner Partei heftig kritisierte Stellungnahme: »Ich bin ja selbst ein Alt-68er und surfe gern im Internet.« Zweite Stufe von Schüssels Kampf gegen diese gesellschaftliche, weit über den üblichen parteipolitischen Rahmen hinausgehende Opposition: Aus einer Debatte über die Berechtigung der Sanktionen von 14 EU-Mitgliedsstaaten gegen Österreichs neue Regierung, aus der internationalen Diskussion über die Einschätzung Jörg Haiders, aus der Auseinandersetzung über die Weiterentwicklung der Europäischen Union zu einem politischen Verband, dem auch die so genannte Innenpolitik seiner einzelnen Teile nicht ganz egal sein kann, sollte ein Streit darüber werden, wer was wann wem im Ausland zugeflüstert hat.

Die Taktik, insbesondere die SPÖ und Ex-Kanzler Klima und (so nicht von der ÖVP, wohl aber ihrem Koalitionspartner FPÖ betrieben) auch Bundespräsident Klestil als Drahtzieher der Sanktionen darzustellen, schien zunächst aufzugehen – auch Verschwörungstheorien fallen in Österreich stets auf fruchtbaren Boden. Klima und Klestil wurden dadurch beachtliche Bedeutung zugewiesen: An ihren Drähten hingen demnach nicht nur die Regierungschefs Schröder, Guterres und Jospin (Klimas Abteilung), nicht nur die Scharfmacher Chirac und Aznar (Klestils Werk), auch Bill Clinton wurde nach dieser Leseart vom wahren Zentrum der Welt am Ballhausplatz zum scharfen Protest gegen die neue Regierung verdonnert. Genauere Recherchen führten bald zu einer differenzierteren Betrachtungsweise: Natürlich hatten die beiden bei internationalen Treffen die Lage im Inland besprochen und dabei auch ihre Skepsis gegenüber einer FPÖ-Regierungsbeteiligung nicht verschwiegen. Aber seit dem 3. Oktober wussten alle verantwortlichen Politiker (auch der damalige Außenminister Schüssel), dass eine Regierung mit Haiders FPÖ starken Gegenwind zu erwarten hätte. Nicht, weil er von ernst zu nehmenden Leuten als Nazi angesehen würde, auch nicht nur, weil man – der Wahrheit schon näher kommend – ihn als möglichen Stolperstein für eine Weiterentwicklung der EU ansieht. Nein, Österreich steht derzeit auch aus vielfältigen internationalen innenpolitischen Motiven (Drohung gegenüber eigenen Rechtsradikalen) im Eck, auch als warnendes Exempel für autoritäre Strömungen in Ländern, die der EU beitreten wollen.

An dieser außenpolitischen Misere ändert auch die Übergabe des FPÖ-Parteivorsitzes von Jörg Haider an Susanne Riess-Passer nichts. Nationalratspräsident Thomas Prinzhorn hatte bereits bei der Ankündigung dieses Schrittes klargestellt: »Es gibt keinen Rücktritt, Haider ist stärker als je zuvor.« Exakter: Haider versuchte dadurch wieder stärker zu werden. Denn nur mehr die allertreuesten Fans konnten ihm glauben, dass er sich aus Rücksicht auf die Regierung von der vordersten Front verabschiedet. Der Ex-FPÖ-Obmann agiert stets nur in einem Interesse, seinem eigenen. Diesmal aus drei Motiven: Haider hatte erstens den schwachen Start seines Amateurteams in der Regierung satt. Er war zweitens verärgert, ein parteiinternes Scharmützel gegen den stärksten FP-Minister, Finanzminister Karl-Heinz Grasser (der französische Philosoph Bernard-

Henri Levy sieht in ihm schon den Erben Haiders), austragen zu müssen, in dessen Folge die vorgeschriebene Einkommensgrenze für FP-Mandatare auf 66 000 Schilling erhöht wurde. Haider wusste drittens von seiner zentralen Rollenstärke: Nur in der Opposition wirkt er gut, seine Versuche als Staatsmann schlagen regelmäßig fehl. Daher will er auch gegen die eigene Koalition Opposition spielen können, vor allem dann, wenn die Unpopuläres plant. Schon einmal, zwischen 1983 und 1986, hatte er von Kärnten aus ein FPÖ-Regierungsteam systematisch demontiert. Der Rücktritt Haiders scheint also wenig zu ändern, weder an seiner Stärke noch an der Schwäche der Regierung, zumindest vorläufig auch nichts an der Isolation Österreichs. Nur eine Dynamik wird zunehmen: Haider wird noch öfter und schärfer Zwischenrufe gegen Wien, Brüssel und Paris abgeben. Die Spannungen in der FPÖ werden steigen und entsprechend auch die in der Regierung.

Dennoch ist sich Wolfgang Schüssel sicher: Er will und wird Haider entzaubern. Man kann dieses Ziel für illusionär halten. Aber man sollte sich ernstlich damit auseinander setzen und seine Motive dafür nicht bloß im Persönlichen suchen. Hinweise auf den »Ehrgeizling« Schüssel (so der Titel eines Porträts von Inge Santner in der »Weltwoche«) oder seine äußere Erscheinung (»Wie man sich einen Kanzler vorstellt, sieht Schüssel wirklich nicht aus. Klein gewachsen, zappelig und scheinbar unerschütterlich heiter, hat er eines jener Gesichter, die so lange knabenhaft bleiben, bis sie abrupt vergreisen«, Armin Thurnher in der »Woche«) können das Bild Schüssels abrunden, treffen aber den Kern nicht. Dazu ist Schüssel zu sehr ein »zoon politicon«, der seine inhaltlich bestimmten Ziele berechnend (»Der Wolfgang läuft bei eiskaltem Klima zur Hochform auf. Natürlich trägt er dazu bei, ein solches Klima zu erzeugen, um möglichst viel herauszuholen«, Wiens ÖVP-Chef Bernhard Görg) und hart (»Wer Schüssel verstehen will, der muss analysieren, warum er Fußball spielt und wie er es tut«, Wilhelm Molterer) verfolgt.

In Bezug auf die neue Regierung könnte Schüssels Plan aufgehen. Während »sein« Team bisher keine großen Fehler gemacht hat – seine engsten Mitstreiter, Bildungsministerin Elisabeth Gehrer und Landwirtschaftsminister Wilhelm Molterer, sind absolute Profis, der von Erwin Pröll in die Regierung entsandte Newcomer Ernst Strasser entdeckte geschickt für sich die liberale »Marktlücke« im Imageprofil der Regierung –, agiert der blaue Teil mit Ausnahme Grassers und der geschickten Vizekanzlerin Susanne Riess-Passer schwach. Das mögen Startprobleme einer bis vor kurzem leicht punktenden Oppositionspartei mit extrem geringem Kompetenzpotenzial sein. Aber auch eine besser funktionierende FPÖ wird in der Regierung einen Teil ihres Protestbonus verlieren. Insofern wird sie – objektiv auch dank Schüssel – an Attraktivität verlieren. Jörg Haider ist dadurch allerdings nicht einzubinden. Der schlaue Fuchs hat sich rechtzeitig ganz nach Kärnten abgesetzt. Von dort wird er weiter Opposition gegen alles Unpopuläre spielen, das die Regierung plant. Wird ihre internationale Isolierung weiter mit starken Sprüchen verstärken. Und wird – speziell gegen Wolfgang Schüssel – 2003 als Kanzlerkandidat antreten. Falls es dazu nicht kommen sollte, falls die FPÖ eine normale, von Haider emanzipierte Partei wird, muss man den Hut vor Wolfgang Schüssel ziehen. Wenn nicht, wenn der Hasardeur Schüssel als Dompteur Haiders versagt, könnte die düstere Prognose Thurnhers Wirklichkeit werden: »Der kleine Prinz wird nicht zum guten König; er küsst bloß den Drachen wach.«

Literaturverzeichnis

Helmut Andics: 50 Jahre unseres Lebens. Österreichs Schicksal seit 1918, Wien 1968.

Paul Blau: Das Erbe verschleudert, die Zukunft verspielt. Ein Jahrhundert Arbeiterbewegung, Wien 1999.

Hanna Bleier-Bissinger: Bundeskanzler Dr. Alfons Gorbach und seine Zeit. Leben und Sterben der Nachkriegskoalition, Graz 1988.

Günther Bischof/ Anton Pelinka (Hrsg.): The Kreisky Era in Austria, New Brunswick, 1994.

Thomas Chorherr: Die roten Bürger. 30 Jahre sozialistisches Österreich, Gedanken eines Konservativen, Wien 2000.

Hubertus Czernin: Der Haider-Macher. Franz Vranitzky und das Ende der alten Republik, Wien 1997.

Herbert Dachs / Peter Gerlich / Wolfgang C. Müller (Hrsg.): Die Politiker. Karrieren und Repräsentanten der Zweiten Republik, Wien 1995.

Walter Feymann: Burgenland. Geschichte, Kultur und Wirtschaft in Biographien – Fred Sinowatz, Eisenstadt, 1999.

Heinz Fischer: Die Kreisky-Jahre 1967–1983, Wien 1993.

Karl Gruber: Ein politisches Leben. Österreichs Weg zwischen den Diktaturen, Wien 1975.

Elisabeth Horvath: Ära oder Episode? Das Phänomen Bruno Kreisky, Wien 1989.

Helmut Konrad / Hans Lechner: Millionenverwechslung. Franz Olah, die Kronenzeitung, Geheimdienste, Wien 1992.

Josef Klaus: Macht und Ohnmacht in Österreich. Konfrontationen und Versuche, Wien 1971.

Katharina Krawagna-Pfeifer / Conrad Seidl / Rudolf Semotan / Petra Stuiber: Die Vranitzky-Jahre, Wien 1996.

Bruno Kreisky: Zwischen den Zeiten. Erinnerungen an fünf Jahrzehnte, Wien 1986.

Bruno Kreisky: Im Sturm der Politik. Der Memoiren zweiter Teil, Wien-Berlin 1988.

Bruno Kreisky: Der Mensch im Mittelpunkt. Der Memoiren dritter Teil, Hrsg. von Oliver Rathkolb, Johannes Kunz und Margit Schmidt, Wien 1996.

Bruno Kreisky: Seine Zeit und mehr. 1970, 1983, 1990, Katalog zur Ausstellung, Wien 1998.

Robert Kriechbaumer: Die Ära Josef Klaus, 2 Bände, Wien 1998 und 1999.

Robert Kriechbaumer (Hrsg.): Österreichs Nationalgeschichte nach 1945. Der Spiegel der Erinnerung, die Sicht von innen, Wien 1998.

Robert Knight (Hrsg.): Ich bin dafür, die Sache in die Länge zu ziehen. Die Wortprotokolle der österreichischen Bundesregierung von 1945 bis 1952 über die Entschädigung der Juden, Frankfurt 1988.

Karl Krammer (Hrsg.): Die ersten zehn Jahre, Wien 1996.

Johannes Kunz: Erinnerungen. Prominente im Gespräch, Wien 1989.

Johannes Kunz: Die österreichische Anekdote, Wien 1998.

Othmar Lahodynsky: Der Proporz Pakt. Das Comeback der großen Koalition, Wien 1987.

Paul Lendvai / Karl Heinz Ritschel: Kreisky. Porträt eines Staatsmannes, Düsseldorf-Wien 1972.

Norbert Leser: Elegie auf Rot, Wien 1998.

Peter Michael Lingens: Begegnungen, Wien 1995.

Wolfgang Mantl (Hrsg.): Politik in Österreich. Die Zweite Republik: Bestand und Wandel, Wien 1992.

Edith Meinhart / Ulla Schmid: Spin Doktoren. Die hohe Schule der politischen Manipulation. Wien 2000.

Fritz Molden: Besetzer, Toren, Biedermänner. Ein Bericht aus Österreich 1945–1962, Wien 1980.

Werner Mück: Österreich. Das war unser Jahrhundert. Wien 1999.

Konrad R. Müller/ Werner A. Perger / Wolfgang Petritsch: Bruno Kreisky. Gegen die Zeit, Heidelberg 1995.

Franz Olah: Die Erinnerungen. Wien 1995.

Liselotte Palme: Androsch. Ein Leben zwischen Geld und Macht, Wien 1999.

Anton Pelinka: Die Kleine Koalition. SPÖ-FPÖ 1983–1986, Wien 1993.

Anton Pelinka / Sieglinde Rosenberger: Österreichische Politik. Grundlagen, Strukturen, Trends, Wien 2000.

Peter Pelinka: Erbe und Neubeginn, Die Revolutionären Sozialisten in Österreich 1934–1938, Wien 1981.

Peter Pelinka / Gerhard Steger (Hrsg.): Auf dem Weg zur Staatspartei. Zur Geschichte und Politik der SPÖ seit 1945, Wien 1988.

Peter Pelinka: Das Ende der Seligkeit. Wohin steuert Österreich?, Wien 1995.

Fritz Plasser / Peter A. Ulram / Franz Sommer (Hrsg.): Das österreichische Wahlverhalten, Wien 2000.

Hugo Portisch: Österreich II. Jahre des Aufbruchs, Jahre des Umbruchs, Wien 1996.

Julius Raab: Verantwortung für Österreich, Wien 1961.

Manfried Rauchensteiner: Die Zwei. Die Große Koalition in Österreich 1945–1966, Wien 1987.

Hans Rauscher: Vranitzky: Eine Chance, Wien 1987.

Karl Heinz Ritschel: Julius Raab. Der Staatsvertragskanzler, Salzburg 1975.

Hans Henning Scharsach (Hrsg.): Haider. Österreich und die rechte Versuchung, Reinbek 2000.

Susanne Seltenreich: Leopold Figl – Austrian Patriot and Statesman, Wien 1962.

Reinhard Sieder / Heinz Steinert / Emmerich Talos (Hrsg.): Österreich 1945–1995, Wien 1995.

Wilhelm Svoboda: Fraz Olah. Eine Spurensuche, Wien 1990.

Armin Thurnher: Das Trauma, ein Leben, Wien 1999.

Ernst Trost: Figl von Österreich, Wien 1972.

Alexander Vodopivec: Wer regiert Österreich? Wien 1962.

Alexander Vodopivec: Der verspielte Ballhausplatz. Vom schwarzen zum roten Österreich, Wien 1970.

Franz Vranitzky: Im Gespräch mit Armin Thurnher, Frankfurt 1992.

Friedrich Weissensteiner / Erika Weinzierl: Die österreichischen Bundeskanzler. Leben und Werk, Wien 1983.

Erika Weinzierl / Kurt Skalnik: Geschichte der Zweiten Republik, Graz 1975.

Hermann Withalm: Aufzeichnungen, Graz 1973.

Senta Ziegler: Österreichs First Ladies, Wien 1999.

Christa Zöchling: Haider. Licht und Schatten einer Karriere, Wien 1999.

Register

Adler, Victor 118, 190
Afritsch, Josef 122
Amplatz, Luis 126
Androsch, Hannes 133 ff., 138 ff., 148, 159, 161, 176 ff., 180 ff., 189, 196, 215
Ausserwinkler, Michael 204, 228
Aznar, José Maria 260

Bacher, Gerd 101, 103, 105, 158, 210
Bachmayer, Wolfgang 209
Barazon, Ronald 249
Bartenstein, Martin 251
Bauer, Holger 161
Bauer, Otto 115, 118 f., 123, 148
Benya, Anton 97, 128 f., 138 f., 159, 180, 238
Blair, Tony 190, 213 ff., 221, 226, 231
Blau, Paul 127
Blecha, Karl 143, 151, 162, 164 f., 173, 189, 210
Bleier-Bissinger, Hanna 64, 66, 81
Bock, Fritz 65, 75, 103
Botz, Gerhard 169
Bögl, Ludwig 154
Böhm, Johann 47 f., 124
Born, Hanspeter 168
Borodajkewycz, Taras 47, 98, 161
Brandt, Willy 123, 146
Brecht, Bertolt 123
Bretschneider, Rudolf 240
Broda, Christian 75, 99, 108, 126, 128, 132, 135, 159
Burger, Rudolf 188, 209

Busek, Erhard 29, 187, 199, 207, 236, 238, 240 ff., 245, 249 f.
Buttinger, Joseph 121

Cap, Josef 144, 183, 193
Chirac, Jacques 257 f., 260
Chorherr, Christoph 218
Chruschtschow, Nikita 37, 51, 54
Clinton, Bill 190, 196, 211, 214, 221, 258, 260
Corti, Axel 107
Czech, Josef 156
Czernin, Hubertus 199
Czettel, Hans 97, 101, 129

Dahrendorf, Ralph 181
Dallinger, Alfred 162, 164
Denk, Wolfgang 55 f.
Deutsch, Julius 42
Dichand, Hans 162, 198
Ditz, Johannes 206 f., 241, 245 ff.
Dollfuß, Engelbert 22, 64, 120 f.
Dostal, Albin 153
Drimmel, Heinrich 41, 72, 75 f., 79, 81 f., 87, 93 ff., 238
Dulles, John F. 53

Eckert, Fritz 49
Edlinger, Rudolf 9, 209 f., 222, 229
Einem, Caspar 193, 209, 232
Emhart, Marie 120

Farnleitner, Johannes 247
Fellinger, Karl 99
Fellner, Wolfgang 200, 208, 249

Ferrari-Brunnenfeld, Mario 160
Feymann, Walter 154
Figl, Leopold 15 f., 17–38, 39 ff.,
  44 ff., 56 ff., 61, 63, 65, 68 ff., 75,
  81, 85, 91, 94, 98, 125
Firnberg, Hertha 133, 139, 159
Fischer, Ernst 18, 28
Fischer, Heinz 98, 144, 151, 164,
  180, 229
Fischer, Joschka 258
Fischler, Franz 254
Freihsler, Johann 133
Frischenschlager, Friedhelm 160 f.
Fröhlich-Sandner, Gertrude 183
Frühbauer, Erwin 132
Fuchs, Franz 224

Gandhi, Mahatma 92
Gerlich, Peter 41, 209
Glaser, Walter 94
Gleißner, Heinrich 32, 105
Glotz, Peter 150
Görg, Bernhard 261
Götz, Alexander 72
Gonzáles, Felipe 190
Gorbach, Alfons 16, 24, 37 f.,
  58 ff., 63–83, 85 f., 91, 93 ff., 98,
  255
Grabher-Meyer, Walter 186
Graf, Ferdinand 52, 65
Graf, Robert 154, 239 f.
Graff, Michael 104, 160
Grasser, Karl-Heinz 260
Gratz, Leopold 129, 132, 136, 139,
  156 f., 161, 164, 166,
  172 f., 183, 185, 189
Gredler, Wilfried 70
Groer, Hans Hermann 247
Gross, Heinrich 163, 171
Gruber, Karl 18, 20, 28, 34 ff.,
  49 ff., 57, 72, 110, 125

Gschnitzer, Franz 36, 52
Guderian, Heinz 88
Gugerbauer, Norbert 185 f.
Gusenbauer, Alfred 231 f., 258
Guterres, Antonio 256, 260

Habsburg, Otto 77 f., 83, 98, 101,
  132
Häupl, Michael 196, 211, 219, 225,
  231 f., 258
Häuser, Rudolf 132, 139
Haider, Jörg 10 ff., 71, 88, 133, 160,
  170, 172, 185 ff., 192 f., 197 f.,
  200 f., 204, 207 f., 211, 213, 219 f.,
  223 f., 227 ff., 235, 240, 243 ff.,
  250 f., 254 ff., 260 ff.
Hamann, Brigitte 13
Hanisch, Ernst 86, 92, 107, 111,
  191
Hartmann, Eduard 75 f., 93, 96
Haslauer, Wilfried 162
Haslinger, Michael 90
Heer, Friedrich 13, 38
Heilingsetzer, Eduard 76
Heintel, Erich 105
Heller, André 148, 200, 236
Helmer, Oskar 22, 27, 31, 33, 70,
  105, 124, 128
Hemala, Franz 20, 40
Hengstschläger, Johann 242
Hetzenauer, Franz 81, 95, 103
Hindels, Josef 123
Hitler, Adolf 13, 258
Höbelt, Lothar 45
Höchtl, Josef 242
Hödl, Carl 169
Hoess, Fritz 104
Holaubek, Josef 33
Holzmeister, Clemens 45
Horvath, Elisabeth 142
Hostasch, Lore 209

Hums, Franz 209
Hurdes, Felix 26 f., 46, 70, 74

Innitzer, Theodor 171

Jahoda, Marie 115
Jankowitsch, Peter 132, 172
Jochmann, Rosa 124
Jonas, Franz 37, 83, 120, 132, 139
Jospin, Lionel 221, 260
Judt, Tony 232
Jury, Hugo 44

Kabas, Hilmar 12
Kahane, Karl 134
Kalina, Josef 11
Kamitz, Reinhard 34, 48, 54,
    56 f., 125, 245
Karl, Elfriede 183
Kautsky, Benedikt 88, 126
Keller, Heinrich 189
Kennedy, John F. 92
Kery, Theodor 144, 154, 156
Khol, Andreas 215, 226, 241 ff.,
    246, 251
Kienzl, Heinz 180
Kirchschläger, Rudolf 133, 139,
    160, 168
Kirchweger, Ernst 98
Klaus, Josef 15 f., 38, 47 f., 56, 58 f.,
    63, 72, 75 ff., 79 ff., 85–111, 128,
    130 ff., 176, 246
Klenner, Fritz 126
Klestil, Thomas 11 f., 102, 104,
    194 f., 201, 207, 219 f., 233,
    241 f., 250, 253, 256, 260
Klima, Jan 207, 226
Klima, Sonja 212
Klima, Viktor 9 ff., 15 f., 190, 195 f.,
    201–232, 247 ff., 253 ff., 260
Knoll, Gertraud 220

König, Franz 108, 130, 161
König, Fritz 239
Körner, Theodor 32, 34, 41, 46 f.,
    49, 54, 71, 124 f., 256
Konecny, Albrecht 178
Konrad, Christian 207
Konrad, Helga 209
Koref, Ernst 124
Koren, Stephan 103, 109, 130, 238
Korinek, Franz 96
Korp, Andreas 180
Kothbauer, Max 182
Krainer, Josef jr. 241
Krainer, Josef sen. 48, 56 ff., 63, 68,
    70, 75 f., 81 ff., 91, 94, 110
Kreisky, Bruno 10, 13 ff., 34, 36 ff.,
    40, 48, 52, 57, 61, 71, 75, 79 f.,
    83, 88, 100 f., 105 ff., 111,
    113–149, 151, 156, 158 ff., 166 f.,
    171, 175 ff., 181 ff., 186, 190 f.,
    195, 200 f., 203, 206, 212, 215,
    224, 229, 233
Kreissler, Felix 170
Krenn, Kurt 248
Kreuzer, Franz 101, 129
Kriechbaumer, Robert 19, 83
Krunes, Helmut 161, 186
Kunschak, Leopold 22, 27, 40, 42,
    46
Kuntzl, Andrea 216
Kunz, Johannes 33, 80

Lacina, Ferdinand 143, 161, 164,
    178, 183, 188, 196, 211, 219
Lafontaine, Oskar 221
Lanc, Erwin 143, 162, 183
Lausecker, Karl 183
Lazarsfeld, Paul 115
Lechner, Hans 81, 94
Leitl, Christoph 241, 243
Lendvai, Paul 208, 256

Leodolter, Ingrid 136, 139
LePen, Jean-Marie 230
Leser, Norbert 79, 140
Levy, Bernard-Henri 261
Liebscher, Klaus 220
Lingens, Peter Michael 137
Löhr, Alexander 169
Löschnak, Franz 193, 204
Lueger, Karl 19
Lütgendorf, Karl 133, 143, 149
Lugner, Richard 220

Macho, Thomas 259
Macmillan, Harold 53
Maderthaner, Leopold 242
Maisel, Karl 124
Maleta, Alfred 32, 47, 58, 70, 82,
  106
Manzenreiter, Helmut 228
Marboe, Peter 104
Marcic, Rene 105
Marek, Bruno 130
Marin, Bernd 104, 215
Marizzi, Peter 193
Mark, Karl 126
Marsch, Fritz 164
Martin, Hans Peter 225
Matysek, Ottilie 173, 185
Mauhart, Josef »Beppo« 176, 178
Maurer, Ernest 173
Meissner-Blau, Freda 163, 168, 187
Menasse, Robert 170
Miklas, Wilhelm 23
Mitterrand, François 190
Mitterer, Otto 103
Mölzer, Andreas 185
Mock, Alois 40, 104, 110, 144, 148,
  160, 184, 186 f., 195, 197, 241 ff.,
  245
Molden, Fritz 20, 55f.
Molotow, Wjatscheslaw 51, 53

Molterer, Wilhelm 207, 261
Moritz, Herbert 161
Moser, Josef 132
Müllner, Viktor 102

Neck, Rudolf 30, 60, 70
Neisser, Heinrich 102, 104 f., 110
Nenning, Günther 108, 163
Niederl, Friedrich 70
Nilsson, Torsten 122
Nitsch, Hermann 198
Nödl, Frieda 124
Nowotny, Ewald 239
Nürnberger, Rudolf 9

Öllinger, Johann 132 f.
Öllinger, Karl 163
Ofner, Harald 185
Olah, Franz 24, 57, 59 f., 65 f.,
  78 ff., 97, 99, 119, 126 f., 129
Omofuma, Marcus 224

Palme, Liselotte 135, 139
Palme, Olof 123, 146
Pelinka, Anton 170, 209, 236
Perger, Werner 121
Pernter, Hans 27
Peter, Friedrich 78, 105, 121,
  132 ff., 159, 164, 172
Petritsch, Wolfgang 121, 127, 134,
  138, 140 f., 224 f.
Piffl-Perčević, Theodor 96, 109 f.
Pinay, Antoine 53
Pisa, Karl 54, 76, 82, 91, 103, 107,
  110
Pittermann, Bruno 46, 52, 57, 60,
  78, 82, 97 ff., 126 ff., 132, 156,
  255
Plasser, Fritz 243
Polcar, Fritz 56, 102
Portisch, Hugo 78, 97, 103

Prammer, Barbara 209
Praschak, Gerhard 214
Prinzhorn, Thomas 88, 252, 260
Probst, Otto 97, 118, 120, 127
Pröll, Erwin 241 f., 261
Proksch, Anton 120, 128
Pühringer, Josef 241
Pusch, Hans 158, 172, 184

Qualtinger, Helmut 13

Raab Julius 15 f., 20, 22, 26 ff., 32 ff.,
    39–61, 63, 69 ff., 83, 85 f., 91, 94,
    96, 102, 105, 125, 238, 245
Radel, Peter 220
Rauchensteiner, Manfried 46, 79
Rauscher, Hans 177, 208
Reagan, Ronald 147
Reder, Walter 160 f., 172
Rehor, Grete 100
Rehrl, Josef 90
Reinthaller, Anton 25 f.
Reither, Josef 22 ff., 26
Renner, Karl 17 ff., 27, 30, 46, 97,
    124, 127, 171
Riegler, Josef 187, 236, 243, 245
Riess-Passer, Susanne 217, 260, 262
Ritschel, Karl Heinz 130
Robinson, Moritz 122
Rösch, Otto 132
Rohracher, Andreas 90
Rosenmayr, Leopold 99
Rosenstingl, Peter 220, 228
Rothschild, Kurt 164
Rudas, Andreas 210 ff., 226 f., 231
Ruttenstorfer, Wolfgang 209, 226

Sailer, Karl Hans 120
Salcher, Herbert 140, 143, 148,
    161 f., 182 f.
Sallaberger, Günther 189

Sallinger, Rudolf 106, 238
Santner, Inge 261
Sausgruber, Herbert 207
Schachner-Blasizek, Alfred 128
Schärf, Adolf 36 f., 46, 49, 51 ff.,
    55, 59 f., 78, 80, 98, 124 ff.
Schausberger, Franz 249
Scheibner, Herbert 251
Scheidl, Josef 74
Schieder, Peter 164
Schleinzer, Karl 20, 58, 75, 96, 236,
    238
Schlögl, Karl 209, 224, 231 f.
Schmid, Michael 259
Schmidt, Erich 178
Schmidt, Heide 185, 219 f., 225
Schmitz, Wolfgang 96, 103 f.
Schmölz, Martin 97
Schneider, Reinhold 88
Schneidmadl, Josef 22
Schönborn, Christoph 247, 258
Schönhuber, Franz 230
Scholten, Rudolf 209, 211, 214
Schranz, Karl 158
Schröder, Gerhard 190, 221, 226,
    231, 260
Schüssel, Krista 236
Schüssel, Wolfgang 9 ff., 15 f., 73,
    187, 198, 206 ff., 210 f., 220, 222 f.,
    225 f., 228 ff., 232, 233–262
Schuschnigg, Kurt 22 f., 44, 46, 65,
    120
Schwarzenberg, Karl Fürst 93
Schweiger, Rudolf 93
Scrinzi, Otto 168
Seidel, Hans 137
Seipel, Ignaz 41
Sekanina, Karl 162
Seltenreich, Susanne 23
Semmler, Hermine 153
Sereinig, Hannes 203

Seyss-Inquart, Arthur 65
Sima, Hans 133, 136
Sinowatz, Fred 16, 79, 136, 140 ff.,
   148, 151–173, 175 ff., 182 ff.,
   189 f., 192, 195 f., 201, 212, 249
Slavik, Felix 126, 133, 136
Sommer, Theo 189
Soronics, Franz 103
Stadler, Ewald 251
Stalin, Josef 18, 51, 120
Starhemberg, Ernst Rüdiger Fürst
   44
Staribacher, Andreas 196, 201, 204,
   206, 245, 247
Staribacher, Josef 132, 206
Staud, Josef 88
Steger, Norbert 159 f., 162, 172,
   185 f., 192
Steidle, Richard 42
Steinböck, Johann 37
Steiner, Ludwig 52 f.
Stenzel, Ursula 224, 248, 251
Stepan, Karl Maria 65
Steyrer, Kurt 168, 171, 184
Stix, Karl 207, 209
Strasser, Ernst 261
Streicher, Rudolf 178, 194, 201
Stronach, Frank 231
Stürgkh, Berthold 52
Swoboda, Hannes 224
Swoboda, Marga 239

Taus, Josef 53, 101, 104, 106, 109,
   137, 144, 238
Thurnher, Armin 194, 245, 262
Tietmeyer, Hans 249
Tončić-Sorinj, Lujo 103
Torberg, Friedrich 167
Trattnig, Kriemhild 185
Treichl, Heinrich 181 f.
Trost, Ernst 20, 50

Tschiggfrey, Hans 94
Tuppy, Hans 99
Turrini, Peter 232

Ulram, Peter 226, 243
Unterberger, Manfred 256

Van der Bellen, Alexander 165,
   216, 218, 225, 228
Verzetnitsch, Fritz 206
Veselsky, Ernst Eugen 133, 139
Vodopivec, Alexander 32, 59
Vogt, Werner 236
Vorhofer, Kurt 139
Vranitzky, Christine 180, 182, 195,
   197
Vranitzky, Franz 15 f., 140, 143,
   148, 161, 163, 166, 168, 172 f.,
   175–200, 201, 203 f., 206 ff.,
   210 ff., 214, 216, 219, 246 ff.

Wachter, Hubert 242
Waldbrunner, Karl 124, 128 f., 138
Waldheim, Kurt 13 f., 71, 103, 133,
   135, 147, 156, 168 ff., 183 ff.,
   192 ff., 198 ff., 257
Wallner, Josef 106
Wallner, Leo 104, 106
Weinberger, Lois 26 f., 34, 58
Weingartner, Wendelin 249
Weinzierl, Erika 86
Weihs, Oskar 133
Weis, Gerhard 220
Weiß, Robert 109
Wengraf, Senta 118
Wessely, Alois 154
Wiesenthal, Simon 121, 133 f., 137,
   171
Wille, Sepp 160, 164
Windisch, Franz 120
Winkler, Günther 99

Wirlander, Stefan 180
Withalm, Hermann 20, 58, 72 ff.,
    80 f., 91, 94 ff., 98 ff., 103, 106,
    110, 128, 131 f., 236, 238
Wittmann, Peter 209
Wohlmeyer, Johann 40
Wondrak, Gertrude 133

Worm, Alfred 172, 208

Zeiler, Gerhard 158
Zeisel, Hans 115
Zernatto, Christoph 254
Zilk, Helmut 80, 161, 219

Bildnachweis